解密一个大报的新闻后台操作　打造中国最佳新闻案例教科书

第一辑

南方周末

后台

南方日报出版社
NANFANG DAILY PRESS

图书在版编目（CIP）数据

南方周末：后台（第一辑）/ 邓科主编. —广州：南方日报出版社，2006
（南方周末）
ISBN 7-80652-571-8

Ⅰ. 南…　Ⅱ. 邓…　Ⅲ. 报纸—新闻工作—概况—广州市　Ⅳ. G219.276.51

中国版本图书馆 CIP 数据核字（2006）第 143235 号

南方周末：后台（第一辑）　　邓科 主编

出版发行： 南方日报出版社
地　　址： 广州市广州大道中 289 号
电　　话：（020）87373998-8502
经　　销： 全国新华书店
印　　刷： 广东信源彩色印务有限公司
开　　本： 787mm×1092mm　1/16
印　　张： 14.5
印　　数： 1-5000 册
字　　数： 250 千字
版　　次： 2006 年 12 月第 1 版
印　　次： 2021 年 4 月第 15 次印刷
定　　价： 29.00 元

投稿热线：（020）87373998-8503　**读者热线：**（020）87373998-8502

网址： http://www.nanfangdaily.com.cn/press　http://www.southcn.com/ebook

南方周末《后台》

（第一辑）

序

“追寻真相”的真相与“没有表达”的表达

□邓　科

一、这是本什么样的书？

新闻呈现“真相”，“真相”的发掘过程是如何进行、怎样操作的？这是一本把“追寻真相”的幕后过程真实呈现的书；

新闻意味着“信息选择”，囿于版面、环境、时机，报纸上呈现的当然不是新闻的全部，这是一本把“没有表达”的信息公开表达的书。

南方周末有句流传颇广的话：“当你看见我的时候，我和新闻在纸上；当你看不见我的时候，我和新闻在路上。”本质上，这是一本“在路上”的书。

这本书，一定程度展现了一份影响全国的报纸新闻生产的秘密，展现了一个不断追求的媒体新闻后台操作的真相。

“追寻真相”的真相，“没有表达”的表达。有人说，书中文章的价值甚至可能超过《南方周末》的公开报道。这当然是谬赞。不过，我们承认，它从很独特的角度记录了新闻与新闻人、现实与反思者。

二、为什么会有这本书？

这本书的文章，基本上来自南方周末内部刊物上的业务探讨篇什。

在内部，南方周末一直保有一种传统——对专业追求和业务创新的无比看重。从创办至今二十多年，不论是高歌，还是潜行，南方周末在任何局面下都没有放弃这种新闻探索、专业追求。

这样一种“职业共同体”的传统，提醒同仁对新闻报道保持及时的检视，对职业操作有不断的反思。于是，就有了这些文字。

这些文字，是新闻的侧影，是报纸的底色，是对现实的别样映射。

三、这本书想表达什么？

这本书，是想表明对新闻专业主义的坚持。

中国新闻业的发展，不仅仅是关乎环境、体制。事实上，在新闻的专业操作和职业规范方面，同样需要足够的自省和持续的积累。

很多中国媒体在做年度人物，可是，有没有哪篇达到了《时代》周刊关于年度人物朱利安尼（“9·11”时的纽约市长）报道的专业水准？很多中国媒体在东南亚海啸发生后赶赴现场，可是，有没有哪个能做到像BBC那样了然于胸、调度从容？很多中国媒体在做民情报道，可是，有没有哪家能像《纽约时报》那样，把“民意调查”作为一种重要的新闻样式上升到科学化、常规化的程度？

至少从技术角度，我们必须承认差距。中国今后的媒体竞争，将越来越不是“胆大者胜出”，专业素养和职业操守势必成为更重要的因素。

这应该是新闻人的“黄金时代”。一个十多亿人口的大国，由乌托邦梦想慢慢向常识回归，由资源和权力的高度集中慢慢向公民个体分散，宛如一艘大船，正在缓慢而又不可逆转地转向，驶向与她的历史、人口、生产力、民族抱负相称的境地。这样一个也许是空前绝后的转型和变动的年代，应该诞生出伟大的思想家，伟大的政治家，伟大的企业家，也应该诞生出伟大的媒体、伟大的记者。

时代降临时，机会给予理想与技术兼具的人。

这本书，是南方周末同仁对职业操作和专业技术进行总结、思考、探索的部分结晶。这是第一辑。新闻不止，新闻后台操作的探索亦不止。

目 录

深思成就深度　后台—思考

南方周末

后台

没有写在报上的新闻

杀人现场：不可能完成的叙述？

不在国际电影节『卖身』的记者

南方周末与『诺贝尔』之间

我的手被裴勇俊粉丝狂摸

『肉感』写作

『春晚』23年的第一次

濮存昕现象的悲哀

当一个生命倒在我面前

和任志强过招

记录正在外扬的『家丑』

千万别发致歉函

她的死亡，我的报道

等待大鱼的出现

马加爵：一个南方周末曾经的读者

世象图：与南方周末渊源最深的一个县

杀人现场：不可能完成的叙述？

□鞠 靖（南方周末新闻板块，上海）

我始终相信翻检垃圾是一名记者的必杀技。这个杀人现场的保护方式让我觉得非常蹊跷，所有人都可以自由出入，可以自由翻检，唯一上锁的是那个嫌犯的房间，但是却没有贴封条，这意味着，人们可以随意砸开这把锁而不用承担责任。

老实说，在我的新闻从业生涯中，还很少碰到因为采访进行不下去而放弃的情况，但十分不幸的是，最近的一个月时间里，我已经两次放弃选题。如果在往常，我会认为这是两次令人羞耻的失败，但是，这次我却不这样认为。我愿意把最近一次在佳木斯的采访经历告诉大家，可以说是教训，也可以说是经验。

那天我正在沈阳，“记者的家”论坛出现了一个帖子，称黑龙江省佳木斯市发生特大杀人案，一个网吧的网管用十分残忍的手段杀害了28名11~16岁的少年。这个发帖人是其中一位受害少年白金龙的姐夫刘东平，而且他还留下了手机号码。这个帖子显然引起了众多记者的关注，在我的QQ上，不断有同行在交流关于此案的信息，一些同行直接和刘东平取得了联系，证实这个帖子并非恶作剧。

这似乎又是一个黄勇案（发生在河南平舆的系列杀人案，计有十多名青少年遇害）。我立即和编辑郭光东联系，他也觉得这个案子很像当年的黄勇案，有一定的价值，唯一的担心是不让报道。不过考虑到我当时的位置离佳木斯比较近，还是决定去试试。

我到佳木斯的时间是3月5日晚11点。这一天是学雷锋纪念日，不过，这一天的遭遇让我觉得反差很大。

我当时的计划是下午2点从沈阳桃仙机场起飞，3点到哈尔滨，然后打车到哈尔滨长途汽车站，坐大巴经高速公路到佳木斯。哈尔滨到佳木斯的路程是400公里，如果一切顺利，到达哈尔滨应该是晚上9点。

一直到走出哈尔滨太平机场、乘坐大巴到达长途汽车站都很顺利，而且这中间还因为没有坐出租车、改坐大巴而节约了40块钱。正在为如此顺利而暗自得意的时候，又碰上了更加“顺利”的事情：一下大巴，就有两个东北小伙子说包车去佳木斯，三缺一，只要100块。这种拼车现象非常普遍，在江苏、上海、浙江、湖南我都这样干过，还没有碰到过问题。我正要赶时间，因此，想也没想就跟着上车了。一坐上车，这两个小伙子就开始问我是干什么的，是哪里人。久在外混，我也知道这些问题不能轻易回答，因此，我用刚在沈阳学的东北话跟他们说：“不要多问，只管开车就行了。”

车一直往哈尔滨市外开，眼看就要上高速了，还没有接另外3个人的意思，我心里有点犯嘀咕了。果然，到了高速公路入口，出租车找了个地方停下来，司机假模假式地出去打电话约那3个人，车上还留下1个人陪着我。我也赶紧下车，绕着这辆车转了一圈，发现这辆车的前后号牌最后两位数都用光碟挡住了，我一下就明白了，这是“黑车”最明显的标志，因为急着赶时间，竟然连这都没有注意观察，真是太大意了，看来今天免不了要吃亏，硬拼是不行了，只有想它招。

回到出租车上，我也开始掏出手机假模假式地打电话。先打了一个给黑龙江省公安厅，说我不等他们的车了，和别人拼个出租车直接去佳木斯，车号是×××××，最后一位看不清楚，让他们联系一下佳木斯那边，派个车在佳木斯出口等我。然后又打个电话给公安部刑侦局，说是为了佳木斯杀人案，暂不回办公室，直接从沈阳去佳木斯了。电话没打完，在车上陪我的那个就下车了。他俩嘀咕了一会儿，回来跟我说，那3个人不来了，只能送我

佳木斯特大杀人案现场

一个人去佳木斯了，我只要出800块钱就行。我说那不行，我的经费只够拼车，让我一个人包车，谁给我报销啊？最后那俩说，干脆这样吧，我们给你拦一大巴，你坐大巴走，你只要付我们已经开的这段路钱就行了，连大巴带我们这出租车，一共200，你看怎么样？我说那你拦到车我再给钱。在拦车的当口，其中一个跟我说，你别装B了，你真是公安？是公安咋不坐警车呢？我歘地从上衣兜里掏出一个“警官证”……的皮，诈唬说，不信试试？“行了行了，走吧走吧。”他们拦的不是大巴，是一辆路过佳木斯、终点到鹤岗的很破烂的卧铺车，我几乎是逃命一样地上了这辆脏车。车主说，这车到佳木斯也就60块，那俩东北人拿了140，你还是被宰了。

到达佳木斯地界，已经是晚上11点了，比我预定的时间晚了2小时，多花了100块钱，所谓“欲速则不达”，就是这样的教训。

从离开卧铺汽车门、踏上佳木斯土地的时刻起，我就提醒自己，一定要提高警惕，再不能上当。原来我的计划是住佳木斯饭店，现在，我决定改变计划。通过114，我了解到佳木斯最好的宾馆就是四星级的佳木斯大学宾馆，因此我决定晚上住到那里，先安定一下我的惊魂。

佳大宾馆虽然号称四星级，不过在我看来，应该相当于南京的二星半。好在这里还算干净，而且保安多，估计也会比较安全。还有一个好处，就是免费宽带。在凌晨2点之前，我在网上落实了几件事：一是确信第二天《南方都市报》将会发表记者韩福东的报道，并且他的原稿和采访对象的联系方法会在早上10点之前传到我的邮箱；二是确信华商晨报的3名记者还在佳木斯，他们的联系方法也会在10点钟之前发到我的手机上。做完这一切之后，我在佳大宾馆美美地睡了一觉，直到3月6日上午10点醒来。

韩福东的原稿早已到了邮箱。韩福东就是黑龙江人，在当地人脉很广。3月4日当天，他在北京打了N个电话，采访到了所有受害者家属，并且拿到了刑警队给上级的破案报告。这份报告中有详细的破案经过，还有包括报案者住址在内的详细信息。韩的稿子中说，嫌犯名叫宫润伯，1973年7月6日出生，汉族，户籍地是东风区佳东派出所，现住向阳区松林派出所管内砂石场三线公交车终点站附近。一个受害儿童从宫手中逃脱，向警方报案，带着警察在一家网吧抓到了宫，从宫的住处找到了4具尸体，内脏均被掏空，已经和宫同床共枕多日。宫润伯招供，这几个受害儿童在死前都遭受到他的性侵犯。之所以人们会认为被害儿童可能有28个之多，是因为他们从警方那里看到了大小式样不一的28双鞋子。韩的报道应该已经十分详细。

我随后和华商晨报的记者取得了联系。他们已经去采访了佳木斯市公安局、向阳公安分局以及松林派出所，全部吃了闭门羹，这意味着警方那里不可能提供什么有价值的信息。

我决定去现场看看。于是我和其中一位受害少年白金龙（16岁）的妈妈陈玉芳取得了联系，然后和中央电视台社会记录栏目的沈亚川一起到了现场。

陈玉芳和我们简单地寒暄了几句，就把我们带到了案发现场。我原来以为这样一个大案现场一定戒备森严，到处贴着封条，但事实并非如此，这里站满了围观的人群。这是佳木斯北郊的一片棚户区，案发现场是一座2层2底的楼房，楼前有一个面积不过6平方米的小院子，院门没有锁，犯罪嫌疑人就租住在一楼的一间房子里，房门上了把新锁，窗户开了半扇，都没有贴封条。从窗口看进去，可以看到这个房间大约10平方米，分里外两进，里面是一张脏得发黑的炕，炕已经被掏了一个大洞，旁边还放着一只黄色的小书包——正是在这张炕上，警方发现了4名儿童的尸体；外面乱七八糟地堆放着各种衣物，靠窗的桌子上还放着一件看来不错的西装，我翻了翻发现，居然还是冒牌的"阿玛尼"。我尽力从窗口把里面的衣物拽出来，并且翻了每个口袋，但是并没有什么发现。院子里有一个东北人腌菜的地窖，上面盖着一张木板，据说这个地窖里也曾经挖出几具儿童的尸骨，但是警方对此坚决否认。我掀开木板，发现地窖并不深，里面大约有10厘米深的积水，闻起来没有什么异味。

这个杀人现场的保护方式让我觉得非常蹊跷，所有人都可以自由出入，可以自由翻检，唯一上锁的是那个嫌犯的房间，但是却没有贴封条，这意味着，人们可以随意砸开这把锁而不用承担责任。我想着是否晚上回来好好翻检一回。

顺带说一句，我始终相信翻检垃圾是一名记者的必杀技。2002年仰融出事之后，我曾经去浙江一个城市采访，希望搞清楚他留在当地的那些资产如何处置、项目如何收场。可以想象的是，当地并不愿意透露这些消息，一概给我吃闭门羹。后来我没办法，只好在当地开发区管委会办公室旁边的废纸篓里翻。皇天不负有心人，竟然让我从里面翻出一份没有撕碎的关于仰融资产善后的会议纪要，还有一份已经撕碎的手写的仰融与开发区之间资金往来图表以及日后的偿还办法。这份图表显示，仰融在当地的投资其实并没有掏自己一分钱，全是当地借钱给仰融或者帮助仰融从银行贷款。仰融走后，这堆烂账其实还是当地自己来还。当时我那家报纸的副主编、《南方周末》原首席财经记者陈涛说，这真是NB的猛料。这两份"垃圾"我至今还保存着。

扯远了。看完现场，我们跟着陈玉芳来到另一位受害者王胜利家。在她家，我们见到了其他受害者的家属，他们给我讲述了每个孩子失踪的经历，他们如何向警方报案却得不到重视，如何自发地结伴四处寻找孩子。主讲的基本是女人，与她们涕泪俱下所不同的是：男人们都站在一边静静地听，一些人神情憔悴，面色枯黄，一言不发，时不时会捂着脸走出房间，过一会再红着眼睛走进来。很快，我就弄清楚了事情的经过。家属们还告诉我，那个杀人犯宫润伯因为和一个15岁的女孩谈恋爱并且同居，被以强奸幼女罪判了8年刑。

晚上，我给郭光东打了个电话，向他通报了当天采访的进展。但是郭光东给了我一个坏消息：不能直接报道此案。他建议我考虑一下从其他角度来做报道。听到这个消息，我顿时蔫了，本来我还在琢磨晚上是不是要再去一趟杀人现场，现在看来，已经没有这个必要了。

我相信每个记者这时都不甘心就此放弃。我和郭光东认真地商量了一下可能的报道思路，但是最后都被我们否决了。不妨列出来给大家看看：

1. 反思公安在案件侦破中的问题。按照受害人家属的说法，警方至少曾经有3次机会发现犯罪嫌疑人，但是由于警方不立案、不并案侦查、侦查中的疏忽，嫌犯在作案一年之后才落网。这个方向被否决的理由是——太表面了。

受害人家属的说法很难确证，《华商晨报》已经用很大的篇幅做了类似的质疑，他们直接向警方求证，但是一一被警方否认，我们如果还做类似的质疑，并不能超过这些日报的报道。

2. 受害人家长对孩子管教不严、约束不力，导致这些孩子迷恋游戏和上网，最终给嫌犯可乘之机。这个方向被否决的理由是——太没人性了。

当此父母痛失儿女之时却来质疑人家没有管好孩子，实在是有失人性。看到受害者的家人的悲痛之情，每一个为人父母的人，都能够理解他们此刻的心情。作为一个7岁孩子的父亲，我自己都不敢想象如果这样的事情发生在我身上会怎样。如果这时来质疑父母，不啻往他们伤口上撒盐。事实上，受害女孩马千里才上小学二年级，平时很乖，根本就不会上网，也不是在网吧丢失，这样的质疑并不普遍适用。第二天，我亲眼看到有的记者采访马千里的母亲，不断地在“孩子什么时候开始玩游戏”、“你们发现她玩游戏的时候怎么管的”等问题上纠缠，令我十分恼火。

3. 警方对网吧的管理不严，导致众多未成年人沉迷网吧，而且对于网吧工作人员审查不严，导致宫润伯有可乘之机。这个方向被否决的理由是——太老套了。

未成年人泡网吧并非佳木斯一地特有，但是偏偏佳木斯发生如此惨案，可见两者之间并无必然联系，更何况王胜利根本就不上网，却一样遭遇毒手。至于宫润伯何以能够当上网管，事实上，当时还不能确认宫润伯究竟是不是网管。

4. 尽管几位受害人失踪之后，家长都向警方报案，但是并没有引起警方重视。很重要的原因是，这些家长要么是外来人口，要么是困难家庭，他们的困难并没有引起行政机关的重视；如果能够有一个机构帮这些事实上的弱势群体奔走，承担一部分社会救济的功能，也许警方能够早日关注，案件能够早日侦破。这个方向被否决的理由是——太话题性了。这样的报道带有更多政策建议的色彩，缺少新闻要素，无法满足读者对于新闻和故事的需要。

在否决了上述几个方案之后，我们都有点黔驴技穷。郭光东最后建议我说，不如找几个犯罪学专家聊聊，让他们谈谈看从黄勇案到佳木斯杀童案，有没有什么共同的特征，如果有的话，这很可能就是我们报道的方向。

第二天上午，我找了中国政法大学犯罪研究所的所长，不过这位犯罪学专家推说对案情不了解，因而无法发表意见。其他几个专家也以同样的理由推脱了。电话还没打完，一位受害者家属打来电话，说就在刚才，一群警察又到了案发现场，在那个院子里挖，不让人进去，可能又发现新的尸骨了。

我们决定马上赶过去。这一天佳木斯正下大雪，气温大约零下 10 摄氏度，但是在案发现场，还是围着很多群众。通向那座院子的路被警察挡住了，我们看不到警察究竟在做什么。我仔细观察一下四周的地形，发现旁边有一座 6 层居民楼，从楼上俯瞰，应该可以看到那个院子里发生的一切。我们赶紧带着摄像机上了这座楼，从 6 楼过道窗口看下去，正好看到几个警察站在院子里，两个民工模样的人用铲子和镐在挖土，一个民工则不断地把挖出来的土运到院子外。我们在窗口拍了大约一刻钟，也没有看出他们挖到了什么。这时候围观的群众已经发现了我们，他们不停地对着我们的位置指指点点，引起了警察的注意。我们一看不妙，决定先撤。回到现场，我们又绕着那座楼房转了一圈，发现隔壁一户人家的院子和宫润伯的院子只隔着一座破墙。于是，我们恳求这位房东，让我们进去看看。房东还算好说话，终于同意我们进去了。爬上墙头，警察和民工就站在我们脚下，他们还在挖，让人意想不到的是，即使看到我们在墙头上观摩，他们也没有反对，只是说“没什么东西，别看了”。这时，我有机会和那位房东闲聊，他说尽管只隔着一个破墙，但是很少看到宫润伯，印象中他很喜欢看书，其他一概不知。

出了院子，我又和现场围观的几个群众聊天。他们告诉我，这个宫润伯经常到路口买馒头，每次买两个，他经常和人下象棋，而且下得不错。还有一个老头说，这个人是哈工大毕业的，这个让我感觉像是在说笑话。

警察挖到中午走了，并没有新的发现，现场也用锁锁了起来。

我决定去找宫润伯工作的那个网吧，了解一下宫究竟是个什么样的人。没有人知道那个天麒网吧的确切位置，还是小朋友对那里熟悉，一个胖小子跟我说，天麒网吧有两个，都黄了。我说杀人那个是哪个？胖小子说，前面右拐一直走。按照他的指点，我找到了这家网吧。网吧已经关门了，我在隔壁超市买了一瓶冰冷的矿泉水，超市老板告诉我，那个杀人犯他不是网管，报纸瞎扯，他也就是爱在这玩。又在超市旁边的饭店买了3串羊肉串，1个烙饼，烤羊肉的也说，那个杀人犯他不是网管，他就是爱来玩“传奇”。这样的信息其实证明，此前媒体关于“宫润伯是网管”的报道并不准确，这也证明归咎于警方对网吧工作人员审查不严并无道理。

离开网吧，我又回到了王胜利家，这次这里又是站满了记者，家属们又在接受重复的采访。看着家属们疲惫的脸庞，听说他们重复已经多次讲述的痛苦经历，我觉得他们又在接受一次新的折磨。

回到宾馆，我又给郭光东打了个电话，告诉他一天的进展。我说，宫润伯就是个精神病人，杀人不需要理由，孩子无法逃脱精神病人的觊觎，社会无法防范精神病人的发作。连环失踪案发生之后，该批评的人我们却不能批评，如果硬要和除此之外的什么社会根源扯上联系，那只能是牵强附会，从这个角度来说，硬做不如放弃。郭光东同意了我的意见。

3月17日，一家媒体发表了《发生在佳木斯棚户区的罪案》一文，他们将文章的重点放在外来移民的困苦状态、生活空间的紧张局促、棚户区流动人口的难以管理、移民或者单亲家庭的脆弱无助上。类似这样的问题存在于中国的每一个城市，但是少有城市发生类似佳木斯这样的惨案。这样的报道方向适合别的媒体，却不一定适合《南方周末》。

在离开佳木斯之后，我还在回想自己有什么疏漏。也许探究宫润伯何以会成为一个精神病人会有一点意思，但前提是必须首先证明宫润伯并不是先天的精神病人，而是一个再正常不过甚至有点优秀的人，他的生活轨迹中存在突变的过程。遗憾的是，当时我并没有更多的办法了解宫润伯的人生经历。

3月16日，我得到一个让我惊讶的消息，宫润伯果然是哈尔滨工业大学毕业的，只是专业不明，那个被我当成笑话的传言并非玩笑，据说宫润伯的经历奇特，的确是发生了一些事件导致他精神失常，我猜测可能正是当年因为恋爱而被判8年徒刑所造成的刺激。如果真的如此，这个题目倒确实更有意思了。

不在国际电影节“卖身”的记者

□ 李宏宇（南方周末文化板块，北京）

出国采访电影节属于比较特殊的采访情况，说些有趣的以娱大众吧。

在国外如何住，是个大问题——预算有限而旅馆昂贵。比如戛纳，那么个小破地方举行那么大的电影节，旅馆房价较平时贵出一倍或更多，且早早订满。2004年在戛纳，我只用报社的钱住了一天旅馆（是恢复正常价格后，仍要100欧元一晚），之前10天，我都蹭《铁西区》导演王兵的房间。那是电影节一个青年导演培育活动提供给他的，类似度假屋的房子。虽然离得不近，要靠班车往来，欠缺自由，但毕竟不要

李宏宇（左）与《疯狂的石头》导演宁浩（右）

就在这破地方，这一个晚上，遭遇最“惊心动魄”的一件事——“这是911，您有什么情况？”走廊里，四位美国警察，每一位的身材都岂止两倍于我，以半圆弧线均匀散布合围门口。

钱啊。常住客有二：我和北京电影学院的张献民。人最多的一晚，那两间小屋子里住了四男一女——王兵一个人睡卧室，外屋沙发地铺的，除了我与张，还有张的一个从英国过来玩的女性朋友和王的台湾朋友 VINCENT。VINCENT 煮的咖啡好喝，竟令对咖啡完全不感冒的我至今难忘。五个穷光蛋也曾共煮晚饭一顿，畅饮红酒聊至夜深，那是那紧张疲劳日子里最惬意的时光。

2005 年在柏林要采访台湾导演蔡明亮，被告知只有 20 分钟时间，这哪里够！但 20 分钟也是时间啊。去到采访地点等候，突然一张熟脸过来拍肩膀——VINCENT！这叫一个惊喜，而且他恰在蔡的电影公司工作！没得说，共过患难就是不一样，他勉力帮我安排，次日在导演房间又单独聊了近半小时。那一次在柏林，我是在罗琦（就是唱摇滚的那位，当时她在国内，老公在柏林）家里打了全程地铺。

而这之前在美国公园城，圣丹斯电影节是住得最曲折的一次。我先住了几天盐湖城的酒店，80 美元一晚，相对便宜，关键是不方便。离电影节场地公园城有 20 多英里，每天搭 CCTV-6 报道组的车——他们租了辆最便宜的小车——往返。去的时候好说，都住在一个酒店，回来的时候就难了（说来也是无知，我根本就没想到美国手机制式问题，结果自己的破手机不能用），碰不上他们，就得坐单程 30 美元的营运车辆回来。意外地，我被邀请作为中国“嘉宾”参加了电影节的一个主题讨论，与瑞士洛迦诺电影节总监等专业人士同坐主席台。于是我顺势询问组织者，能不能帮我在公园城找个住处，其实一晚就够——我的算盘是这么打的：后天，祖国导演陆川将抵达电影节……问题解决得挺顺利，他们给找了一个更便宜也更简陋的、为专门来滑雪的不富裕人群服务的旅馆。

就在这破地方，这一个晚上，遭遇最“惊心动魄”的一件事。走的时候在首都机场头一回买了一张电话卡，说是可以往国内打便宜电话的，之前在公用投币电话打过没问题。晚上用房间的电话和这张卡往广州打，先拨外线再卡号、密码的，乱七八糟，试了几次突然接通了：“这是 911，您有什么情况？”靠！“对不起，没事，我错拨了号码。”“真的没事？”“真的真的，确实是意外。”挂掉，忐忑，骂电话和卡。5 分钟后，电话铃响，接：“这里是 911，由于您刚才打来了电话，我们必须确认，您那里真的一切正常吗？”老天啊，又是好一通解释才算了。此时 11 点半已过，钻被窝看书准备睡，突然敲门并人声，在阒寂中中气十足：“警察！请开门！”

我心里真的就只一个词：SHIT！！！

下床开门。走廊里，四位美国警察，每一位的身材都岂止两倍于我，以半圆弧线均匀散布合围门口。警察大人们，在盗版碟里观察你们很多年，终于当面对质了！“您的房间打出了911电话，我们需要确认情况，请配合。”“没有问题，可以进来看，非常抱歉，确实是误拨啦！”他们很有礼貌，并不进房，只由门边的一位探头查看，确无异状，便道谢离开。我的感想是：盐湖城果然是美国治安最佳城市。

次日，陆川同学到了！我立刻恬不知耻地要求住他的房间，我已经把花钱的旅馆退了，不行也得行。陆同学失眠，漏夜在电脑上写东西，我不管，自顾睡得香。一个前提是：以陆的相熟程度，他不会对我的报道有所求，否则我不会提半个字要求蹭房间住。电影节结束，我还得在盐湖城停两天，完成并发出稿件。这两天，是在电影节刚认识的一个就职美国某大媒体的中国朋友，很热情地让我不必浪费钞票。

花销省了，却不可避免地损失了一些方便和安逸。所以，始终最喜欢去瑞士的情况：洛迦诺电影节前年提供我与女友全程酒店住宿，我只需买机票；而2005年，更是连机票也包办了。在电影节看片、干活，心情都轻松许多。可惜的是我们的朋友，在那里做节目策划的，现在已经离开电影节职位。

2006年的柏林，不知什么缘故，电影节竟给了6晚酒店——女友为它工作多年，还没有见过为记者提供住宿的先例，有点夸张地赞叹说：瞧你们报纸多牛。

出国采访，知机会之不易，省钱并不是有什么崇高的目的，只是因为若预算低廉，报社集团会更容易批准。国内一些报纸，有由某部中国参展影片包下记者差旅费用前往电影节的，也有直接由版面拉三五万元“赞助”的。相比之下，我毫无“卖身”感，不必昧着良心写“观众起立鼓掌，持续26分钟”。我很高兴，也为自己报纸的清白，相当自豪。

南方周末与"诺贝尔"之间

□夏榆（南方周末文化板块，北京）

如果《南方周末》能够真正践行自己的新闻理想，那我就应该把此次瑞典之行看作是跟百年诺贝尔合作的开始而不是结束。

在斯德哥尔摩临海的地方，有一个 CRAND HOTEL 旅馆。1840 年建立，距今有 160 多年的历史。

当年康有为流亡欧洲的时候，就下榻在这个饭店。中国人称它是"大旅馆"。CRAND HOTEL 是诺贝尔奖各科获奖者在斯德哥尔摩的下榻之地，在它四层楼的客房是专设的诺贝尔奖得主套间，物理、化学、医学、经济学、文学奖得主都会有规定的房间。文学奖得主中，住过从 1901 年法国的普吕多姆到 2000 年的高行健等所有获奖者，房间里有 100 年来文学奖得主的肖像和签名。在 2004 年和 2005 年的诺奖颁奖时刻，文学奖得主的房间是空着的，耶利内克与哈罗德·品特的缺席使这套客房成了无人居住之所。

隔着海面，能看到对岸的斯德哥尔摩市政厅，那里是举行诺贝尔奖典礼晚宴的地方。

在斯德哥尔摩的白天穿行在街区，开始感觉到隐隐的困倦，因为在那个时刻，我的身体应该处于睡眠之中。抵御睡意并不困难，因为平时我就不是一个嗜睡贪梦的人。但是抵御睡意的结果是此后再也没有深沉的睡意，所有的时间都变成了工作的时刻。因为想着把事情做好，而实际上面临的困难巨大和障碍繁多，所以我的神经是紧绷着的。

我让自己小心而谨慎。包括出门必须带好钥匙，坐地铁必须熟记返回住处的路线及住处的英文名称，熟记要抵达的地方、要找的人。所有的日程都是安排好的，具体到某一个时刻，某一分钟。接我的朋友说瑞典是典型的欧洲国家，讲求效率和规则，在这样的社会中，所有的一切都必须在计划之中。

我冒着连绵的冬雨在雪地里行走，在计划之中赶到瑞典外交部国际新闻中心报到，朋友安排他的学生——斯德哥尔摩大学一个女生玛丽莲——做我的向导兼翻译。和金发碧眼的女孩子穿行在雨中的斯德哥尔摩城区，我看着街上行走的神情安详的老人、表情单纯快乐的青年男女、天真的儿童，看他们在色彩丰富的建筑物中出入，我对这种安详的城市突然怀有亲近的感觉。

玛丽莲操着半生的汉语，兴致勃勃地讲着她对中国的见闻，但是我想的是必须拿到出席诺贝尔颁奖典礼的入场票，这样我才能安心做别的事情。

外交部的国际新闻中心在大街旁。走进那座尖顶穹形的大楼，推开新闻中心所在的会议厅，我看到悬挂在墙壁上的金色的诺贝尔的肖像，忙碌的工作人员正在操持关于诺贝尔纪念周的有关活动，会议新闻中心为前来采访诺贝尔奖的国际记者提供了免费的办公设施：在一张蒙着绿色台布的长桌上摆好了英文和瑞典文两种语言版本的新闻资料和诺贝尔纪念册，并为前来采访的记者免费提供电脑、传真、打印服务，工作人员热忱，尽责，有求必应。

我要做的是和新闻官 Leander 见面，当面感谢她的邀请。采访诺贝尔奖的各国记者会在半年之前递交采访申请，因为我递交采访申请已晚，瑞典驻华大使馆的文化官员潘薇和瑞典外交部需要努力和斡旋才能使采访成行。我见到 Leander，向她表达了谢意。我希望这一次的合作是开始，而不是结束。Leander 温雅、耐心，她对中国南方周末专程派记者采访诺贝尔奖表示了惊讶和感谢。

拿到新闻稿、诺贝尔纪念周的日程安排。两个小时之后我赶去诺贝尔基金会参加到斯德哥尔摩后的第一次新闻发布会。

身材高大的基金会秘书长站着发布了他要传达给媒体的消息，包括整个诺贝尔纪念周的日程安排、前来出席颁奖典礼的嘉宾名单、装饰颁奖现场的花朵和晚宴的菜肴。

诺贝尔基金会是诺贝尔奖执行机构，负责纪念周的所有活动。在基金会幽静的走廊的尽头，陈列着诺贝尔金色的雕像。在墙壁之上悬挂着百年来诺贝尔奖获奖者的照片和他们所获得的金质奖章。我觉得应该有一位摄影师和我一起来工作——这是我在新闻发布会最直接的感受。在这里，很多的瞬间都是珍贵的。捕捉和记录他们，对一份负责任的大报来说是应尽之责。

和前来参加报道诺贝尔奖的国际记者相比，我的优势是可以用心观察、聆听，劣势是英文不灵光。我所携带的工作器材是简陋的——从采访机到照相机。等我用行前从记者站借到的数码相机对准基金会秘书长拍摄的时候，我充了一夜电的数码机竟然没电。换了我应付意外而携带的佳能照相机，但是和国外记者的长枪短炮比，我的佳能照相机显然是落伍了。如果说有愤怒，那是我此行唯一的愤怒。我差一点把那个破旧的数码机砸了。

如果《南方周末》能够真正践行自己的新闻理想，那我就应该把此次瑞典之行看作是跟百年诺贝尔奖合作的开始而不是结束。这是我的看法。

我想报纸必须有远见，就像记者要有卓识一样。建立联系，熟悉和巩固各方的关系，是我给自己的采访之外的任务。在来自欧美的国际媒体记者中，有不少人是常年报道诺贝尔奖的，那些人盘踞在斯德哥尔摩，伺机而动，闻风而行，他们成为诺贝尔奖相关消息的传递者。他们以此建立自己所服务的媒体的影响力。我想如果我有抱负和足够责任心的话，我应该就是他们之中的一员。那时候我在斯德哥尔摩街区的奔走和穿行就有了方向和动力。我想我要熟悉这座城市，熟悉这里的人、街道，熟悉它的风土、历史和文化。

因为在身体困倦的时候，我成功地抵御了睡眠，结果是我不知道什么时候可以用来睡眠，在夜长昼短的斯德哥尔摩我只知道所有的时间都是在工作。因为没有睡意，因为很多事情需要做实。

在诺贝尔纪念周要想见到获奖者并不难。诺贝尔基金会安排了获奖者在纪念周的系列活动。

在斯德哥尔摩大学会有获奖者的讲座，讲座之后会有新闻发布会。在诺贝尔博物馆也会有获奖者和公众见面的机会，瑞典学院的会议厅则是诺贝尔文学奖得主发表演讲的地方。

听众以他们的热情、耐心的聆听，教养和理解力显示了对诺贝尔奖获奖者的尊敬。到达斯德哥尔摩的第三天，我冒雨坐火车到斯德哥尔摩大学，物理、化学、医学、经济学奖得主在紧邻大学的皇家科学院做讲座。我坐在挤满新闻记者的演讲厅里，看获奖者与听众的交流。讲座之后是午宴，在斯德哥尔摩大学狭长的会议中心，在一字排开的长桌上，摆满了杯盘佳肴和美酒。午宴对学生和公众开放，在这里，获奖者可以和听众获得很好的交流。

颁奖的时刻是获奖者面对世界的时候，那个时候也是获奖者显示其风度和见识的时刻。获奖者会恰当地表达自己。

哈罗德·品特因为健康原因缺席，但是他还是充分而深刻地表达了自己。瑞典学院专程赶赴英国，在品特的休养之地，录制了他的讲话。我在瑞典学院的演讲大厅通过视频看到了品特的演讲。他坐在轮椅之上，盖着毛毯，身体看上去很虚弱，他的手指和嘴唇在颤动，但是他的眼光和他的言辞是锐利的，他犀利地批评美国的国家主义，批评美国在伊拉克的侵略行径。他的演讲获得了长时间的掌声。

瑞典学院前任常务秘书长斯图尔·阿兰是我在北京就认识的。因为跟瑞典驻华大使馆的交往，也因为对诺贝尔奖的关注，大使馆安排我对前来北京参加斯特林堡纪念的斯图尔·阿兰和马悦然进行专访。到斯德哥尔摩后，斯图尔·阿兰和马悦然分别安排我参观瑞典学院。我在那里看到了这个被世界瞩目的诺贝尔文学奖评委会是如何工作的。

诺贝尔奖也不全是光环。在斯德哥尔摩有媒体爆出现任秘书长涉嫌房地产炒作的丑闻。也有瑞典学院派别争斗的传说，瑞典学院年轻一代与老年一代的分歧和代沟。年轻一代处于强势、年老一代逐渐被边缘化的说法一直流行。我的想法是，评委也是人，也会有自己的好恶。

我到斯德哥尔摩的时候，马悦然与台湾《联合时报》驻欧洲记者傅正明笔战正酣，所涉话题不外是瑞典学院的派系争伐，公说公有理，婆说婆有理。

有一则趣闻是说，有一记者，每年在诺奖结果公布的时候，他就会在席间大喊一声：评得好！不管获奖者是谁，他都会大喝一声，庄严的诺贝尔奖因为该记者的举动就有了闹场的色彩。秘书长请该记者吃饭，跟该记者谈判，希望他能不喊。记者答应不喊了。但是又有别的记者在秘书长宣布得主名字时，大喊：选得好！

我想我是不会喊的。对于这个有一百年历史、有世界性声誉的奖，我觉得理解比挑剔重要。客观表达、中正呈现比哗众取宠重要。

等我真正熟悉并身在其中的时候，我可能会喊。

但现在我要倾听、观察、理解和呈现，对我和我所服务的报纸来说，这是重要的。

（相关报道：“诺贝尔奖专题”报道，见《南方周末》2005年12月8日、22日25版，15日25—28版，获2005年12月南方周末新闻奖，获2005年南方周末新闻奖）

我的手
被裴勇俊粉丝狂摸

□袁蕾（南方周末文化板块，广州）

她们就迅速蹭到我身边，企图闻我，还有些人问我有没有跟裴勇俊握手，当得到肯定答案之后，她们拿起我的右手开始摸起来：“这是裴勇俊握过的手啊！”

采访完裴勇俊之后，走出来满地都是粉丝，她们——而不是他们，问我是不是刚刚采访完裴勇俊，我说：“是。”她们就迅速蹭到我身边，企图闻我，还有些人问我有没有跟裴勇俊握手，当得到肯定答案之后，她们拿起我的右手开始摸起来：“这是裴勇俊握过的手啊！”

我马上跟编辑风端说了这件事情，我们的重点立刻变成了裴勇俊为什么会有这么大的影响力。

之后通过走访更多的影迷、日韩专家、活动主办者、电影公司，“裴勇俊经济”和他在亚洲的权力半径渐渐清晰起来，也就有了《8个裴勇俊>韩国对日出口总额》这篇文章。这其中涉及到相当多而且复杂的数字、运算，特别是标题的判定，一个数字都不能掉以轻心，理科生风端功不可没。

报纸出来之后，很多人都对我说，没有想到《南方周末》也能出裴勇俊。

1000多名“裴迷”在北京机场迎接裴勇俊，其中超过300人来自日本　Readfoto/摄

“肉感”写作

□风端（南方周末文化板块，广州）

如果把新闻比成女人，至少会有两种类别：骨感的和肉感的。

如果把新闻比成女人，至少会有两种类别：骨感的和肉感的。

不管是新闻还是女人，两种类别都有大量的粉丝。兑现在新闻上，电台、电视台好像对骨感的报道需求量比较大，原因很简单——空间有限，要求有直接而明确的信息传递出来。对报纸来说，日报的通讯体、消息体的新闻也都追求骨感美。与之相比，《南方周末》的稿件一直都以“肉感”见长。

《8个裴勇俊>韩国对日出口总额》这篇稿子，就是一篇肉感的稿子，虽然它源于一次中途有变的采访。

裴勇俊访华为许秦豪新片《外出》进行宣传。活动主办方与袁蕾联系，表示愿意安排专访时间。裴勇俊来华之后，临时缩短了行程，并压缩削减所有的采访。袁蕾的采访时间被压缩到约40分钟。尽管这是给国内媒体时间安排最长的一次，但扣除了韩语翻译的时间之后，实际采访时间只有20分钟左右。

20分钟的采访时间，对日报来说，已经足以做出一篇常态的对话稿件了。但按照我们对人物访谈类稿件的要求，20分钟的时间，大约只够用在四五个叙事性问题上，基本上只能做出很“干巴巴”或者说“骨感”的一篇稿子。我们都知道，这种“骨感”，不美。

袁蕾是一个很“多事”的记者。虽然去北京是为了与裴勇俊进行人物访谈，但在整个采访的过程中，她花了很多时间在“杂人”身上。这些“杂人”包括裴勇俊的助手、中国承办公司的相关人员、韩国文化促进会的工作人员、追踪报道裴勇俊的韩国记者、北京大学研究韩国影视问题的学者、从日本远道追随裴勇俊而来的中年妇女、从国内很多地方赶来的中国“裴迷”……他们被裴勇俊访华挑动起来，活跃在活动现场和裴勇俊入住的酒店，却往往被媒体简单地认为是“追星族”而忽视。

去采访之前，袁蕾跟我说，基于跟那些“杂人”的交流，她感觉韩国文化相关部门在“裴勇俊经济”背后所起的作用很有意思，甚至比裴勇俊本人更有意思。针对这个判断，她调整了采访思路，设计了几个关于“亚洲”和“韩国官方”方面的问题。

采访完成后，我们分析了一下手头的材料：韩流现象在中国和亚洲的基本情况、日本妇女们的心态、韩方人员介绍的他们国内推广影视的情况、学者了解的韩国推广影视的政策，还有裴勇俊的访问以及他在华的一些表现。

至此，虽然裴勇俊的访问已经由采访的主体变成了一小部分，我们却对这篇稿件的基本样貌有了把握，因为这些材料都是“肉感”的材料。

所谓“肉感”，就是材料本身要有“人咬狗”的眼球效力，又不会仅仅局限在“人咬狗”上，而具有很强的“弹性”（也就是延展性）。

举例来说，有“裴迷”提到小泉纯一郎曾表示希望能被称为“纯样”，就像“裴迷”们把裴勇俊称为“勇样”一样。我们请会日语的朋友，在多家日文权威媒体上找到了对这件事的报道，并找到小泉关于裴勇俊更详细的“追星”发言，还有小泉希望与裴勇俊见上一面，却被婉言谢绝的消息。

这是“找”来的“肉感”材料。日本首相追星、与韩国明星争宠，这是“人咬狗”似的信息，能起到把读者抓进来看下面文字的效果。这件事又不只是一条花边新闻而已，我们可以从中看到文化输出后的巨大力量（中国也有类似的事情，胡总爱看韩剧，就被不少境外媒体报道）。这样的效果在紧接下来的材料中得到了加强。张艺谋带着两个记者去见裴勇俊，却被挡在门外。韩方不给中国大牌张艺谋面子，这是材料表层的意思；与有关部门一直关系“暧昧”的张艺谋去见裴勇俊，当时正在与裴勇俊见面的是中国电影局的官员，这些材料与小泉的故事呼应起来，对“韩流”在影视之外的力量有了一个生动的描摹。

整篇稿件中，这种“怪的”、反常的材料层出不穷。其中不少小段子，本身已经够写一条日报类的消息稿了，但编排在文中，往往只有一句话，材料的“弹性”可见一斑。

裴勇俊代言眼镜，酬劳是500万美元，这也是裴勇俊访华过程中，不少媒体爆炒的一条花边消息。这个事实在文章中是这样表现的：

“这次《外出》是在亚洲10个国家同时上映的，我希望以后不仅仅是韩国的片子这样做。”裴勇俊用手扶了一下眼镜——这款眼镜，为他带来了不下500万美元的收入，裴勇俊已经把这10个国家看成了1家：“做事情要从家里开始，在自己的家里发展。”他考虑的不单单是韩国电影怎么对抗好莱坞，而是整个亚洲国家怎么对抗。

代言眼镜收入500万美元，无论多么惊人，毕竟是一个干巴巴的事实。当这个干巴巴的事实，结合裴勇俊的动态之后，搁在“裴勇俊经济”的背景之下，就有了非常丰富的拓展。这也是“肉感”的写作。

裴勇俊是一个在日本走红的韩国人，谈到裴勇俊，不少材料都会与日本相关。中国人会比较乐意看到韩国人征服日本。韩国人在文化产业方面的做法，值得我们学习，但对于“韩流”席卷亚洲进军世界的现实，我们应该有更清醒的警惕。文章中采用的日本对韩剧的一些抵抗声音，就表现出了这方面的“弹性”。

袁蕾是一个善于发现“肉感”材料的记者，她的稿件经常给人以信息充盈、趣味十足的感觉。这在很大程度上是由于她在采访过程中的“多事”。她的大部分稿件，都会采访近10位对象，还有不少“杂人”。大采访量能较大地保证材料的丰富性；留意和收集似乎与主题无关的材料，在写作中却往往发挥出增加“弹性”的效力。但“肉感”写作并不是容易的事情，大量使用“肉感”材料也容易造成副作用。这类材料由于“弹性”十足，具有很强的延伸性，如果控制不当，容易让文章出现力量不集中、材料驳杂的问题。

袁蕾同月发表的另一篇稿件《“忽悠”四川话》，无论从可阅读性和反响来说，都有很好的反馈，但我们内部评报的时候，得到的评价却不如关于裴勇俊的稿件。相对于裴勇俊一文的凝聚和指向清晰，关于李伯清的那些材料，很生动有趣，也很有“弹性”，但对“弹性”控制得不够好。一些“弹性”弹向了四川曲艺界的“江湖险恶”，一些又“弹”去了推广普通话政策对方言的压制，而且“弹性”过大，李伯清本人反而显得有点“面目模糊”。

“肉”始终还是要长在“骨架”上的，“肉感”写作的前提是“骨架”必须匀称，实际操作的关键在于“肉”的分布也必须均匀。只有这样，我们才能还原出一个真实、生动、饱满的“人”。

（相关报道：《8个裴勇俊>韩国对日出口总额》，《南方周末》2005年11月24日，获2005年11月南方周末新闻奖）

附

8个裴勇俊>韩国对日出口总额

“希望日本女性谈论‘纯样’多过谈论‘勇样’。”日本首相小泉纯一郎希望支持者们叫他“纯样”，因为裴勇俊在日本被称为“勇样”。“样”在日语里是书面尊称“阁下”的意思。“纯样”几次在公开场合说自己喜欢看韩剧《冬季恋歌》，他说过：“勇样在日本拥有超高人气，当他来到日本时，机场为之水泄不通。在日剧本土收视率不断下降的同时，作为外国人的裴勇俊在日本却能拥有很高的人气。”2004年，小泉赴韩进行官方访问的时候，还专门提出，希望能安排见见裴勇俊，签签名、拍拍照。但裴勇俊以档期太满没有时间为由，婉言谢绝。最终，与小泉见面的明星是《冬季恋歌》的女主角崔智友。

从2004年8月裴勇俊红遍日本开始，裴勇俊就已经不只是一个明星，大家更津津乐道的是“裴勇俊经济”。

그가 일본에 도착한 다음날 아침 기자는 호텔 부근 신문가판대에서 그의 사진이 실린 스포츠지를 보는 도쿄 시민들을 취재하려고 했다. 그런데 웬걸, 그의 사진이 1면을 장식한 신문은 아침 7시경에 거의 다 팔려나가 찾아보기 힘들었다. 결국 지하철역 다섯 곳을 돌아다니며 1개씩 남은 스포츠지를 끌어모아 촬영했다. 어렵게 사모은 신문은 사례비조로 모델들에게 나눠주고.

裴勇俊访日时，占据了各大报刊头版头条

韩国文化产业的“出口奖”

11月11日到13日裴勇俊短暂访华时，经纪公司把他里三层外三层地保护了起来，《外出》投资方之一的中博传媒公司董事长陈伟明说，赶来和裴勇俊赴晚宴的张艺谋也没有例外，虽然裴勇俊本人“非常尊敬张艺谋导演”，还记得他的生日，但张艺谋带的两个随行记者还是被裴勇俊经纪公司的人挡在门外；门里面，等着和裴勇俊会面的还有中国电影局的官员。

此时，来自各国的影迷正等在北京饭店大堂里，比拼谁看裴勇俊新片《外出》看得多，他们大部分至少已经看了两遍，据说最高纪录由一个日本裴迷保持，她已经在电影院里看了300遍——按每天在电影院看5场计算，要看满300遍，必须从8月23日《外出》首映开始，整整看60天。

“我知道的是，我的戏在日本票房很好，在韩国很普通而已。”裴勇俊的回答从招牌裴式的微笑开始，再以招牌微笑结尾。

似乎每个裴迷都有引以为豪的纪录：只要裴勇俊不坐包机，一位年过七十的日本裴迷总能买到他座位附近的机票，这次中国之行也没例外；一队五六人组成的香港裴迷组，4年来裴勇俊走到哪里，她们就跟到哪里，他住哪里，她们就住哪里；网名“521”的南昌裴迷买齐了裴勇俊代言的电器、茶叶、眼镜，正在考虑如何买他代言的仅限日本销售的签名口红。

华夏电影公司和中博传媒公司为了裴勇俊中国之行能够顺利完成，三易见面会时间，还专门请了10个保镖贴身保护，机场、见面会动用的保安达到300名，但保安们还是被淹没在裴迷海洋中。此次裴勇俊新片《外出》在中国首映会的2000张门票老早就被一抢而空，1000多名裴迷拥着裴勇俊走出北京机场，其中包括300多个日本裴迷，以及上百名从韩国、菲律宾、美国、加拿大等国家赶来的裴迷。裴迷包下了北京饭店200多套1300元一晚的客房，附近的几个酒店也都挤满了裴迷。裴勇俊在北京只逗留不到3天，却引发了数百万元人民币的消费。

而这些，仅仅只是“裴勇俊经济”链条中小小的一环。

关于裴勇俊的一切都可以换化为数字和百分比。据日本《产经新闻》报道，2004年，裴勇俊主演的电视剧《冬季恋歌》创造了15亿美元的经济效果，使韩国国内生产总值上升0.18%。根据日本第一生命经济研究所的报告，2004年4月到10月之间，参加“《冬季恋歌》之旅”的日本人增加了18.7万多人。与上年相比，新增的赴韩旅游的96.8万人中，“韩流之旅”占了约七成，观光收入增加了8.25亿美元。裴勇俊在2004年为7个厂商的9种产品拍摄了11个商业广告，包括饮料、眼镜、电子产品等，这些产品的销售额平均增加了30%。

“这次《外出》是在亚洲10个国家同时上映的，我希望以后不仅仅是韩国的片子这样做。”裴勇俊用手扶了一下眼镜——这款眼镜，为他带来了不下500万美元的收入，裴勇俊已经把这10个国家看成了1家：“做事情要从家里开始，在自己的家里发展。”他考虑的不单单是韩国电影怎么对抗好莱坞，而是整个亚洲国家怎么对抗。

一个网名为shonan的日本人，在自己的Blog里质问日本媒体：“为什么一面倒地煽动韩流？”他写道：“星期六的夜晚，在富士电视台又看到了韩剧。韩国人对著作权和特许权的注重，在亚洲其他国家都找不到。金大中当年播下的种子，现在已经开花结果了，韩国文化工业化的势头，甚至超过了当年日本制造业‘一定要胜过其他国家’那股劲头。”他感慨说：“2002年还是卑躬屈膝的韩国，已经不是原来那个样子了。这是一场日本对韩国的战争，现在你们还高兴地享受着韩流，可曾想过有朝一日，举目所望，贩卖之物都是韩国制品？如果大家现在还没有明白这样的现实，那么我只能说一句：恭喜了，韩国人！”

韩国人有理由接受这种祝贺：据日本《产经新闻》报道，2004年韩国对日本出口总额是217亿美元；韩国民间调查机构现代经济研究院发表的《韩流现象与文化产业化战略》称，裴勇俊及其衍生产品创造了近30亿美元的经济效果——如果有8个裴勇俊，就足以创下韩国对日本出口的新高。

对出口创汇的能手，传统的影视奖项已无法表彰其贡献。2002年开始，韩国政府设立了文化产业领域的“出口奖”，由文化观光部和文化振兴院出面评选年度10个奖项，《冬季恋歌》是2004年的大赢家。2004年，联合国教科文组织汉城协会将年度人物的殊荣授予《冬季恋歌》的导演尹锡浩，总统卢武铉也公开表彰。2004年，韩国政府还决定将扶持影视产品出口纳入“出口支持对象”，以财政支援的方式负担文化产品出口所需经费的70%。

儒家好男人填日剧空白

“那个妆化得那么厚的家伙，到底哪里好了？真恶心！”日本原第一偶像木村拓哉对裴勇俊的不满和焦虑达到了顶点。

“我从来没有想到怎么发展成‘裴勇俊经济’的，我也没有特别为日本市场添加什么东西。”裴勇俊说话时永远保持温文尔雅，语速不快不慢、声音不大不小，西服里衬衣的袖子恰到好处地长出一节。

虽然裴勇俊不承认自己刻意为海外市场做了什么努力，但他不否认每次外出宣传前，都会多学几句当地的语言。哪怕来中国只有3天，他会说的中文都不仅仅是“我爱你”、“你好吗”的简单句，他能在见面会时跟影迷说“真是太遗憾了，时间太短了，真想和你们多待一会儿”这样的长句。面对面采访时，记者用中文问他“走红所付出的代价”，翻译还在试图用委婉的措辞给裴勇俊解释，裴勇俊已经跳过翻译，用操练多次的中文接上了茬：“尽全力，待天明。”

北京电影学院从事日本影视文化研究的支菲娜说，《冬季恋歌》开始在日本并不火。事实上这套连续剧在日本NHK电视台播了3遍，前两次因为没有通过卫星传送，收视率并不好。2004年4月，NHK电视台不死心，把这套剧安排在晚上11点20分进行第三次重播。

这一次，《冬季恋歌》播出10多集后第一次挤进了收视率前十位，此后5、6、7月收视率名次起起伏伏，偶尔也能挤进前十，8月21日播最后一集的时候，收视率一下子达到了20.6%，打败当时所有日本本土电视剧，冲到了第一。此后，裴勇俊就像给日本人施了魔法一样，《NHK广播研究与调查》称，90%的日本人知道《冬季恋歌》，38%的日本人看过《冬季恋歌》，四五十岁的女性中超过半数都在看《冬季恋歌》。

对此，从今年开始，韩国政府也在本国涉外宾馆张贴韩国电影海报，并邀请11个国家的60名记者到韩国报道韩剧产业，条件是：这些记者必须是女性。

“我也有男性影迷，大声跟我讲话，就跟女生们一样。”裴勇俊在称呼女性影迷的时候，总是喜欢用“女生们”这样的字眼。

在日本，对裴迷的调查显示，21.6%的人喜爱《冬季恋歌》是因为裴勇俊的魅力。

裴勇俊的魅力，相当大的部分是在流水线上“生产”出来的。中国女裴迷傅玉收到过裴勇俊两封邮件，第一封感谢她寄来的民族工艺桌布，第二封希望她能关注新戏《外出》。傅玉也知道，这些关怀多半并非出自裴勇俊本人，但还是因此坚定了从长沙前往北京看裴勇俊的信念。

“我非常感谢这些影迷，他们都是我的家人，他们就是我存在的理由。”裴勇俊一直称自己的粉丝为“家人”。2003年11月“《冬季恋歌》&《情定大饭店》旅行团”从日本到汉城，早在两周前，他就为这900位“家人”全部签好了写有她们本人名字的照片，在为“家人”举办的新片《丑闻》放映会上，裴勇俊花了3个多小时与所有“家人”一一握手，一个不漏。

支菲娜认为，带有儒家色彩的裴勇俊式好男人形象，恰好赶上了好年份。2000年之后，日剧开始走向衰落，没有好的都市恋情剧，也没有出类拔萃的新人，最常见的剧种就是古装片和鬼片。2002年，日韩合办世界杯，两国文化借此机会“友好交往”，韩剧在此之后得以在日本大规模播出。裴勇俊“温文尔雅、谦谦君子”的形象通过剧集展示出来，让日本家庭妇女单调的生活有了精神寄托，这些日剧消费大户再次找到了少女时代的兴奋，她们才不管日韩围绕竹岛归属有什么争执、裴勇俊是否愿意见小泉——只要裴勇俊愿意见她们就行了。

裴勇俊知道日本影迷最喜欢听他说“我爱你”，之前的汽车广告里，“我爱你”是标准的日语，后来的巧克力广告里，“我爱你”就变成了标准的韩语。

刚考察了韩国电影教育和产业的北京电影学院研究所副研究员刘军，尤其欣赏韩国将发展影视定为基本国策：韩国影片如果受邀参加世界九大电影节，所有参展费用将由政府承担；九大电影节之外，只要是去参赛、展映的，政府可以报销明星、导演、制片的参展费用；如果人不去，寄送材料也有补贴；韩国小明星到别国宣传韩国电影，政府也会出资补贴。

除了“内补”，韩国政府还“外拆”。和全年必须上映满146天韩国电影的电影配额制一样，韩国电视也实行保护政策。今年10月下旬，导演尤小刚提出的“韩剧贸易保护论”让喜滋滋看《大长今》的中国人吃惊不小，韩国KBS等三大电视台不但对日剧提心吊胆，还有明确的“华剧禁播令”，有人认为这种在韩国看不到国外电视剧的现象，实质上是一种贸易保护主义下的“单向出口”，“违反了WTO的平等贸易原则”。

“妆化得很厚”的裴勇俊有韩国做靠山，再次创造了票房奇迹，《外出》在韩国创下最短时间内达到100万人观影的纪录，中博公司董事长陈伟明更新了现在《外出》的票房：日本将近6亿元人民币、韩国1亿元人民币、中国接近千万元人民币。

（袁　蕾）

"春晚"23年的第一次

□袁　蕾（南方周末文化板块，北京）口述
□郭楚淳　整理

春晚一直是个公众关注度非常高的话题，印象中这么多年没有一家媒体对春晚进行过全面和深入的报道。

2005年底，经过一番斗智斗勇，我成了官方唯一批准采访的记者，第一天坐下来的时候，对面甲丁等人，人手一份《南方周末》，说："我们等了23年，终于等到了《南方周末》来采访。"

春晚早就不仅仅是一个单纯的晚会了，风端给我的意见是：解密——这么多年，没有一个"第三者"去看春晚的形成过程，把这个过程展示出来，试图给观众看到一个真实的春晚——也许并不那么全面，就是胜利。

做春晚的人都是人精，他们太知道避重就轻，只给你他们想让你看到的一面，我要做的就是尽可能多地挖出其中的潜规则。比如说冯巩跟赵本山争剧本、争审查会上粉丝的数量……

我必须去平衡关系，不破坏跟春晚的合作，也不沦为他们宣传的工具。事实上，他们还是在很多方面防住我，不准随便拍照，不能看演员排练。那段时间我几乎天天泡在春晚剧组，跟演员一起吃盒饭，跟他们上一辆车，所以我知道的要比春晚剧组以为的多。

《你是谁的托儿》可以肯定是找茬的稿子，我面

能够打入春晚内部，要拜我一个"奶粉"（看我博客人的自称）所赐。我成了官方唯一允许进入现场的记者。

对两个难题：写出来，被春晚剧组看到，后面的采访可能前功尽弃；不写出来，不但会浪费进审查现场的宝贵机会，还会失去刻画春晚名利场的机会。讨论的结果是：稿子照出，打时间差，我交稿是在星期天，而出版是在下星期四——必须保证报纸出版之前结束所有访问。

出《你是谁的托儿》那天，正好是小品最后一次审查，我也在现场，避免跟核心导演见面。最劲爆的信息是：冯巩和赵本山因为托的数量打起来的消息，被润滑为听到的传闻，再拿给春晚剧组辟谣——这样才能将一个已知真实却无法证实的消息公之于众。

事实上，此时我已经做好被赶走的准备，最后春晚剧组果然对我抱怨，但他们也知道这是真实的，所以我还算安全。

采访的量很大：导演、主创、演员、工作人员；地点很多：春晚剧组、央视转播大厅；时间很长：早上10点赶到剧组，有可能会等演员和导演，凌晨三四点采访完是家常便饭。还记得一个四川小品演员吗？采访他的时候也是凌晨3点多了，想边聊边拍照，他礼貌地取掉了帽子，光头闪闪发光。小品演员天生表情夸张，在凌晨3点对着一个光溜溜的、五官乱动的人，我已经产生了幻觉：感觉一个妖怪向我袭来，差点拔腿就跑了。

郎昆与导演组成员一起开香槟迎接新年

说到相机，春晚的一切原则上都是不能照的，每次到春晚的时候，我的相机就开着挂在脖子上，手机的拍照模式也随时打开。看到什么拍什么，能拍什么拍什么。预审那几张照片就是我冒着相机被收缴的风险，偷拍下来的。

元旦那天，春晚总导演郎昆把全体剧组成员叫到会议室开香槟庆祝新年，我也在被邀请之列。跟以前不同，这次是他们主动要求登出来：这是他们23年来的第一次庆祝元旦，也是这么多年来被记者拍到的第一张，很有意义。最后图片发在了18版《春晚变变变》上。

（相关报道：《解密春晚》，《南方周末》2006年1月26日，获2006年1月南方周末新闻奖）

附

解密春晚

■赵本山为啥不能连续3年“忽悠”成功？

■周杰伦为何今年没被邀请？

■想上春晚得过多少道关卡？

“有实力的话不在乎一审、二审的，这点我不是吹，就是剩10天我弄个作品都会比别人演得好。”赵本山去年曾对媒体这样表示。

今年1月20日，春晚在第三次联排中宣布大“瘦身”，包括姜昆、那英、韩红在内的一大批“大腕”的节目都被“枪毙”。

这时赵本山的《说事儿》已经做得七七八八，他没有让春晚剧组失望，无论是总导演郎昆还是导演和策划，都交口称赞“赵本山的确是赵本山”。

1月22日是春晚第四次联排的日子，赵本山在未能进入“贵宾室”休息之后，离开了彩排现场。第二天各家媒体纷纷刊出“彩排罢演”、“韭菜过敏”等多个版本的传言。

春晚的加法

更多人愿意相信赵本山生气了，原因是春晚节目瘦身。赵本山、宋丹丹和崔永元合作的18分钟小品《说事儿》被要求精简，段子和包袱也必须压缩。

春晚导演组力推的新人——台湾相声演员朱德刚和刘增锴正在背新本子和新包袱。这是他们修改后第四个版本的节目了，从最初的15分钟减到了12分钟，又从12分钟删到了8分钟，原来的3个绕口令段子被取掉一个，前面的铺垫部分也被压缩，名字干脆从

《学说普通话》变成了《新说绕口令》。

在春晚长达120天的筹备期里，一批批大腕被刷下，一个个节目被压缩，或者先被压缩，再被刷下。赵本山是唯一敢在节目还没被刷下时发脾气的演员。

这120天，以11月24日语言类节目一审为界，前55天，导演组的主要功课是做加法，后65天，他们埋头做减法。

2006年春晚剧组挂牌成立于2005年10月1日，赵本山新戏《马大帅3》开机前一天。每年的春晚剧组都会在10月初启动，因为刚刚忙完国庆晚会，央视可以集中力量打造春晚了。

严格来说，筹划可能开始于更早一些的日子。2005年8月，2005年春晚总导演郎昆竞标成功，出任2006年春晚总导演。这是1988年邓在军连任总导演以后，18年来第一位获得连任的总导演。

央视市场研究股份公司在全国100个城市的统计结果表明，2005年春晚通过央视的4个频道并机播出，总收视率为95.45，与上一年相比提高了8.1%，收视率达到20年来最高峰。

2005年正月十五的中央元宵团拜会上，胡锦涛总书记单独接见了郎昆，称赞了2005年春晚，尤其是舞蹈《千手观音》。这也是春晚多年来首次获得最高领导人的表扬。

因此，2005年提出的“开门办春晚”方针，在2006年被延续和放大。所谓“开门”，就是面向社会，更通俗点说，就是让春晚成为全国的春晚，而不仅仅是北方人的春晚。

郎昆刚上任没多久，2006年春晚总协调人秦新民和春晚语言类负责人廖芸就开始到各地“开门”了。他们听说武汉曲艺市场很热闹，就专门飞到武汉，从十多个节目里挑到了今年第一个小品——周锦堂等人的《招聘》，这也是今年春晚发掘到的第一个南方小品节目。

11月上旬，四川艺人张德高正与湖南、湖北等地方言艺人一样，还在对广电总局强调影视剧“一般情况下不得使用方言和不标准普通话，东北的地方剧不在此列”而义愤填膺。他们没有料到，一个月后，春晚导演组会专门派人来挑节目，挑节目的不是别人，正是赵本山的编剧、“忽悠”鼻祖兼春晚语言组协调——何庆魁；张德高更没有想到的是，自己还真被请入了位于北京五棵松央视影视之家的春晚剧组。

被赵本山放了假的范伟没有想到，春晚剧组会给他打来电话，只要他点头，就可以单独出任小品的男一号，跟师傅赵本山并排上春晚。

11月24日，春晚语言类节目一审开始，艺人们的好日子结束，导演组拉开了大做减法的序幕。以语言类节目为例，每年导演组会收到相声、小品剧本超过1000个，其中“值得读一读的最多能剩下100个”，经过5轮审查、6轮联排和1次备播（录像，以备直播中发生意外情况），最后剩下的语言类节目为10个。

春晚的减法

春晚专业户冯巩怎么都没有想到，2006年春晚上得这么艰难。

11月24日语言类节目一审，老搭档牛群高调宣布辞官上春晚，但就在一审之前，牛群却低调离开春晚剧组，剩下冯巩捧着个讽刺官场的本子，不知道找谁搭档。

被牛群“抛弃”的冯巩找到了李琦，两人合排了小品《擦车》。12月4日语言类第二次审查的时候，审查组毙掉了《擦车》，苛刻的评语没留一点情面：新意不够，编排粗糙，包袱陈旧。

12月15日的三审，顽强的冯巩又站到了台上，这次他的节目变成了相声剧《跟着媳妇当保姆》，节目内容变了，但结果还是没变——又被毙了。

春晚语言类节目前后共有5次审查，前3次是初审，并不是所有节目每次都必须参加，大体通过的和直接淘汰的就可以不参加下次审查，只有需要大改的作品才每次都要来——就像冯巩那样。屡败屡战的冯巩不停地跟其他大腕排列、组合，再排列再组合，最终确认了搭档——朱军和牛莉，并获得特殊对待，《跟着媳妇当保姆》修改之后，还能参加四审。

2005年最后一天，四审开始，这相当于决赛开始——原则上，此后将不再有新作品进入审查，每个被留下的作品都要参加，这时没被刷下去的作品就“很有戏了”。

来自台湾的相声演员朱德刚享受了比冯巩更大的“特殊待遇”——直接进入四审。

朱德刚说，每次审查的时候心里总有莫名的压力，因为台湾没有类似这样的审查——不是来逗大家笑，而是让别人来看他“行不行”。坐在台下看他“行不行”的分别是：文艺中心领导、台领导、广电总局领导和中宣部领导。

朱德刚不知道，他能站在央视一号大厅春晚直播现场，其实是经过了复杂而漫长的过程：谈创意，读剧本，编导组看粗排（有时不止一次），汇报给领导看（有时是台领导先看，通过后再给总局和中宣部领导看，2005年开始大多是一起看)，修改后领导再看（有时是多次修改)，6次联排、1次备播，不断打磨甚至淘汰。

当然，他也没有注意到每次审查的时候，主持人使用的不是“审查”，而是“汇报”——从2005年开始，为了避免“审查”二字给演员带来的心理压力，特意这样修改。

比朱德刚待遇更特殊的是赵·本山。

12月23日，赵本山的电视剧《马大帅3》关机，他赶到北京的时候，新搭档宋丹丹已经在剧组等他了——此时春晚三审已经结束了，四审马上要开始了，剧本还影子都没有，肯定赶不上了。去年，赵本山因为《马大帅2》没拍完，是直接参加四审，今年又破了一个纪录，直接进入最后的五审。

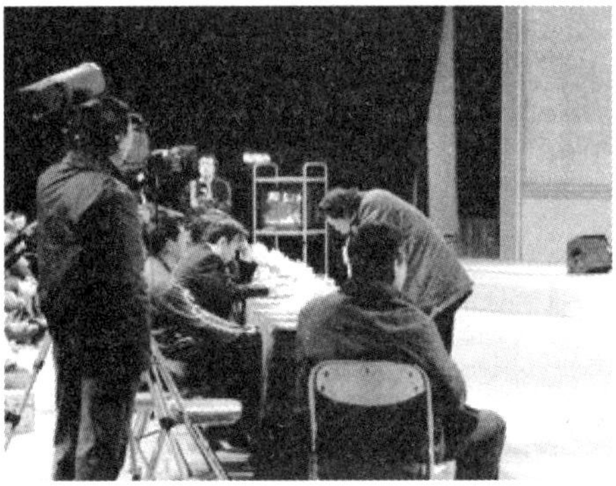

四审现场，赵本山没有出场，由导演张慧中（右）向评审们读了一遍刚写出来的剧本，就通过了审查

赵本山的“特殊待遇”还没完。1月5日下午，赵本山戴着帽子坐在1000平方米演播室外的凳子上，那是他今年第一次在春晚“汇报”上露面。其实真正露面的是该小品的导演张魏东，《说事儿》的剧本昨天晚上才完成，不可能立刻上场表演。张慧中猫着腰站在审查组人员面前，一人分饰三角念完了《说事儿》的剧本，并通过审查，进入之后的联排阶段。

在这5次审查中，大部分演员不愿意参加一审，他们担心剧本内容提前泄漏给竞争对手。这种担忧是有道理的，冯巩可能到现在还不知道，正当他为剧本修改焦头烂额的时候，同样也在为剧本头疼的赵本山，试图说服郎昆，把冯巩的那个本子拿给他演。

五审过后就是6次联排。今年的联排时间是从1月16日开始，每双数号的那天举行。26日是备播兼最后一次联排。参加联排的节目未必安全，但像本届春晚，第四次联排的时候大瘦身，一气刷掉10个节目也是不多见的。被刷的时间越靠后，就越难找到重来的机会。最令人伤心的是在直播当天被刷掉，这在春晚的历史上也出现过。1999年准备了一个名为《大专辩论会》的节目，直播时，由于前面节目超时，被迫当场拿掉的。久经沙场的大学生辩手们，足足忍了半分钟，眼泪才流下来。

春晚“七诫”

赵本山的剧本危机其实从去年就开始了。

“一个国家媒体，你不能说让赵本山从‘卖拐’，‘卖车’，到‘卖担架’，一路忽悠下去。忽悠了3年。所以第三年我们肯定要让他忽悠失败，这可以说是一个国家意志。”春晚总协调秦新民说，去年赵本山的《功夫》原定的结尾是继续“忽悠”成功，“永不上当”的范伟又一次进了“笼子”。第一次领导看后提出，如果再“忽悠”胜利，就会在客观上造成“骗子永远得逞，好人永远上当”的暗示，国家媒体上不应该有这种导向。赵本山接受了意见，修改了结局，骗术不能长久，终究要被戳穿，“思想性和娱乐性得到了统一”，终于又获得了观众最喜爱小品一等奖——从另一个角度看，春晚允许“忽悠”成功了两年。

在这个修改过程中，发挥作用的是春晚语言类标准的第三条。综合春晚总协调秦新民，策划人员周振天、甲丁、朱海、廖云和任卫新的观点，我们可以知道，想上春晚的相声小品不得违反的“七诫”：

一、要有个好“梁子”，“它是一个故事片段，但要素必须齐全，发展不能顺着走，必须曲里拐弯，有点冲突，还有几个反复，就像情景喜剧一样”；

二、“开口响”，“一开口没有包袱，几秒钟甩不出包袱，在春节晚会上就待不下去”；

三、故事立意积极、健康、亮色、时代感强，“不能丑化农民、不能给社会错误导向、不能违反四项基本原则”；

四、“翻上去”，让人在笑了之后还能感觉到有深度；

五、形体包袱和语言包袱明显；

六、反映当年主题，主题不能雷同，“你是家庭和谐，我就是社区和谐”；

七、不能长，10分钟左右。

“马三立是公认的好相声演员，但他就不适合春晚。”导演甲丁说。马三立的相声比较慢热，段子不够密集，与第二条标准有出入。南方小品很难上春晚，也是吃了这方面的亏。大年三十人的心情是浮躁的，北方小品热闹、爆炒，而南方小品的幽默需要慢火炖，不太适合一号大厅这种大场子。

春晚有所谓“四梁八柱”一说，基本格局是——只要8个小品，就形成了整个晚会的大概骨架。其实有时候春晚不止有8个而是12个小品。相声时间在8分钟左右，小品为10~12分钟，最多的不超过14分钟。海军政治部电视艺术中心的将军作家周振天负责帮相声小品“翻上去”。黄宏的《邻居》续集被翻成了“猫眼里看人”的主题——现代人际关系严重变形，只有在猫眼里才能认出对方；冯巩《跟着媳妇当保姆》，把冯巩猥琐的农民形象和朱军趾高气扬的城里人形象往中间靠了靠，变成了农民和城里人互相理解的主题。

至于歌曲，Twins不会知道自己的《见习爱神》为什么比《莫斯科不相信眼泪》更适合春晚，林俊杰也不清楚春晚为什么选他的《一千年之后》而不是《江南》。

春晚歌舞类导演杨东升对歌曲的要求是：歌词健康、有情感、旋律好听。每年全国各地送来的歌曲不下500首，仅仅按照这个要求，所有歌曲都能上。

按照春晚主创喜宏、杨东升、赵明的说法，适合在春晚演唱的歌有两种：大陆的和港台的。

对大陆歌手的要求包括：先听作品后看人；喜庆、热闹、易于传诵；歌颂春天；具有功能性，易于搭配；便于导演承上启下衔接节目。

对港台歌手的要求包括：一年来3个明星；先看人，再看人气，然后看有没有上过春晚；有原创就给他们原创，没有原创就从专辑里挑首不太旧的歌；必须用普通话唱。

周杰伦和刘德华就是因为已经上过春晚，此次没有列入被邀请名单。

导演组一直强调春晚不会承载太多功能，领导也多次告诉大家春晚就是要观众开心，所谓“开门办春晚”就是让各地、各省市都可以参与到春晚里来，但实际的结果是，从省委宣传部、省政府，到市政府部门，拨专款、派专人搞节目，秦新民说类似“如果这个节目上不去，你还想不想当台长”的“玩笑话”到处都能听到。

所以春晚把在地方台选节目，变成了在各地方电视台找一个主持人来当“青春使者”，那么多个省市自治区，加上新疆建设兵团，32个主持人往台上一站，不能让那么多人合唱一首歌曲，但春晚一共就4个多小时，要是一人说一分钟，加上串词，32个主持人就会花掉40分钟。最后的解决办法是：每两个一组，每省主持人20秒内完成任务，32个人一共加起来就是10多分钟，每次3分钟，12分钟可以完事，这种方式弄得台台都满意。

（袁蕾 黄敏）

濮存昕现象的悲哀

□张　英（南方周末文化板块，上海）

采访濮存昕是在春节前两天，地点是北京东三环的广西大厦大堂的咖啡厅内。当天刚刚从海南飞回北京的濮存昕，下了飞机就连续参加了两个与艾滋病有关的活动：前一个是有关艾滋病宣传教育的电视拍摄，后一个是卫生部等机构联合召开的春节团拜会。

这个喜欢鲁迅、李叔同的人，这个不愿意当官的人，为什么最后却当了官？他在公益事业上的成就远比他在行政工作上出色。担任“人艺”一把手3年，濮存昕的愤怒令我吃惊。

看上去有些劳累的濮存昕，和我打完招呼，起身走到吧台，跟咖啡厅里的服务员要了根烟抽起来，再走回来要了杯绿茶提神。接下来是接受我的采访。采访中让濮存昕尴尬的是，他在公益事业上的成就远比他在行政工作上出色。作为北京“人艺”主持日常工作的常务副院长，濮存昕担任这一职务已近3年，他对我坦言说发现自己“一事无成”。说实话，濮存昕的愤怒令我吃惊。

为什么濮存昕这么愤怒？2003年4月，濮存昕当上了北京“人艺”的一把手，担任主持北京“人艺”日常工作的常务副院长。这在当时是一个大新闻，因为演员出色而转任行政工作的，大有人在。可为什么包括南方周末、中央电视台、凤凰卫视在内的媒体都赶到了现场？因为“人艺”实在是太重要了。

很简单，作为国家级的艺术殿堂，北京“人艺”从诞生起，就受到从周恩来到江泽民在内的领导人的重视，可以说，“人艺”是新中国戏剧的皇冠。喜欢话剧的周恩来总理生前观看了所有“人艺”演出的话剧作品，还多次参加“人艺”的新年文艺晚会。

我还记得濮存昕3年前上任时，当着北京市委的领导和“人艺”中层官员所说的话：“我知道这一天将要到来，但就我个人的心情，并没有报以预期和准备，而是在静候。当任命书交到我手中的一刹那，我很激动，剧院的门总是开着的，观众总是要看戏的，演员也要不断完成角色的塑造，因为北京‘人艺’是属于人民的，个人永远是渺小的，剧院也永远是发展的。”但现在，这些话被濮存昕说成是应付场景的套话。

这个喜欢鲁迅、李叔同的人，这个不愿意当官的人，为什么最后却当了官？是因为他对“人艺”的深厚感情。濮存昕的爸爸苏民是“人艺”下属艺术学校的校长。濮存昕是30多岁来到“人艺”，在“人艺”工作20多年了，把一个演员最宝贵的青春、精力都献给了“人艺”。

我记得，那天在现场，濮存昕还说过一些话，但是这些话被在场的媒介有意无意给忽略了。“记得于是之老师曾说过，剧院就应该建成剧院，而非行政机关，关键是要出戏、出人、出精品。只有用发展的眼光和务实的精神，大家才能合作好，我想每一个人都知道务实的定义，濮存昕不重要，重要的是合作……我的长处是年轻，而我的不足也是年轻，因此事要慢慢做，话也要慢慢说。”

低调上任的濮存昕拒绝了包括南方周末在内所有媒介的专访，他的原则是踏踏实实做事，先干后说。在当院长以后，他推掉了众多影视演出邀请，只专心于戏剧舞台，把精力放在行政工作上，希望能够推动“人艺”的内部体制变革，促进戏剧生产。

但在老老实实坐办公室奔忙于各种行政事务以后，濮存昕发现自己“什么也做不了”。在他刚刚上任时，上级领导还给他派了个副院长，说是帮助他工作，实际上来行使监督功能，他想做什么事情，都做不了。因为这个副院长是上级单位派来的人。名义上他是一把手（目前“人艺”没有正院长），但是他并没有一把手应该有的权力，作为一个国有单位，“人艺”什么事情都必须经过院领导委员会集体表决，才能实行。

虽然身为“人艺”的最高领导，虽然他当院长受到上上下下的一致赞同，但因为“人艺”现任领导与林兆华以往的个人恩怨，他的领导方案和设想，既不被上级认同，也得不到“人艺”其他领导的支持和认可。一开会就形成僵局，最后只能以投票的方式解决问题，他和其他人形成了一比三的局面，他的任何想法，在开完会以后都会在第一时间被人报告到上级部门。整天开会，一事无成的他还得面对来自基层、多年没有演戏机会的年轻演员、导演期盼的眼光，这样的现实令他感到痛苦。

他也曾经向上级领导要求，把派来的副院长调走，但得不到上级的回应。要求上级给他放权，但也没有结果。做不了事情就走人吧，但要走也不容易。因此，当院长不到4个月，在抗非典之后他参加的第一出戏《北街南院》上演当天，濮存昕就向上级递交了辞职书，同时通过电子邮件致函全剧院，告知自己辞职的理由和决定。既然做不到兼济天下，那就独善其身。

但奇怪的是，濮存昕的辞职书交上去以后，在两年多的时间里，上级单位却没有任何答复，他的辞职请求到现在也没有得到批准。而且濮存昕只想做一个单纯的演员的念头，在目前的情况下，也非常艰难。

即使是正常的演戏，也面临众多问题。“人艺”的“水”确实太深了。有人就是偏偏不给他这个“人艺”一把手面子。按照原计划，在2月13日，“人艺”将进行《白鹿原》的彩排。为这个戏，濮存昕已经准备了两年多。由林兆华导演、濮存昕领衔主演的《白鹿原》计划将集中“人艺”最强的演员阵容，“人艺”将其彻底打造一部大戏。但就在完成剧组建组、准备排练前，原来那些定的演员，都被现任的“人艺”领导抽走，安排其他人演出。原来能参加该剧演出的30个演员，现在只有12个能够参加《白鹿原》的排练。无奈之余，他们只得向总政话剧团求援，以总政、“人艺”的演员为班底，加上来自西安的秦腔演员，构建《白鹿原》的演出阵容。

在采访前，“人艺”话题只是我采访提纲中的一部分，没有想到，形象素实的濮存昕会如此激动，主动爆了那么多的料，这确实在我的意料之外。于是，原来1个小时的采访被延长到了4个小时。因为没有吃晚饭，在采访过程中我的肚子一直在咕咕地响。等到12点采访完，很奇怪，越来越兴奋的我肚子也不饿了，出门我打了个电话给编辑部，我说我抓到大鱼了，特别兴奋。

在编辑风端、向阳的建议下，关于艾滋病、电影、话剧、生活部分内容被拿掉，报道核心集中在“人艺”话题上。

2月16日，在濮存昕修改两次以后，濮存昕一文见报。出报当天，新浪网的文化频道和娱乐频道、网易、搜狐在第一时间内转载我们的报道，当天上午，我接到了众多同行的电话，包括《第一财经日报》、《外滩画报》、《新闻晨报》、《新京报》、中央电视台、凤凰卫视的记者来电，询问我们的报道背景，跟我要濮存昕的电话。

当天晚上，濮存昕给我打来电话，对南方周末表示感谢，因为他发现编辑在处理稿件时，删掉了一些他情绪激动、过分强烈的语句，还把文章里他点名道姓直接批评他人处做了技术处理。他认为经过处理，反而是就事论事，效果更好。在高兴之余，他还向我推荐另外一个新闻人物来。

在接下来的几天时间里，“人艺”的电话被打爆了。有支持濮存昕的“人艺”职工把本报的报道贴在了行政楼的过道里，所有的人都能看到它。因为濮存昕关掉了手机，包括中央电视台在内的几家电视台，直接抱着摄像机赶到了“人艺”，要求采访濮存昕和“人艺”现任官员。很快，“人艺”内部开会，一边向上级汇报，一边下令要求全院人员封口。

接下来是《新京报》、《北京晚报》、《西安晚报》、《华商报》、《新闻午报》这样的日报跟进，濮存昕拒绝了他们的采访，对他们说，“我说的话，已经在《南方周末》上说完了。你们可以看看《南方周末》去”。后来的结果是这些报纸大篇转载、摘编我们的内容。可以说，在我的个人新闻生涯中，以前的金庸、陈丹青、周星驰都做到了独家专访，但一个焦点新闻人物，在前前后后，只对一家媒介说话，只有濮存昕。

在后来我去南京采访田沁鑫，在北京采访儿艺领导，去中宣部办事的时候，都有人提到这篇报道。我到北京采访第二天，《新京报》的天蓝、《三联》的马戎戎请我吃饭时说，你做完了报道，可把我们害苦了，领导要求我们做深入报道，结果去采访时“人艺”官方根本不配合。只能找已退休的老职工和几个支持濮存昕采访的人，比如李六乙、宋丹丹、杨立新。

在别的媒介大规模跟进的情况下，编辑风端与我商量，在濮存昕之后，我们到国家文化部门搞一些2005年话剧业的数据，以“人艺”、“国话”、“上话”、香港话剧团4个剧团的生存现状为由，做一个全国话剧生存现状的深度调查稿来。在别的媒体都在爆人艺内部问题、个人恩怨时，《南方周末》的角度和眼睛始终比别人看得深远。

（相关报道：《濮存昕：跳进“人艺”这锅粥》，《南方周末》2006年2月16日，获2006年2月南方周末新闻奖）

附

濮存昕：跳进"人艺"这锅粥

我刚演完《鲁迅》，艺术创作我觉得应该提倡鲁迅先生的野草精神，他希望鲜花也好，毒草也好，天下万物蓬勃生长，自由自主自在，物竞天择。
——濮存昕（图片为《鲁迅》剧照，由濮存昕提供）

■"于是之老师曾说过，剧院关键是要出戏、出人、出精品。这话说得太好了。但是，这么简单的事情就是办不了。"

■"'人艺'的现状实际上是一锅粥，濮存昕你跳到这粥里去搅和，就会被这锅粥淹死。你想把这锅粥的汤倒了，重新煮，根本就不可能。"

濮存昕53岁了。他自豪自己在这个年纪还能拥有成型的腹肌，他的遗憾是："过了45岁，白血病捐献骨髓的事我做不了。"

作为"卫生部艾滋病预防宣传员"，他设立了"濮存昕爱心基金"。企业找他拍广告，他先跟对方讨价还价："你要参加艾滋病的关爱救助项目，先做这个事，我就跟你做。"拍完广告，再跟对方说："钱你别给我，投入我的爱心基金。"几年下来，基金会前后募集到120多万元，并且已经花出了60多万。最近，他正在考虑帮助被艾滋病感染的大学生朱力亚完成学业，再给她找个工作。

作为北京“人艺”主持日常工作的常务副院长，濮存昕却发现自己3年来“一事无成”。

2003年4月11日，濮存昕被北京市委任命为北京“人艺”主持日常工作的常务副院长。

当院长不到4个月，在抗非典之后他参加的第一出戏《北街南院》上演当天，濮存昕就向上级递交了辞职书，同时通过电子邮件告知全剧院。

辞职书交上去以后，在两年多的时间里，没有同意，也没有拒绝，上级单位没有任何答复，他的辞职请求到现在也没有得到批准。

现在，濮存昕只想做一个单纯的演员。但在目前的情况下，这也不容易。在采访濮存昕两周后，记者从别处得知：原计划2月13日开始排练的话剧《白鹿原》又遇到了新困难。这出准备了两年多时间的大戏，由林兆华导演、濮存昕领衔主演，计划集中“人艺”最强的演员阵容。在排练即将开始时，因为内部协调问题，能参加该剧演出的“人艺”演员不到原计划的一半。

继承传统的机会，丢了

“剧院的人民性体现在长期演出和低票价，而北京‘人艺’一直在努力地坚持这事，但是眼看快坚持不住了……”

南方周末： 2005年，你在话剧上投入精力非常多，《雷雨》、《李白》、《万家灯火》、《茶馆》几个戏都有你的角色。这样频繁的演出，角色转换吃力吗？

濮存昕： 一点不吃力，因为不是新的创作。每场演出都是一种总结、完善。去年4月份，在演《李白》的时候，我的从容感是从来没有过的。每天都是充满着兴趣创作，每一天每一天地和李白相逢，去反复体会这个角色。这个过程就像吃菜，要吃好几口才过瘾。

南方周末： 几年前，你曾说过话剧没好产品。你现在的看法呢？

濮存昕： 因为文化产业在我们所有剧团面前都是课题，根本没有成功的经验。所谓的成功经验都是一时一事的，比如独立制作也好，还有民间制作的一些戏剧，包括在上海我们策划的《雷雨》。更多的是演完就完了，真正对市场产生深远影响的，品牌也好，剧目也好，没有产生过。

当然大家也说有好戏，只不过是说哪年哪年演了5场，大伙儿有个对5场的回忆。北京“人艺”不同于其他剧院，它的历史传统给我们留下的运作方式，一个好戏可以演几十场，几年之内很容易就上百场。这个市场有深度和广度的影响。虽然它的经济效益比不上独立制作，独立制作就演3天，它的票价可以上1000元的。像我们这种长期演出的剧目，它的票价就不可能那么贵。它应该让更多的人来看，我们经得住更多的人来看。

彭真市长当年说，你们不要完全按照莫斯科艺术剧院的称谓来定北京艺术剧院，还是叫北京人民艺术剧院为好。剧院的人民性体现在长期演出和低票价，而北京“人艺”一直在努力地坚持这事，但是眼看快坚持不住了，所以政府投资往里贴，贴了半天，体制又限制了艺术的真正滋长。

南方周末：最近几年，戏剧一直处在尴尬的状态，缺少能走向世界的戏，没有什么戏让老百姓奔走相告，为什么？

濮存昕：也不是，我们剧院的《茶馆》应该说是走向了世界，去年底在美国演出，过去在欧亚很多国家都演出过，受到好评。但应该说从时代的要求来讲，好作品还很少，也有体制上的问题，比如电影与电视创作的整个机制上，有优化组合的可能性。它可以在全国范围内，汇集整个专业层面里最好的人才，一起做一件事情。

戏剧是以剧团为创作单位的，它的资源，创作力量的资源，是有局限性的。在创作过程中，可能某些地方要将就你资源的不足。

也不是说现在没有特别好的剧，有，但是不多。有些好作品，因为演员的退休、离去，有时使得这个戏就没法演了。我们演的《鸟人》，林连昆老师现在病了，那三爷的角色就没人演，不可能有别的演员顶上去，所以那戏就没了，只能有一个录像，看一看碟，也就只能如此。

但是《茶馆》，我们就真的接下来了。没有看过老戏的观众看了，很喜欢。“哦，《茶馆》，好戏！台词写得真精彩！”但是，下一拨年轻演员再演，我就不知道怎么样。

南方周末：有人评价你，作为演员，你在舞台上已经做到最好了，正处在黄金年龄。

濮存昕：听到这种评价，我很悲哀。因为我心目中，前辈在我脑子里的高度，我们是不可逾越的。而且我们40多岁的时候，一点成就感都没有。没有人认为我们是对的，没有人认为我们行，我们只是尽演员的责任，一点点去做。

现在突然间有了高树悲风、不胜寒意的感觉，那种感觉很糟糕。怎么对待我们今天“人艺”的青年的力量、中年的力量？没有任何人来肯定这件事情。

20年来，我们缺乏对戏剧界的青年、中年力量的肯定与承认，没有给他们更好的空间和尝试。对他们个人的创作冲动、对自我生命的各种表达没有给予更多的尊重，包括对林兆华。我们已经完完全全失去了继承传统的机会。

前不久，在焦（菊隐）先生的百年纪念会上，一些与会的老前辈仍旧说自己老一套的话，“焦先生，继承继承……”有人动员我发言，我使劲忍住没有发言。因为现在没有人会很负责任实实在在、实事求是地对北京“人艺”目前的现状发言。今天有谁能继承？20年来谁按照焦先生原来的演出样式排过一台戏？完完全全按照焦先生的演戏方法去排戏，它就能够有观众，能够出精品？

南方周末：这是你对今天戏剧现状的判断？情况有这么严重吗？

濮存昕：我们的文艺现状就是所有的地方都修建苏州园林，不要原始森林。我们应该更多地去保护原始森林，而且应该去培育、种植像原始森林一样的杂木林，也让草野着长为好，否则我们的文化空间就不够大。在文艺题材上，特别是地方，限制了艺术团体的自由发展。

能排戏的导演，缺了

“林兆华之所以在‘人艺’没有形成主导地位，是因为这个环境不能容忍他的创新精神。”

南方周末：“人艺”在这方面已经做了一些尝试，比如“人艺”创办了“实验剧场”，开始做一些实验戏剧。

濮存昕：“实验剧场”也不是我推动的。林兆华推动现代的、有实验性的戏，早在《绝对信号》就开始了，但长期以来对于林兆华实验性的那些戏剧观念，“人艺”方面基本上是一种否定的态度。

一个剧团的灵魂，最重要的核心力量是导演。导演的核心力量是抓剧本、抓素材、抓写作、抓制作。

目前，“人艺”的瓶颈是导演。我最寄予重望的林兆华已经退休，就剩任鸣和李六乙。任鸣的问题是近年来他排的戏都不是特别的精彩，这都是可以公开说的，我认为不太精彩，有他近年来的生存状态问题。李六乙是太超前的一个导演，作品有很多独到的东西，但只能小范围地被接受，很难进行商业运作。还有一个顾威，他是个退休演员，也做导演。现在来了两个年轻导演，应该说还都没有进入状态。

“人艺”倒有一大帮发牢骚的明星，因为体制的原因，他们在“人艺”赚的这点钱，根本就拢不住他们在“人艺”排戏，这有体制的问题。还有一部分中间力量的演员，他们一天到晚地在“人艺”排戏演戏，因为导演层面的薄弱，缺少对他们进行培训、提携、指导，使得他们缺少进步的空间。

从我个人来讲，我40岁以后的进步是从林兆华开始的。他给予我一些表演观念，他对于我的一些艺术指导，和我通过他对于现代艺术的一些了解，使得我突然间就多了一手。我除了传统的表演，从夏淳、从我父亲、从剧院的写实或现实主义的戏里面来的那部分东西之外，“哦，我还能这么演戏！”

南方周末：因此，你对林兆华的期望那么高。

濮存昕：林兆华是北京“人艺”的最后一个还能导戏的前辈艺术家，除他以外，前辈们大都退休不管事儿了，“人艺”没有其他人了。我在“人艺”做的第一件事就是请林兆华出任艺术总监，负责整体的艺术创作，以他的艺术思想观念，建立现在“人艺”的艺术标准。

“人艺”真正有一流水平的人现在都在外面干，不在“人艺”干，能感召他们回来的，只有林兆华。

实事求是地说，在戏剧上林兆华有一生的积累，也有现实主义戏剧传统对他的滋养，这20多年有一系列的优秀作品，具有国家级别和世界交流的水准，和现在的一些年轻导演比较，他比他们高一大截。他的声望、成绩、作品摆在那儿，你躲不过去的。

林兆华之所以在“人艺”没有形成主导地位，是因为这个环境不能够容忍他的创新精神。如果让他放开去做，给他一个好的环境，他也不会有时表现那么激烈，不会去喊口号，去斗争。他也不会用批判“伪现实主义”去批判别人。这句话使很多人生气，以为在说自己呢。

南方周末：林兆华现在并不是“人艺”的艺术总监？

濮存昕：我的提议既没有得到上级的支持，也没有得到“人艺”领导层的赞同。在中层干部会上，我提出来之后，也没有什么响应。如果我一定要坚持这个事情的话，就要出现投票的尴尬局面。毫无疑问，肯定不会被通过。

我对他们说，能不能先试试？把以前的个人恩怨抛开，林兆华也快70岁了，给他5年时间，让“人艺”有一个发展，这5年中间我们磨合，看着能再做点什么。

一次院里开会，有人说：“林兆华做艺术总监？他不是副院长，这个领导关系怎么做？难道我们院委会、党委，要听林兆华一个人的？”就这样，没有人支持我。我发现能够理解我跟我合作的人，不存在。

在林兆华的问题上，我们的上级领导也认为我的想法是不对的。他们对

“人艺”的定位要求和我想的完全不同，还派人来“加强领导”，配合我们工作。这一“加强领导”的出现，谁敢支持我的意见呢？会上的发言就都绕脖子说话了。

最后我发现什么都做不了，用林兆华有人不同意，让某些人辞职走人也不行。一天到晚开会，围着文件转，天天都是这些事。然后我就变成了曹禺，变成了于是之，你们不知道，他们后半生在领导岗位上精神其实是很痛苦的。

法人代表，没人当了

“由此我想到一个老者，他的病体，怎么去挽救他？只能去性交杂交出一个儿子来，不可能万寿无疆。”

南方周末：你苦恼的其实是体制问题？

濮存昕：现在全国院团体制改革没有形成环境。造成的结果是，在我们人才极端匮乏的情况下，不敢大动干戈。但是你的机制没有，就永远没有人才。

国家话剧院比“人艺”要好一些，就因为赵有亮（国家话剧院院长）的工作方法有独到之处。“谁要排戏说一声，想排什么戏就排什么。在我这儿绝对没有红灯，哦，这个剧林兆华你有，那你到我这儿来，我这没审查制度。”

有些戏可能并不成熟，水平也不一定特别好，演个十场八场就收摊儿。国家话剧院的问题也有，比如票房回收、观众数量也不多，但他这样一来，“国话”的局面就显得比较活跃，“国话”的年轻队伍就这样起来了，他们大概有六七个这样成熟起来的导演。

南方周末：你有完整的改革方案吗？在上任前，没有和他们沟通交流过？

濮存昕：没有完整的计划、方案，“人艺”的问题摆在明处，所有的人都清楚，但是没有人正面承认。

比如，我们能不能灵活用人，形成进进出出的机制，甩掉那些不合适“人艺”的多余人员，引进那些需要的人。人才应该流动起来。于是之老师曾说过：“我最苦恼的事情就是，怎么样让剧院办成剧院，而不办成机关。”

这些想法我在上任前就和上级领导沟通过，但他们没同意我的想法。我当时没想那么复杂，想在实际工作中先慢慢干起来吧。但我发现自己太天真，北京“人艺”是一个国有事业单位，一个政府机关，不是一个单纯的剧院，在这样的空间里，我能做的事情太少，也应付不来。

虽然我负责主持工作，可是我不能作主，也作不起这主。我当院长的前提必须是我得按照我的意图工作，你不按照我的意图工作，我可以不干，所以到现在我都没有签法定代表人的那个文书。因此北京“人艺”现在没有法定代表人，法定代表人还是已退休的刘锦云。如果现在北京“人艺”出了一个非常大的事故，比如着火这种事，实际上是没有人负责的，这个现状很危险。

“人艺”的现状实际上是一锅粥，濮存昕你跳到这粥里去搅和，就会被这锅粥淹死。你想把这锅粥的汤倒了，重新煮，根本就不可能。

南方周末：你是不是太悲观了？

濮存昕：艾滋病首席疫苗专家邵一鸣教授说，德国一个森林病虫害，树木全部要完蛋了，很多科学家说赶紧打药治虫子，一部分科学家的判断是让这些树自然死掉，然后重新生长新的森林，自然资源没有被化学剂污染。

今天我们再怎么谈老北京“人艺”的辉煌，它实际上已经不存在了。老艺术家们离开了。我们剧院还有多少艺术力量，能做什么，给予他们什么空间让他们做？说林兆华不行，可濮存昕认准林兆华了，现在上级不同意，那就让其他人做吧。

由此我想到一个老者，他的病体，怎么去挽救他？只能去性交杂交出一个儿子来，不可能万寿无疆。这就是自然之道，文化之道。鲁迅过去了，你还说中国怎么生不出一个鲁迅来？就是生不出来。我们后来不过生出一个钱钟书、巴金，之后出一个王蒙、陈忠实来。

南方周末：就这样放弃，是不是太轻率？

濮存昕：我就是想做我想做的事。坚持我的观点，坚持我的态度，坚持我对这件事情的判断，这才是认真负责的态度。没人理解我。领导们现在知道了，濮存昕跟他们唱的不是一个调。他们想改造我，但改造不了我。他们要我不要和林兆华合作，要和其他导演合作，目前我还做不到这一点。

院里的年轻人也背后议论：“濮存昕这人根本不是做官这块料。”我走很容易，但跟着我干的人，我退了，他们怎么办？

坦率地说，我还是个明白人，下棋你得看十步以上，你哪能只看三步啊。这棋越下越臭，干脆收棋。你往后退我认为是一个负责的态度，从现在来看，我真的是尽不了这个责任。

所以说这事在今年内应该有一个了结。我不能再拖下去了。我还要和领导谈话交流，要把你真诚的东西让别人了解，争取领导对我真正的了解。因为他们也得负责任，这两年来我们没有谈过话。他们也没负责任。

院长，做不动了

“带着满脑门子官司，这关系那关系协调，矛盾的解决……怎么演？没法演！”

南方周末：你不想当这个院长，很多人都想做。

濮存昕：这个院长并不是我去要的，领导觉得，濮存昕这人没有大毛病，戏也演得不错，有知名度。现在看我真的是有大毛病，说真的。

我二楼开完会，上三楼排戏，我真的背不下来词儿，多痛苦呀！平时我跟这些演员相濡以沫，心贴心，但是你当了院长，站在这位置，“哟，院长来了！”他们刚才站在那里说着话，全部打住。我很不喜欢这个感觉。演员做工作就是表达角色生活很微观的心理过程，可是我带着满脑门子官司，这种关系那种关系协调，矛盾的解决，一看到这演员，集体利益啊，剧院利益啊，个人利益啊，人家说“放我一马，我想在外面拍电视剧去”，我不同意，然后我还要跟他们一块演戏，怎么演？没法演！

我是一个演员，我喜欢我自个儿，我喜欢我的状态，我要开心。我也喜欢大伙，让大伙开心。可是大家都觉得我人缘好，应该当领导，但我做不动。

领导者要有气质、品性、素质、能力、办法，能够推动改革和发展，影响改变别人，我没有这个能力。我只是一个艺人，我真的改变、影响不了其他人。我已经告诉他我要这么做。他们不认可。

一切都和我想的不一样。我觉得这个剧院的黄金时期已经过去了。“一岁一枯荣”，这是我曾经在一个采访中说的，说完这句话我哭了，碰到秋天了。

南方周末：没有当官能力，所以就走，做逃兵？

濮存昕：就跟李白似的，非庙堂之器，不是这块料。鲁迅他也不参加党派，他也不参加团体，他根本不愿意负那责任。弘一法师扭头就走，出家了。

我是一个演员，我得出东西，我得去演戏。同时还有很多空间去完成我的社会工作，公益活动那么多。实际上我要把演员的事做好了，我可以在全国范围内帮助社会的很多很多

我就跟李白似的，非庙堂之器，不是这块料。

——濮存昕（图为《李白》剧照，由濮存昕提供）

方面，推动很多事，那里需要我，我只能这么做，你说我牺牲哪儿？

我曾有一个噩梦的主题，就是堕落无底的深渊，身体在压力的剧变中膨胀，直到一身冷汗地惊醒，我现在有身处悬崖之感，我很害怕“人艺”毁在我手上的恶名。所以我必须放弃，必须结束了，你别挂个院长名，徒有虚名还在招摇，还在那儿做梦。

南方周末：或许，有时需要漫长的等待，才能够实现目标。

濮存昕：你要想这么干事，一定得有一种激情，也可称作是英雄主义情怀，这是一种信仰的冲动。现在，我不愿意痛苦，我是一个对自己很在乎的人，不是一个特别无私的人，所以让我完完全全能够舍身去做，我做不来。

南方周末：一提表演你就眉目放光，一提当院长你就很累。

濮存昕：马上暗淡下去了，这是我人生中的“败笔”。太失败了。我不是一个合格的领导者，是我自己的问题。我现在首先承认是我自己有问题。外部也有问题，外部问题的讨论应该是大家一起来做的，不是我一个人说的，我说的不见得对。

知识分子的问题就在于他老觉得自己对，就要争吵。政治家都觉得自己对，就要打仗。宗教告诉我们，不要只觉得自己对，要谦卑一点，要宽容别人。那你就退后一步。有些社会上的事情你解决不了。所以说，李白也好啊，中国的很多知识分子，兼济天下不行就退而独善其身。

我就退到原点。我的一生中最要紧的职责是演员，而演员的创作主体是自我，是生命本身精神的质量，是兴趣热爱和投入。

南方周末：现在，上海已经出现了官办转民营的私人剧团了，你有没有想过自己办个剧团呢？

濮存昕：我没有，我现在只想做好演员。因为现在比剧院更大的一个空间是有问题的，所以怎么办都会有问题。我们期待院团体制改革的春风吧。

（张　英　王琳琳）

当一个生命倒在我面前

□朱红军（南方周末新闻板块，上海）

回来的路上，我为采访未遂焦虑不安，摄影记者王轶庶说了一句话，让我陡生尴尬："你丫当时要是还想着采访人家，我就要鄙视你了。"

这就是一个故事，我采访中遇到的故事，不刺激，不好玩，也应该不涉职业道德。提起来，只不过是，在我做过的众多采访中，它算是为数不多的让我事后介怀的事情。

2005年7月，我受命报道上海一家民营医院陷入慈善困境的事情。一篇仓促而就的报道，无意间竟成了我采访对象的祭文。事情并不复杂，上海一家民营医院因为行善治病，力所不逮，濒临倒闭。当时正是医疗机构的唯利是图为公众大肆鞭挞的时候，这样一所慈善医院自然显得异类，而民营资本的背景更令人疑惑，公益性和与资本的趋利性的冲突如何共存？

最初的情形是，我几乎本能地怀疑这种阳春白雪的典型，记得在与编辑第一次交流时，我的第一反应就是，怎么可能有这种人？

此前，我刚刚吃过一次被其他媒体误导的亏。一位河南的中年妇女因为自己孩子被毒豆腐所害，继而与洛阳市的黑心豆腐行业较上了真，数度暗访，将上百家豆腐地下作坊掺加巨毒药品的劣迹公诸天下。2004年有中央媒体授予其3·15公共利益大奖，而几乎所有媒体都将其视为公益的良心。

我算是怀着褒扬之心，奔赴河南进行采访的。一个星期的明察暗访，当事人与我袒露心扉，我才惊觉更为真实的逻辑：这位妇女彼时已经懂得利用媒体的关注，挟豆腐坊恶劣和政府监管不力，作为与主管部门交换自己私利的途径之一。她想成立豆腐协会，在全洛阳推广以自己的名字注册的商标，以收取使用费用，她还想办一个豆腐厂，把所有黑心豆腐全吃掉，唯我独大……她在公益和私心的钢丝绳上小心地维持着平衡，却常常因为私心，以公益之名，行牟利之实。

这篇稿子后来被迫放弃，因为采访的事实与原先的预判不一致，是我进南方周末以来第一次遭遇毙稿。由是，我印象深刻，别人、别家媒体再怎么报道，再怎么定性，还是要凭借自己的判断力，心存一份质疑。

正是因为前车之鉴的经验，我内心始终挑剔地面对着这位60多岁的老院长。第一天，他热情地接待我，侃侃而谈其慈善理想，津津乐道于他和某某领导人、某某老总交游的细节，兴之所至，还展示了太多的题词、照片。这种类似扯虎皮做大旗的风格，固然可以解释为闯荡江湖的经验，但我还是忍不住对其沽名钓誉怀疑。至少，这些和做慈善有啥关系？

我一次次打断他，试图引导他讲述自己慈善梦想的来历和慈善实践。他翻箱倒柜地寻找出当年的新闻报道和电视台的光盘，沉湎于白衣天使的过去；他招呼来医院食堂里打工的孩子，说，这是我领养的几十个孤儿之一；他一张不漏地保存着自己当年捐赠的实物和金钱的凭证，总额能精确地说到个位数；他一笔笔地记录着为贫困病人减免费用的日期、地点、原因……

准备得太充分了，充分得又让我怀疑他做这一切的真实用意。我直言不讳地问过他，如此旷日持久地保存好人好事的证据，有什么作用吗？他含糊其词。其实如果他当时能够坦言自己对于名声的看重，说不定就会让我部分释然。但他偏要渲染自己的精神高尚和不计名利，我就偏偏不信。

第一天的采访结束后，我找到最初报道此事件的青年报的记者，他说，重要的是看一个人做了什么，而不是揣测他的动机。

我很以为然。再采访时，就独自事先溜到了所谓的慈善病房看了看，结果只发现一例病人，的确曾经受过其资助，但现在基本上处于病入膏肓的境地。他儿子说，医院减免了一些费用，但也不愿意再掏钱出来。医院里病房很多，但慈善病房只有一间，且病人只有一个，此癌症病人曾在公开媒体上多次出现过，对老院长慈善举动作感激涕零状。

老院长能感觉到我对于只有一例病人与其自述的慈善事迹之间反差的疑惑，不住地强调，如此后果全因医院经营难以为继。

青年报的记者这天晚上对我说，老院长告诉他，我这个记者不太好应付，问题太多，好像不怀好意，不想再接受采访了。我心下想，如果经得起推敲，记者再不怀好意，怕什么？

其后两天内，我在外围采访中果然听到了一些不谐之音。有人说他为病人着想，值得尊敬，也有人说他其实就是沽名钓誉，目的是为了宣传医院名气，甚至还有人揭底说他以前一直笼络病员，介绍就医，收取介绍费，就是医托。

这些迥然不一的评价，暗合了我一直打消不住的质疑，必须再次采访他，以便一一核实。这天晚上，我赶着准备了十余个自以为极其犀利的问题，我的设想是，把他问得拍起桌子来，就是最大的成功。

结果，第二天，他在办公室里会见客人，我们被堵在了门外，只好在隔壁房间等。记得等待期间，我还和摄影记者王轶庶说，这同志不会知道我们来势不对，不敢见我们了吧？

10分钟后，隔壁传来“院长昏倒了”的叫喊。我们出得门去，看到老院长已经被众人围着，躺在了沙发上。青年报记者提醒我们赶快拍照。镜头记录下老院长挣扎着用笔给自己开药方的场景。

老院长在一帮人的手忙脚乱下，接上氧气，被推进了重症病房。这期间，我还试图等待片刻，以便继续到病房里采访，但被他家属挡了驾。

回来的路上，我为采访未遂焦虑不安，记得还和王轶庶（南方周末摄影记者）开玩笑说，这药方上的字还蛮工整的嘛。王说了一句话，让我陡生尴尬：“你丫当时要是还想着采访人家，我就要鄙视你了。”

我没接话，其实老院长倒下去的那一刻，我还真是只想着未竟的采访，几乎没有一丝发自内心对他昏倒的关切。为什么？因为我始终觉得，这突如其来的昏倒也太及时了，及时得令人怀疑。

前一天晚上说不愿意再接受采访了，今天就真的接受不了采访了。十几分钟前还主动请我们稍等，一下子就瘫倒，不省人事了？我心里嘀咕，这要拒绝媒体采访，苦肉计倒是个好办法。

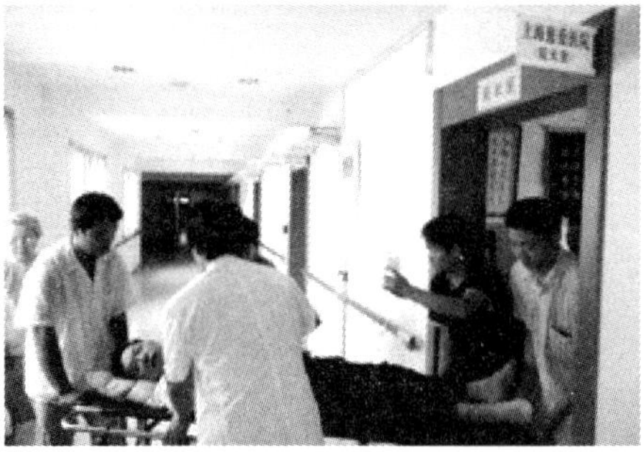

在送完两位据说是讨债的客人后，丁学金晕倒了，医务人员匆忙地将院长抬出院长室

王轶庶/摄

稿子最后在质疑未得到核实的情形下勉强成文，我努力让文章显得平衡，甚至试图拒绝用正面的词语，唯恐不负责任地像其他媒体一样，有意或无意地树起一个可疑的典型。那样的话，稿子就必须承担有朝一日被揭

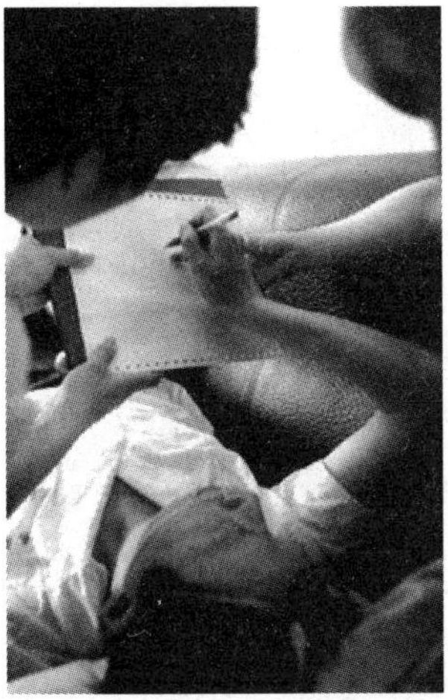
晕了的院长挣扎着用笔在纸上给自己开出药方　　王轶庶/摄

穿和证伪的风险。

出稿后，中央电视台、凤凰卫视等媒体相继跟进，其后又无一不告诉我，采访被拒绝了。什么理由？托病拒绝。

大约半个月后吧，我接到一陌生电话，是老院长的儿子打来的，说，感谢我们报纸的报道，中国红十字报转载了我们的报道来纪念父亲。

我问，怎么了？他说，那天父亲昏倒后，就再没起得来，转到华山医院抢救，一周后去世。我竟忽然觉得惭愧和内疚。

后来和编辑聊起来，编辑说，你做得没错，他的死和你无关，你的怀疑是职业要求。

我当然不会觉得他的死和我有关。

我又和我女朋友聊起这事。她不是记者，不会说什么职业要求，只是说，人家就倒在你的眼前，你怎么还想着自己的采访，有点冷血啊。

我一想，真是，一个生命就倒在面前，我因为职业的要求，因为自以为正确的怀疑，连一丝对生命的敬畏都没有。

再后来又遇到一个对南方周末十分熟悉的朋友，她以受害者的身份指责我们，“你们啊，记者就是偏执”。

（相关报道：《丁医生的慈善三级跳善行，总是伴着争议》、《一个医生的良心征途》、《慈善医院需众人拾柴》，《南方周末》2005 年 7 月 28 日，《慈善医生走了，慈善梦想何继?》2005 年 9 月 8 日）

和任志强过招

□ 戴敦峰（南方周末新闻板块，上海）

上帝给你关上了一扇门，总会给你留一扇窗。我的这扇窗子就是任志强年轻的秘书。

一

决定做任志强，是个艰难的过程。

盯上任志强是在2005年11月。最初的关注一半出于职业的敏感，一半出于房地产市场受害人的心态——一个普通的房地产商接连不断地放炮，而且每个炮都是天响。我就非常好奇，他是只什么鸟，敢这样叫？

我非常想会会这只鸟，当面问问他，为什么这样叫。

说服编辑李小鸣花了两个月时间。一开始小鸣很犹豫，任虽然是一个非常有性格的人，但见诸媒体的报道并不少见，小鸣一直下不了决心是否做，以及如何做。但我们达成共识的一点是，先把这个人加入"黑名单"，保持高度关注。

然后就开始收集任的资料，大约4万多字的相关媒体报道，接着我们对这些材料进行分析。从所有见报的材料来看，媒体的报道几乎全部集中在任志强的观点争议上，无非是任志强放了一个炮，媒体对这个"炮"进行报道，媒体对专家、学者、市民以及房产商对这个"炮"的看法进行报道，却未见有对任志强这个人进行报道的。——在2006年3月成稿前的一天，经济部顾策老师聊起任志强这个选题就说，“之前的所有报道都是只见观点不见人”，我们的分析可谓略同。

2006 年 1 月，决定做任志强，关注点就放在这个人上。这是个什么样的人？什么家庭出生？什么成长经历？什么政治背景？什么学术研究？什么行事风格？什么什么什么……

小鸣和我的想法最后在一个点上形成共识：抛开任关于房地产言论的争议不谈，这一块已经被谈得够多了，我们就谈上面的这些“什么”，所有的“什么”集中到一块，也许就能解释为什么任志强总是抛出惹人争议的言论。

二

约任志强，是个更加艰难的过程。

农历新年前，任志强的秘书说他开完北京市政协会议后有空，可以安排采访。于是我赶往北京，等着他开完会安排采访。第一天秘书说他忙，今天不行；第二天秘书说他还是忙，又不行；第三天秘书说他过年前太忙了，没法安排采访了，只能等过完年后再说。

我几近愤怒，于是直接给任志强打了一个手机。他捏着声音在电话那头说话，听起来的确是在开会。我甚至还没来得及展开阐述采访理由，他就毫无商量余地地让我“给秘书发采访提纲”，然后挂断了电话。

第一次采访虽然被放了只肥鸽子，但有两点收获。一是在经济部张春蔚同学的介绍下，采访到了一些房地产媒体的记者，包括与任志强过从甚密的一家房地产杂志老总，听他们从侧面谈论和评价了任志强；二是与任志强的秘书——一个年轻貌美的小姑娘——建立了密切联系，密切到……搞到了她的 MSN，只要她一上线，我就开始追着她给我安排采访，不管是清晨还是黄昏，不管是上班还是周末。记者是不怕麻烦……别人的。

任志强是个非常喜欢定规矩又要一定遵守规矩的人，在这方面坚持到偏执。他说要采访提纲，就一定要看到采访提纲才肯告诉你是不是接受采访。

我们的第一份采访提纲过去之后不久，秘书就传来消息，说任不太想谈关于个人的情况。——后来我从另一个媒体的朋友那儿得知，她也曾经提出过采访任的个人情况，同样遭到任的拒绝。

上帝给你关上了一扇门，总会给你留一扇窗。我的这扇窗子就是任志强的秘书。我曾在凌晨两点的 MSN 上夸奖她的 MSN 头像拍得 pp，说得她芳心大悦，所以后来她甚至反过来帮我出主意，告诉我要发怎样的采访提纲任才会感兴趣。

正在这时任志强又放炮了，并且这次是和小潘（潘石屹）公开论战，甚至在各自的博客上发文进行PK。我们很兴奋，多么好的一个由头啊，万事俱备，只欠采访到人了。

于是在秘书的帮助下，我又写了一份非常挑衅的采访提纲，这次遵循了三个原则：第一，尽量表示我们对他的观点非常感兴趣，想听他的高论；第二，我们想知道他为什么发此高论，在这些高论被乱骂之后，他又是什么反应；第三，他和小潘的关系以及论战的情况。

小鸣在看了这份采访提纲后有些疑问，说涉及到任房地产观点的问题是不是太多了，偏离了我们的采访方向？

我告诉小鸣，这只是切入的问题提纲，只要任志强答应接受采访，问什么我们可以灵活处理。

果然，任的秘书在看了这份采访提纲之后就表示，“任总应该可以接受采访”。当天就把采访时间敲定。

三

采访任志强的过程，像是在打心理战。

任的秘书事先问我，需要多少采访时间，因为“任总很忙”。我说那就半个小时到一个小时吧，具体情况到时候再看。能不能约到采访看的是前期准备，能不能做好采访就得看现场发挥了。

第一眼见到任志强，感觉他就是要拒你于千里之外。如我在文中提到的，他双眉紧锁，既不站起相迎，也不握手致意，而是一边在纸上写字，一边歪着头去看电脑。我说你要不要把东西写完我们再聊，他说不用，我一边写你一边问。

这显然不是一个好的谈话状态。采访对象是一种封闭状态，不能一下子甩出你想要的问题。

于是我开始找他最感兴趣的话题。我先让他谈谈与小潘论战的事，这是最近发生的，他应该会有话要说。果然，一说到房地产理论上，他的话就多了起来，又是引经又是据典，但说话的时候依然歪着头，目光穿过电脑屏幕射向远方，就是不和我对视交流。

这仍然不是开放式的谈话状态。于是我开始尝试和他谈过去的事，从他插队的经历开始谈起。这是一种冒险：如果他不愿意谈个人情况，很可能会对这个问题直接回绝，那只能再尝试下一条途径；但也可能这个其他媒体从来没有问过的问题会让他兴奋起来，愿意敞开心扉。

结果这一招出奇地好用。一谈起在延安插队的生活，他的表情立刻变得生动起来，像是记忆的闸门被打开，完全陷入了对往事的沉思中。

这是一个非常关键的转折。他开始正视着和我说话，并且配合着各种手势表意，我们的谈话进入全面开放的阶段，所有想问的问题，都得到他的正面回答。

这一天的采访，从最初约定的半小时到一个小时，延伸到实际三个小时的谈话，从他插队生活，到参军过程，到复员下海一路走来的心路历程。采访效果比想象要好。

之后任志强让秘书安排公司其他人的采访，几乎一路绿灯。

四

后来有同事评价这篇稿子“读起来文通字顺”，事实上，写作的过程也可以用“一泻千里”来形容。

其实与写作相比，采访的过程更加重要；与采访相比，前期的准备更加重要。

如海鹏所说，这些都是常识。但有的时候，常识比所谓技巧更加重要。

五

有朋友看到报道后问我，任志强有没有答应便宜卖给你两套房子？我说，我使用他们公司全部的资源，就是采访时喝了两杯水，还是没加茶叶的。

只不过采访结束的时候，他主动起身，我们握手作别。

（相关报道：《“地产总理”任志强》，《南方周末》2006 年 3 月 9 日）

附

“地产总理”任志强

■在网友列出的“全国人民最想打的十人”名单中，他排名第三。他不是资产最多的房地产商，却绝对是招来骂声最多的。

■别人忙着闷声发大财，他却忙着不停发表高论——尽管板砖横飞，他依然照说不误。他说，“真理不辩不明”。

■有人称他为房地产界的“总理”，有人说他是“鸡肋”，还有人叫他“任大炮”，他都一一笑纳。

3月2日，在位于北京南礼士路的华远大厦董事长办公室里，头顶已现花白的任志强从满桌的资料和文件中抬起了头，双眉紧锁毫无表情地冲记者点点头，就算是采访的开始。

“他说话不会拐弯”

2月的最后一天，任志强写了《给小潘的第二封回信》（小潘指潘石屹），然后把文章交给秘书上传到他的博客上。

任志强平时并不怎么打理自己的博客，不过但凡有他在别处发表的文章或观点，秘书觉得可以拿来回答网友疑问的，便会帮他上传到博客上。

这篇回信长5076字，任志强说，他写这篇东西只花了2小时。“这么长的文章我几乎每天都要写一篇，但专门给博客写还是第一次，这次是因为小潘特地打电话来让我写一篇。”

任志强（左）与潘石屹（右）　　吴健/图

这篇东西是任志强货真价实“写”出来的。他一直拒绝使用电脑，再长的文章都是提笔而就，然后交给公司打字员录入。任志强称自己手写的速度比打字员录入还快，他觉得用电脑会阻碍他的思维的连贯。

这封信，以及之前任志强给小潘的第一封回信——《小潘的无知》立即成为新一轮的舆论热点。

若以资产而论，任志强的华远地产公司或许进不了京城地产三甲，但近两年来任志强只要一开口说话，江湖上必然是一阵刀光剑影。

2005年1月8日，任志强在“2005宏观经济引导力”论坛上发言说：我没有责任替穷人盖房子，房地产开发商只替富人建房。

2005年11月，在“2005首届中国地产品牌价值评估与品牌评选活动”论坛上，任志强说：房地产行业就应该暴利；买卖有理，炒房无罪，禁止炒房就是违宪。

2006年2月，在上海举办的房地产论坛上，任志强说：现在出现穷人区和富人区很正常。

曾有好事者在网上发帖称，在全国人民最想打的人中，任志强排名第三。

在这次讨论中，任志强毫不留情面地批评了他的竞争对手、合作伙伴和私人朋友潘石屹。他用了一个非常直白的标题：《小潘的无知》。

“我这么批评他没什么，不会影响我们之间的关系。”任志强用毋庸置疑的口气告诉记者，小潘是我的学生，他的第一块地就是我卖给他的，那个时候他连什么是“七通一平”（**房地产术语，七通指通电、通水等，一平指平整土地——记者注**）还不懂呢。

“他说话就是这样，直来直去，不会拐弯。”潘石屹说起任志强不禁微微苦笑，“其实很多事情他说的都非常有道理，但就是表达方式有问题，让人难以接受。穷人富人这种说法太刺激，很容易伤害到像我这样从甘肃天水出来的穷孩子的自尊心。”

3月4日，凤凰卫视的铿锵三人行节目录制现场，任志强和潘石屹面对面。结果滔滔不绝的任志强让潘石屹根本逮不着说话的机会，节目主持窦文涛适时塞给潘石屹一个小铃铛：“你要说话的时候就摇这个铃铛，表示抗议。”潘石屹摇了铃铛，任志强没有理他，继续说——抗议无效。

“任大炮”

业界给任志强起过一个绰号——“任大炮”。他不仅炮轰过小潘，还炮轰媒体。

2005年10月，在全国工商联住宅产业商会年会的一次圆桌会议上，有记者和任志强谈起“炒房团好不好”的话题，一向坚持认为“炒房有理，炒房无罪”的任志强放出狠话：“我认为市场就是买卖，只要买卖关系是合法的、法律没有禁止就是好的，怎么用炒呢，如果媒体用炒的话我觉得就应该把媒体杀了。”

这是一句玩笑话，不过的确有记者觉得，采访任志强是一件心理压力巨大的任务。

一位女记者回忆说：“（任志强）谈问题谈得很好，见地深刻，但你必须事先做很多准备，否则会被当面指责，让你下不了台。”

在华远大厦6楼的董事长办公室见到任志强的时候，明显感觉到眼前这个人的一股“拽”劲。任志强正在满桌资料和文件中埋头写文章。没有寒暄，没有礼节性的笑容，甚至连握手的程序都被省略。直到交换名片时，他才用右手的两个手指夹着一张名片递过来。

在给小潘的第二封信中，任志强毫不掩饰自己对媒体的态度：也不管我是在开会还是在工作，记者们都以为自己是老大，媒体的事儿最重要。好像我没有其他的工作，只是为了媒体在活着。

任志强对媒体的不满之处还在于，“媒体根本没有弄清我在说什么，就断章取义地曲解了我的话”。他写道：“几乎更多的媒体都摆出一副如果我不接受采访，他们就会更加变本加厉地曲解我的原意的架子。用任志强拒绝采访来证明我的观点的错误。”

即使是这样，任志强还是忍不住要表达自己的意见，哪怕被“曲解”，哪怕招来骂声一片。

“说实话的人最可恨，但这社会不能全都说假话。也许你说了真话别人会误会，但你一定要说了，别人才能明白。”任志强自称网上赞扬他的话从来不看，批评他的话他都会仔细看，有些无理谩骂就置之不理，如果是“确实糊涂”的，他也会回复一下。

“有没有看到过批评得有道理的呢？”记者问。

“没有！”任志强的回答斩钉截铁。

“鸡肋”

任志强一定要表达自己的意见，只要他认为正确的就要坚持，不管面对的是公众还是领导。据他说，他从在部队开始就是如此。

任志强1969年参军，成为38军的一员。11年的行伍身涯，任志强除荣立下1次二等功和6次三等功外，还落下一个“鸡肋”的绰号。

一次，上级要来团里考核，时任参谋的任志强承担了修理靶场的任务。靶场还没有修好，副团长就带着优秀连队来，想临时增加一堂打靶课。任志强不干了：靶场还没有修好，如果今天让你进来打了，明天就要让别的连队来打，最后工期完不成谁来承担责任？他当着一个连战士的面把副团长轰了回去。

一个小参谋竟然这么“拽”，敢把副团长从靶场轰出去，这事引起全团哗然。

任志强认为自己是坚持原则，没任何错误。但团长为此给他起了个绰号：鸡肋。意思是说任志强经常不听领导说话，但在某些方面又的确不错，实在是“食之无味，弃之可惜”。

任志强觉得“鸡肋”这个说法实在适合自己，特地找人把这两字用毛笔大大地写在纸上，贴到宿舍的墙上。结果被团长发现，当场撕掉，还外加上一顿痛骂。

1981年任志强最后一次立功，部队给家里送来喜报，任志强也喜滋滋地向父亲夸耀。父亲非常不屑一顾：你立个破功吹什么，我像你这么大的时候已经当了很大的官了。

任志强说他当时被刺激了一下。任志强对自己的性格有了清晰认识，以“鸡肋”性格，他在部队永远也无法超过父亲在战争年代的提升速度，于是他决定离开部队。他也放弃了转业去公检法系统的机会，而是进了青年服务社，开始下海经商。

复员费发了2800元，任志强拿出900元买了辆摩托车。

1984年，任志强进入华远集团，担任人才交流开发公司的经理。第二年，公司盈利，任志强拿到1.6万元的奖金，于是给自己买了一辆二手的丰田小轿车。

无论是摩托车还是小轿车，在那个年代都算是“抖”上天了。任志强就不在乎别人怎么看，他认为这些是为了工作方便。

时至今日，任志强仍然没有改掉“鸡肋”脾气。2005年8月央行发布《2004中国房地产金融报告》，提出了取消期房销售制度的建议。4天后，任志强以华远集团总裁名义发表一封“万言书”——《逻辑混乱的地产报告——央行报告中的疑问》，炮轰央行报告“只知信贷而不懂房地产”，“央行对中国房地产的认识水平太低、太差了”。

“这种话别人都不说，就他一定要说，说出来实在是得罪人。他的缺点就是太耿了，只要他认定正确的事，他就一定要坚持。”任志强的同事很担心他的脾气。

“他把谁都得罪了，以后不要说我认识他。”潘石屹哈哈笑着打趣。

地产界的“总理”

京城房地产界对任志强有一个称呼——房地产界的“总理”，意思是说他管的都是总理才应该管的事儿。对这个称呼，任志强坦然接受。

外人都以为这个说法是潘石屹提出来的，其实是万通集团的总裁冯仑，他还给任志强下三个定义：“把别人的事当自己的事，把自己的事不当事，没事找事。”

任志强的办公桌上堆放着满满的书、资料和文件，几乎可以将坐在椅子上的主人淹没。从2004年房地产宏观调控以来，任志强先后在这里写了3次万言书，还有中央部委点名要他参加的座谈会讲稿，皆是亲力所为，无人代笔。

任志强对政策研究极其热衷。他研究业权、担保制度，并在华远公司率先推行。

“我们所做的事情，表面看来是一个公司行为，但是一旦形成以后，就可能对中国今后几十年产生重大影响。”

国务院去年以文件的形式推出担保制度，任志强认为华远起的恰恰是表率和推动作用：“今后几十年甚至上百年，它都会延续下去，物权法都要引用它；再如业权，今天看来业权还没有被大家认识，但是几年以后，很可能就变成一个法律。”

这些都是超出房地产项目的问题，被任志强认为是自己的事业，是“乐趣的重要部分”。

中国住宅产业商会的《中国住宅》主编钟彬对任志强的评价是，“像个政治家的房地产商”。

“我最不愿捐钱给穷人”

任志强提出“穷人富人论”之后，有人攻击他是开发商这个最有钱群体的代言人，不关心穷人。

“我有四重身份，每重身份做的事都不一样，一般人根本搞不清这里面的关系。”任志强解释说。

第一重身份是华远集团的总裁。“华远集团是国有企业，我要对国家负责，集团的钱不能说想捐给谁就捐给谁，这要国家同意，比如SARS时国家说捐100万我们就捐100万，没得说。”

第二重身份是华远房地产股份有限公司的董事长。“这要求我对公司的股东负责。这两年大大小小捐了不少钱，大多是以这个身份捐的。”

第三重身份是全国工商联房地产商会的轮值主席。“这个位置上我就要代表房地产商，就要为行业说话。”

第四重身份是北京市政协委员。“我在这重身份上就是为穷人说话。我提出房地产担保制度就是为了消费者的利益着想。前两年首都机场过路费从10元提到15元，我第一个提案反对，后来又重新降回了10元。”

“但我最不愿捐钱给穷人。”任志强初中没毕业就被分到陕西延安县插队。1999年任志强和当年插队的队友一起回到延安县，发现当地仍跟以前一样贫穷，曾住过的窑洞塌了一半，窗棂上还留着当年贴过的报纸的痕迹。

任志强以个人名义给村里捐了10万元，又让当地武装部挑了40多个文化水平相对好一点的村民，把他们带到京郊的一个别墅区当保安、园丁。

结果一年没到头，这几十个人几乎都跑光了。接着，任志强又听说，村里并没有收到那笔捐款，钱到了县扶贫办就不知去向。

京郊的门头沟一所小学说要建学校，华远公司主动捐了20万。后来校长来想要40万，因为盖学校花了120万。任志强一怒之下一分钱也不给了，盖一所小学哪里要用120万那么豪华？

“我们不愿意把钱捐给个人。这种输血式的把钱直接捐给穷人只能帮助到几个人，我们更愿意把钱捐给扶贫基金，因为扶贫基金不是一对一的，它能够创造更多的产值，能够通过培养一个孩子拉动十个孩子。”任志强在去年一年就捐助了17个基金。“如果你说的‘不愿给穷人捐款’这句话出现在报纸上，恐怕你又要挨骂了。”记者对任志强说。

任志强听了却毫无反应。

冷面总裁

任给有些记者留下这样的印象：“他看起来很凶，呃，从来没见他笑过。”

华远集团的员工们很少能见到任志强的笑容。即使是在电梯间里和他打招呼，他也常常若有所思地置之不理，或者冷冷地“嗯”上一声算作答复。

一位跟随任志强11年的员工说，从来没有从任总嘴里听到一句直接赞扬的话。

任志强的解释是："工作时间嬉皮笑脸怎么行？一个董事长得维持形象。夸奖一定要放在嘴上么？我给他们发了奖金，这难道不是夸奖？"

一位跟随任志强近20年的华远老员工说，其实任对于员工是非常宽容的，虽然做事风格果断利落雷厉风行，却并不像外界想象的那样暴躁。他也会批评手下，但绝对就事论事，不会针对个人。"这么多年来没有见到他把谁说哭过。"

几年前一个女员工工作上出现失误，年底时人事部门决定不再和她续约。有人告诉她直接去找任志强，这个人吃软不吃硬，你掉几滴眼泪他一准心软。这个女员工一试之下果然如此。

SARS期间，任志强安排公司为每名员工发口罩、消毒水、中药、利巴韦林、核酪，打增强免疫力的"胸腺肽"，人均费用高达1300元，超出大多数公司的标准。利巴韦林是香港用作SARS治疗的药品，当时供应非常紧张，任通过多方联系，不声不响地将药订了下来。

与任志强共事18年的华远公司财务总监袁绍华说，2001年企业分家的时候，许多员工宁愿拿着比以前少30%的薪水，也要跟着任志强去新公司。

任志强平均每天工作15-16个小时，他的日程常要以一刻钟为单位来安排。他除了要处理企业事务外，还要参加大量的社会活动。任志强的秘书说，他非常守时。公司早上8：30上班，只要不在外面开会，任志强总准时到办公室，从不迟到。

在接受凤凰卫视采访的邀请时，任志强只留了半个小时的空当。秘书提醒他可能不够，"他们的节目播出只要十几分钟就够了。"任满不在乎地说。

任志强用的手机是一款市面上已经找不到的摩托罗拉A388，手机外壳已经磨得斑驳不堪，这款2001年上市的产品现在的价格可能不会超过1200元。

任志强不喜欢穿西装。曾有记者看到任志强参加一个房地产商的聚会，别人都是正装出席，只有他穿了一套休闲装。

"我平时不喜欢穿得特别正式！坐也不能坐，站也不能站。"在任志强看来，穿西装与开奔驰都是工作需要，"不然谁给你投资？"

读书、桥牌、女儿

任志强办公室有一面书橱，里面装着古今中外各行各业的书。任自称从十几年前就给自己定下规矩，每天最少要读6万字的书，一直坚持到今天，只不过现在一部分读书任务被阅读文件和材料所代替，但对任来说这同样是获取信息。

任志强去年坐飞机168次，飞机上的时间被用来阅读大量的书。任志强说他读书速度快，一本20多万字的经济学著作快则4个小时，慢则半天一天就能看完。“我不是走马观花地看，我一边看一边做标注。”他翻开一本刚刚看完的书，几乎每一页都有铅笔勾画的痕迹。“其实你读过的书越多，就会看得越快。”

任志强随便抽出一本《1998年统计年鉴》，翻开一页指到国家统计局关于国内收入阶层划分的依据，这就是“商品房是给富人盖的”这一说法的来源。任的手上有16个国家的房地产数据资料，还有小到国内某县级市的房地产资料，潘石屹想不起哪个数据的时候就会给任志强打电话，很快任就会查出这个数据以及来源出处。有人听过任志强的演讲，据说连续讲三个小时不用讲稿，所有数据、条文不会出一点错。

财务总监袁绍华对任志强的记忆力非常佩服：“经常是几年前的一个数据，他都能立即告诉你是哪一年哪一份文件里的，连文号是多少他都记得。”

《安家》杂志主编刘文斌说，任的文章里大量引用的数据和政策条文都有现实出处，非常具备说服力，这是某些专家都没有的。

任志强喜欢桥牌，华远公司赞助了北京市所有的群众性桥牌比赛。但他偶尔也会在午休的时候和同事打上两把拖拉机，据说牌不好的时候会闷声不响，打赢了的话也会得意得哈哈大笑。

任志强在自己写的《任人评说》一书中这样记录了他50岁生日时的感受：“十几年的军旅生活使我有了强壮的体魄和坚强的性格。也许所有的员工都只看到了我严厉的一面……古语曰‘男儿有泪不轻弹’……作为一个企业的领导，则在于他们无法在家人和下属面前流泪。”

任志强对于自己的未来有个规划：“也许3年后我就退休了，不再管企业的具体事务；再过几年真正退休时就开个幼儿园。受孩子影响，自己可以活得更长些，变得更年轻些。”

任志强摆满文件的办公桌上放着一张女儿的照片。女儿今年10岁，在上寄宿学校，只有周末回家。而任志强周末时间大部分在出差，所以一两个月才能见到女儿一面。“从她出生就是这样了，她也已经习惯了。但我只要有空，一定会去陪她。”只有在说到女儿的时候，任志强的眼中才闪过一丝难得一见的温柔。

（戴敦峰）

记录正在外扬的“家丑”

——《“家丑”正在外扬》采访手记

□石　岩（南方周末文化板块，北京）

这样酣畅而震撼人心的叙事，我以前只在普利策获奖小说 *Gone With the Wind* 和美国电影 *The Scent of Women* 里见过。而这回，这样饱满的叙事、这样深沉的人性，却是一个“流浪汉”和一个“发廊女”的联袂之作。

其实，《“家丑”正在外扬》这篇稿子在采访和写作方面可和同事们交流的东西并不多，倒是我在过程中受到的一些“刺激”或许有一些说与人听的价值。

这篇稿子的起点是一次周末看片会，看的片子是民间纪录片工作者李京红和章桦的新作《天堂之路》。那次我去晚了，当我赶到一片漆黑的片场，片子已经开始了大概 10 分钟。不过我还是一下子被我从不甚清晰的投影屏幕上看到的东西“震”住了：

武汉一个窘迫的市民家庭，逼仄的生存空间里堆满各种生活的琐碎、尴尬、艰难和扭曲——缀着补丁的被子、母亲和小女儿拾来的废品、患乳腺癌的大女儿，穿着不能完全蔽体的内衣裤的小女儿在这个逼仄的空间里追打她的父亲，拳打脚踢，抡起的抹布和破碗茬子与最恶毒的咒骂一起雨点般落下。大女儿和母亲例行公事一样从旁劝阻，她们对此好像已经麻木。小女儿间歇性地对父亲施暴，不能自已……

总之，人性不健康的一面在那个狭小的空间里爆发到了极致，以至于无辜的人看到那种场面都会觉得是对自己眼睛和心灵的暴力。而这样的场面除非你“沉到底”，而且沉了很长一段时间，否则是拍不到的。而这在某种程度上应该是记者干的活。因为我没有做到，所以我只能看着别人采集到的第一手的视听信息目瞪口呆：原来一场突如其来的疾病能让一个原本还说得过去的市民家庭窘困、扭曲到如斯的境地。

如果说无情地记录“窘迫”和“变态”至多只能算猎奇，这片子在稍后展现出来的对善恶两极的掌控和转化能力让我叹为观止。随着咒骂和殴打一起兜头倾泻的是这个家庭的积怨：父母素不和睦，父亲曾经在两姐妹小的时候几次遗弃她们，打她们。这个家庭的每一个成员都受到过其他成员的伤害，同时，在一个急剧转型而社会保障欠缺的社会里，他们又一起在社会的最底层挣扎，借不到治病的钱，只得靠捡废品和菜市场的菜叶子补贴家用。他们在跌进双重的深渊，经济上的绝境和自己内心最黑暗的角落，以至于做父亲的说：“如果再这样下去，我们这个家庭就从地球上消失了。”

然而，当恶释放到顶点的时候，善却一点点苏醒过来。原本扛着摄像机旁观的章桦忘了她的任务是记录，她与小女儿扭打在一起，而在后方的李京红则联系到一位心理医生……危机即时得到扼制，随后慢慢冰释。那个过程就像一匹烈马一路狂奔着冲上山崖，再一步就要跌下万劫不复的深渊的时候被人勒住了缰绳——这样酣畅而震撼人心的叙事，我以前只在普利策获奖小说 *Gone With the Wind* 和美国电影 *The Scent of Women* 里见过：什么叫希望，就是从糟糕得不能再糟糕的一片废墟、一片灰烬之上生长出来的那片嫩芽。而这回，这样饱满的叙事、这样深沉的人性，却是一个“流浪汉”（李京红自称自由职业者和流浪汉）和一个“发廊女”（章桦在扛起摄像机之前经营发廊）的联袂之作。

这让我一方面觉得“提气”（中国人也能做出这么有“精气神儿”的作品!），一方面让我觉得“受刺激”：两位民间影像工作者贴近生活和再现生活的能力让作为一个记者的我自愧弗如。

《“家丑”正在外扬》的采访难度不大，基本就是和两位采访对象——李京红和章桦“无主题伴奏”式的聊天，尽管双方在进入聊天的时候都有明确的“预设”——我担心他们扛着摄像机进入别人如此私密的空间会给对方带来伤害，尤其是，他们的很多拍摄对象都是生活在社会底层的弱势群体，他们丝毫没有接受采访和拍摄的经验，他们在允许别人进入他们生活的时候，也许并不能真正领会自己要为此付出的代价。李京红的“预设”是我会把章桦当作职业的纪录片工作者，而这是他所不愿意看到的，他反复强调的是章桦的“本色”、她对别人的遭遇产生强烈“通感”的能力以及她作为一个职业“电视人”的种种不胜任。

可是后来我发现，他们两人和他们拍摄到的故事都太精彩了，远远比我最初预设的那个“道德关怀”更有吸引力，于是我就开始看他们拍摄的素材，东拉西扯地请他们讲他们拍到的那些人的故事。聊到得意之处，李京红向我显摆他当年的成名作——他19岁的时候拍的一张黑白照片：几个光着小屁股的半大小子在肮脏的公共厕所里过烟瘾。照片的题目叫《请关心一下孩子》，在厚厚一本以主流叙事为主的照片集里，这张照片显得格外另类而且触目惊心。要知道那大概是在20世纪70年代末或80年代初，一个相对单纯的时代，更确切地说是人们的头脑和眼睛相对单纯，往往只能看到同一幅被指定的画面的时代。在那个时代，以那样小的年纪，李京红已经捕捉到那样隐秘的画面。看到这张照片，我就丝毫不奇怪，为什么这个人能拍出、剪出那样的纪录片。

总之，历经3个小时的采访之后，李京红、章桦他们拍的那些人物各个都在我的脑子里呼之欲出，乃至于要打架。尽管他们之间是有联系的——李京红主张电视可以是普通人拿起摄像机拍自己，拍摄的过程是人们彼此之间敞开心扉、相互支撑的过程，他一个流浪汉用摄像机凝视章桦，章桦再用摄像机凝视别人，这是一个彼此取暖、彼此赋予力量的过程——但以我的水平，要通过叙事，将这种关系和盘托出却并非易事。谁是主角？谁应该是串起别人的那根线索？怎样写一个有悬念而且有概括力的开头，又怎样有力的结尾？叙事的节奏和情感的浓度如何层层推进？——这些问题在我脑子里打了两天的架，都写不出一段恰当的导语。

最后没有办法，把所有打动我的素材罗列在纸上，然后画了一张它们之间的逻辑关系图，在这张图上做“删减”和“合并同类项”：同一类含义的素材只保留最有力的一个，其他略掉；哪几个细节其实是从不同角度表现同一个“关键词”的，就把它们用括号括在一起……

这道工序完成之后，对“我将要写什么”大概就清楚了。接下来的一道工序是把“将要写什么”翻译成“怎么写”，也就是把种种“想要表达的东西”灌到一个有吸引力的叙事结构里，让它们在浑然的叙事中“自己说明自己”。

这道工序又折腾了好久，出来的东西就是并不令人太满意的见报稿。

见报稿里有一个我不能原谅自己的错误。提到一位面部12级烧伤的女医生的时候，我用了“面目狰狞，但内心丰富美好”这样的语句。写的时候，对“面目狰狞”这个词没有足够的戒备，一滑就过去了。结果报纸出来不久，就接到这位医生好友长达20分钟的“讨伐电话”，说这位医生当年是为救人才烧伤的，心灵何其美好，医德何其高尚，我用这种词形容她，会让她很伤心的……

我万分愧疚。自责之余不免又想：我之后还有那么多的“把关人”，为什么大家都漏过了这个刺眼的、可能给别人带来不必要的伤害的词？

后来跟编辑风端讨论，我说，这种疏漏大致可以归到“政治正确不正确”上头去。风端说，我们更多的时候可能还是为政治安全与否诚惶诚恐，反而可能对政治正确与否少了一根弦。尽管此政治非彼政治，两者严格来讲并不能互通，但我觉得风端说的却是本报真实状态之一种。

（相关报道：《“家丑”正在外扬》，《南方周末》2006年1月12日）

附

“家丑”正在外扬

■一个发廊女，一个流浪汉，和他们的摄像机，走进一个个不可能进入的家庭，记录一个个可能烂在心里的故事。

■在《姐妹Ⅱ》中，《姐妹》的主角章桦拿起摄像机拍摄“姐妹”，而李京红站在远处拍摄章桦。

章桦曾经是一个发廊女、一个不愿直视父亲眼光的未婚妈妈。现在，她的名片上印着“纪录片工作者”。“扛着摄像机游走在中国社会最底层的民间影像工作者。”李京红为名片上的头衔加了这样的脚注。

2004年，李京红以章桦和其他4位发廊女为主人公拍摄的20集纪录片《姐妹》在全国十几家省级电视台播出，收视率超过同期热播的电视剧。

现在，李京红和章桦正在着手《姐妹Ⅱ》的拍摄。两人的合作方式用形象的说法是“章桦是眼睛，李京红是大脑”。章桦负责用摄像机记录她看到的一切，剪辑由李京红完成。李京红说，这么做是为了保持章桦的本色，“她的长处是跟拍摄对象真实的碰撞”，过早让她接触后期制作，让她熟悉所谓职业纪录片工作者的技巧，将是对这种本色的“污染”。

从《姐妹》到《姐妹Ⅱ》，最让李京红着迷的是证明“电视可以是老百姓拿起摄像机来自己拍自己”。

“我们的生活我们自己都不爱过”“就你？你能让我们上电视?”，“这电视终于给我们出了气，我们干发廊的也能上电视!”

生于20世纪50年代末的李京红自诩“流浪汉”，又称自己是自由职业者。李京红大学学的是服装设计，画过画、写过书、做过生意；现在，他的“自由职业”是“独立纪录片制作人”。

从小时候起，李京红就喜欢在街头游荡，发现各种隐秘的、有趣的人或事，就用照相机拍下来。19岁，李京红拍了这么一张照片：在一个肮脏的公共厕所里，几个10岁左右的半大小子凑在一起，光着小屁股过烟瘾。这张名为《请关心一下孩子》的作品，曾在当时的《大众摄影》上引起广泛争议。

成年之后，李京红延续了年轻时的爱好，只不过手里的照相机变成了摄像机。

从小就通过自己的取景框看世界，李京红经常为电视上的虚假“生气”。

2000年，李京红在深圳遇到章桦的时候是他人生的最低谷，做生意刚赔了个“底儿掉”。而章桦从16岁走出浙江农村的老家，已经在城市里开了十几年的发廊。

那时的章桦只关心两件事：发廊里的生意、她跟男友小杨的“家庭”。然而，这两样她都没保住。因不愿从事色情服务，发廊里的生意越来越差，直至支撑不住。小杨也跟别的女人结了婚。

章桦的脸上从来没有笑容。“你那脸就好像每天早晨起来，全世界一人欠你1块钱，”李京红对章桦说，“你这店，你不笑也赔，你笑也赔，你为什么不笑呢?”

李京红想用DV把发廊五姐妹的生活拍下来，遭到五姐妹一致的嘲笑：“我们的生活我们自己都不爱过”，“就你？你能让我们上电视？你连自己都吃不饱!”

章桦永远都会记得，她第一次在电视里看到自己的那天。

那天，她早早地坐在电视机前。“那种感觉跟你自己坐在家里看DVD的感觉绝对不一样，因为我知道有很多观众跟我一起看我的故事。”章桦说，那种感觉“就像中了六合彩”。

狂喜的不止她一个人。湖南卫视公共频道播出《姐妹》之后，收到了十几万条短信。很多短信是章桦同行们发来的。有人在短信里说："这电视终于给我们出了气，我们干发廊的也能上电视！"

山东潍坊一位经营养鸡场的妇女看到章桦在电视里吸烟，她也开始吸烟。电视里播着《姐妹》，她在电视前放一张桌子，摆上酒菜和两副碗筷，一副放在电视机前，一副放在自己跟前。一边自斟自饮，一边给章桦打电话："章桦，我在跟你喝酒呢，你跟我聊天吧，聊什么都行。"

很多人在章桦身上寻找自己的影子，这里或那里的一点相似，被迅速兑换成姐妹情谊。

电话纷至沓来，很多女人把原本只能烂在自己心里的事向章桦倾诉。

这不仅因为章桦与她们有类似的出身或经历，也因为她们认定章桦是生活中的强者。《姐妹》的结尾处，章桦独立拍摄并完成初剪（辑）的DV短片《旷丹的秘密》得了2004年中国国际广播影视博览会"DV2004我们的影像故事"评委会大奖。颁奖典礼由中央电视台播出。在章桦的家乡浙江，"章桦得了300万大奖"的传说迅速流传开来。

实际上，章桦仅仅得到一只奖杯和一万元的奖金。她最初拿起摄像机，也完全是迫于生计。发廊难以为继，李京红送她一台DV摄像机，告诉她，这个也能挣钱，你可以去给别人拍婚礼录像。

李京红说，章桦成为"纪录片工作者"完全是误打误撞。

但这并不妨碍章桦释放出来的吸引力。给她打电话的人越来越多，这些电话催生了拍《姐妹Ⅱ》的想法。

那是电视剧里看不到的哭相。悲恸向下拉扯着面部的肌肉和神经，眼皮和鼻头通红，整张脸都变了形……

2005年12月16日，山西长子县西河村26岁的农家女何丽霞要结婚了。从16岁到26岁，何丽霞在自家院子里自我封闭了10年。10年里，她从没想过自己还会有当新娘的一天。

何丽霞是看《姐妹》看到第13集的时候，给章桦打电话的。叫了一声"姐"就在电话里"哇"地哭出来。

何丽霞3岁的时候，父母离异，谁都不愿意要她，把她交给姥姥姥爷抚养。姥姥姥爷相继过世，16岁的何丽霞无力安葬，向住在同村的父亲提出条件：如果你肯帮我安葬老人，我就认你，跟你回家。做羊倌的父亲答应了这个条件。父亲每年要到100华里之外的地方去放羊，一年的大部分时间里，偌大的院子只有何丽霞一个人。因为父亲每年能有几万块钱的收入，村里人把何丽霞认父亲看作是来“分家产”，姑姑甚至上门来叫骂。

从那时起，何丽霞把自己关进院子里，拒绝跟所有的人打交道。她在自己的堡垒里窥视着外界，尽管她几乎从不跟人说话，她的装束却与外界保持着同步：项链、耳环、挑染的黄头发、尖头的高跟鞋、紧身的牛仔裤和套头衫……

电视是何丽霞微微打开的一道门缝。

她说，这辈子两个电视节目对她的影响最大，一部是《孽债》，一部是《姐妹》。《孽债》是十几年前由作家叶辛编剧的一部电视剧。戏里那些被父母双双遗弃的知青子女在何丽霞心里引起强烈的共鸣。而《姐妹》让何丽霞认定，章桦是她唯一可以倾诉的对象。

章桦去西河村之前，何丽霞到处跟村里人说：“我姐要来了，我姐要从北京开车来看我了。”村里人不信。有一回，李京红和章桦就蹲在何丽霞家的院子里。一个村里人对何丽霞说：“章桦不可能上你家来。”李京红问他：“你知道章桦长什么样吗？”村民说，我不管她长什么样，她不可能来我们村。李京红指指跟何丽霞一起蹲在门口嚼馒头的章桦说：“这就是章桦。”

章桦跟何丽霞一起嚼馒头，一起坐在院子中间的棒子堆上搓棒子。同时，她用摄像机记录何丽霞的生活。

在田间，何丽霞一边挥着锄头一边讲述自己的身世。说到伤心处，她在章桦的镜头前哭了起来。那是电视剧里看不到的哭相。悲恸向下拉扯着面部的肌肉和神经，眼皮和鼻头通红，整张脸都变了形。哭到动情处，何丽霞响亮地擤鼻子，把鼻涕甩在地上……

章桦用摄像机近距离地记录何丽霞的时候，李京红站在远处记录她俩。这一远一近两个机位的双重凝视，是贯穿《姐妹Ⅱ》的叙事结构。

《姐妹Ⅱ》所要展现的，就是章桦和一些原本素昧平生的女人之间的姐妹情谊。

李京红不认为章桦是被摄像机赋予权力的人，他更愿意把摄像机看作章桦的眼睛。

“按照职业电视人或者职业纪录片工作者的标准，章桦是不合格，她的知识结构限制了她。她的长处是跟人打交道的时候真实的情感投入。章桦每接到一个电话，都会有好几天坐立不安。反过来，那些给章桦打电话的人跟给电视台打电话的人也绝对不一样，她们看到的不是一档栏目，她们看到的是章桦这个人，”李京红说，“我们从不把章桦听别人倾诉看作是我们在搜集素材，如果那样做，我们就太卑鄙了！”

“人都有倾诉的愿望。当一个人无由倾诉的时候，他的心就会越缩越紧，章桦自己以前就是这样。当人们彼此之间敞开心扉的时候，他们就会相互依存。”说着这话，李京红两只原本分开的手渐次靠拢，形成一个相互支撑的“人”的结构。

“现在不仅那个家庭要疯了，我们去帮助他们的人也要疯了……”

“章桦在很大程度上是一个被概念化的人，很多人认为她是一个成功的强者。其实，章桦只是一个普通的农村女人。在《姐妹Ⅱ》里，我要做的事是把一个已经被概念化的人重新放回到现实里头，让她跟各色人等发生直接的甚至是血淋淋的碰撞。”李京红要在《姐妹Ⅱ》里还原真实的章桦。

《姐妹Ⅱ》里的一集、被剪辑成单片的《天堂之路》就是一次血淋淋的碰撞的结果。

《天堂之路》（截屏图）记录了家庭的炼狱

章桦成名之后，曾应邀拍摄摄影展《乳房的故事》里的几张照片。没几天，她接到小学英文教师李涛（化名，下略）从武汉打来的电话。李涛说完“我是一个乳腺癌患者，我还没有结婚”之后就哭了。

李涛给章桦打电话的时候，刚跟男朋友分手。因为她的病，她的家庭已经陷入窘境：为了省钱给她治病，母亲和妹妹李平（化名，下略）捡菜叶，父亲捡垃圾。

章桦去看李涛，李涛接站的时候小心翼翼地问：“章桦姐，你住在哪里？”章桦理所当然地说：“我住在你家，和你住在一起。”李涛推却，我家太小、太破。章桦坚持，李涛很感动，自她生病之后从来没有人上过李家的门，人们怕李涛跟他们借钱。

章桦为李涛的病而来，却不期然发现，这个家庭的病不仅仅是生理上的。

妹妹李平在收拾房间的时候，无意发现了姐姐的日记。日记勾起了一段不愉快的童年记忆：父亲曾几次离家出走，并打骂她们姐妹。仇恨复发，在一个狭小的空间里迅速膨胀，本来就有抑郁倾向的李平出现狂躁和暴力的倾向，她打骂父亲，不能自已。

任何正常的心灵看到那样的场面都会抽搐：女儿随手抓住手边的一切，抹布、碗茬子、木板凳，摔在父亲的脸上、后脑勺上、手上、膝盖上、腿上。各种各样的辱骂与殴打一起兜头倾泻……在难挨的酷暑里，一家人衣不蔽体地把他们窘迫、变形的生存空间暴露在镜头之下。

章桦再也无法平静，她把机器递给李涛，以自己的身体为盾牌阻挡李平砸向父亲的拳头，和李平扭打成一团。李涛继续用摄像机记录眼前的一切。

李平的狂躁每天间歇性地发作，章桦打电话给在北京的李京红：我支撑不下去了，这样下去没法收场。

李京红嘱咐章桦：无论如何要坚持下去。章桦对着话筒尖叫：你说得轻巧！

李京红见势，赶紧给心理医生姚阿姨打电话：现在不仅那个家庭要疯了，我们去帮助他们的人也要疯了。与此同时，李京红请一位武汉的纪录片制作人火速赶到李家，记录发生在李家和章桦身上的一切……

结局是光亮的。姚阿姨治好了李平的病。姚阿姨是一个面目狰狞、内心却美好丰富的女人。二十几岁的时候，她的脸被烧成12级的烧伤。她指着自己的脸对李平说："阿姨被烧成这样，还上了5年大学。你应该让自己充实起来。"李平的脸上露出健康的笑容。

德国莱比锡电影节的选片人在第三届广州纪录片节上看到《天堂之路》，称赞这是近几年最好的一部纪录片，他对李京红和章桦说："在国外，进入别人的家庭是非常困难的，你们不仅取得了他们的信任，还拍得那么真实，完成了不可能完成的记录。"

上天堂的路是狭窄的，一步之外就可能是万丈深渊。章桦的摄像机为李家推开一扇通往天堂而非地狱的窄门。

章桦似乎对"农村女人"有不同意见："农村妇女应该是在田里干活的吧……"而她现在经常背着摄像机，坐着火车，全中国跑

按照20集的体量设计，现在，《姐妹Ⅱ》已经完成了三分之二素材的拍摄。但仍然有人给章桦打电话。她的电话机里经常有拍摄对象这样的留言：

"章桦，我会在某日某点给你打电话"，或者，"章桦，我是你姐，我这儿挺好，有空给我挂电话"。

李京红告诉章桦，大千世界，人海茫茫，要善待每一个给你打电话的人。

每接到一个陌生电话，章桦都会告诉对方，你放下电话，我给你打过去。她用这些细微的举动表达她对别人的关切。

并不是每一个向章桦倾诉的人都会成为她的拍摄对象。没有成为拍摄对象的那些人，章桦也会跟他们保持紧密的联系。"我们从来不会跑到人家里就用摄影机对着人家。开始的一两天，章桦都不会把摄像机从包里拿出来。就算真的要拍，我们也会先跟人家讲清楚：如果你让我们拍，就等于你的故事不仅要讲给我们听，也要讲给很多人听。人家接受我们才会拍。"李京红说。

李京红一再重申"章桦的本色"："不是你穿上西服你就是城里人了；不是你吃了肯德基你就是美国人了；不是你扛上摄像机你就是电视工作者了。章桦本质上还是一个农村女人。"

李京红是想强调，扛上摄像机的章桦还是普通人；章桦能扛摄像机，别的普通人也能扛。

但章桦似乎对"农村女人"这说法有不同意见，"农村妇女应该是在田里干活的吧"，而她现在经常背着摄像机，坐着火车，全中国跑。

别人也不把章桦看成"农村女人"。何丽霞见到章桦之后就直截了当地告诉她："章桦姐，我知道你现在是干什么的，我找你的目的，就是把我的故事拍下来告诉大家。"

《姐妹》播出之后，章桦的父亲曾大怒："家丑不可外扬，你倒好，'扬'到电视上了。"现在，父亲唯一的困惑是："你成天在外头忙，我也没见你弄成什么东西，没见你忙回钱来。"

遇到拍摄对象提出她无法满足的要求，章桦会告诉她们："我只能尽力。其实我现在跟你们是一样的。我做这个工作，也没有工资。"

《姐妹Ⅱ》的拍摄资金一部分来自《姐妹》发行的收入，一部分来自李京红和章桦的"稿费"——李京红和章桦为电视台拍片的报酬。"稿费"同时还要维持两人的生活和他们的工作室的运作。

"《姐妹Ⅱ》之后，章桦将面临一次新的人生选择。"李京红说。

那将是怎样的选择呢？章桦笑着向后捋了捋头发，"现在还不知道。"她说。她的笑容里有一丝一闪而过的迟疑。

（石岩）

千万别发致歉函

——《“送子神话”的背后》的背后

□柴会群（南方周末新闻板块，上海）

前主编曾接到詹氏家族的电话，说要把南方周末的楼炸掉。主编回应说：你们炸吧，我们的楼上了保险，你们炸了，我们正好可以拿到保险后盖一座新的。

缘起

做长江医院这个题，始于老家的一个电话。大概是年前不久的样子，表哥打来电话说，他小姨子生不了孩子，听说上海有家长江医院，专治不孕不育的，很有名，让我打听一下。全家打算年后过来看病。

在此之前，我也曾耳闻过长江医院，但印象不深，更不知道它的广告在全国——特别是农村——已经铺天盖地，几乎每个地方台卫星频道都能看到。很多患者都是慕名而来。

城里很难理解农村一个家庭没有小孩的痛苦，与城市的“丁克化”不同，一个农村媳妇，如果不能生育，几乎意味着这个家庭失去了希望，她很可能永远在娘家抬不起头来，她的丈夫也可能因此在家庭中失去应有地位。你可以称之为封建落后，但这却是现实，某种程度上，也正是这种现实，为无数个长江医院创造了商机。

听了表哥的嘱咐，我在网上搜了一下，立即发现了一条让我惊讶不已的消息，这家医院竟把一个怀了孕的打工妇女诊断为原发性不育，四五天花了3万多元。我在网上看到两条类似的新闻，初以为是不同的转载，但细看一下，才发现是两起不同的事件，时间仅差十几天。这意味着院方的解释是完全不能成立的——他们称这是医生的“误诊”所致。

我又打电话给我的老朋友（也是南方周末的老朋友）陈晓兰医生，她说知道，长江医院成立时还曾想把她请过去，但这家医院的“名声”使得上海本地人很少去。

于是我确认了这个题目的价值，报题给编辑。编辑开始也认为，这更应该是一个民生的题目，如果我们做不到《瞭望东方周刊》当年做新兴医院的力度，很难够得上头版分量。于是我便游说她说，长江医院的老板开始小打小闹，现在成了央视的“标王”。结果编辑为之一振，拍板让做。

找　人

这个稿子前后做了3周，是我来南方周末一年半来做得最费劲的一个。

我先是联系了上海本地几家做孕妇不育事件的媒体记者，结果收获甚少，从他们的言谈中，我可以肯定长江医院背后做了工作。不过有同行还是给我分别提供了两起事件当事人的电话，“靠你们给我们出口恶气”。新闻晚报的一位同行曾这样告诉我。我没有细问，但可以由此想象他们发稿时的困难和发稿后的麻烦。

孕妇不孕案的当事人叶浩魁开始不想接受我的采访，在我找他之前，因为担心事情闹大，长江医院刚刚赔了他们20万，双方“庭外和解”了。叶不想再生事端。我软磨硬泡，叶最终答应。

次日和陈晓兰医生赶到崇明，看了叶浩魁夫妇的病历，陈医生很快发现了新问题，因为叶浩魁妻子叶雨林的阴道镜片子显示的是“重度宫颈糜烂”，可是这张片子显示的宫颈是呈“吻合”状的。由此可以判断，它的主人曾经生育过——至少流过产。可是，这又怎么可能？叶雨林如果真的有生育能力，又何苦花巨资去看病？

陈医生当时也是百思不得其解，回沪后向她一位医院妇产科的同学请教，结果对方一语道破：那张片子可能不是叶雨林的。原来，在上海的民营医院曾经多次发生过这样的事：将一位病重患者的检查结果存在电脑里，然后安在新来的病人身上，这样后者就会发现自己的病很严重，没有不治疗的理由了。

崇明之行还让我知道，其实叶浩魁最初并不想跟医院“私了”（他一直将庭外和解视作“私了”)，也清楚这样做所面临的道义上的压力。但是没办法，法院和律师没有一个支持他继续打下去，而且明确告诉他，如果真判的话，不会比20万更多。在此之前我早就知道，在中国，有无数的医疗纠纷均通过这种私了的方式解决，这样的结果是助长了医院的坏风气，并使他们形成一个固定的观念：只要有钱，不管多么伤天害理的事情，都可以摆平。

蹲　点

然而仅找到叶浩魁还不够，即便是加上另一起案例，长江医院似乎仍有辩解的理由，比如仍可以称是“巧合”或“误诊”。因此，能找到新的上当病人就显得相当重要。这样做的目的是证明：即使是在“孕妇不孕”案之后，“长江”的行为并没有收敛。

可这并不是容易的事。连着3天，我到长江医院“蹲点”，与那些不孕症患者接触。从一开始就不顺，先是在医院冒充患者与人聊天时被发现，被盘问几句后露出了马脚。因此只能在外面等，通常是在医院对面，这样隔一条马路，便不太会引起医院保安的注意。每当看到一对患者模样的人出来（从穿着和表情上很容易判断)，我便快速绕过马路跟上去，在离医院较远的地方跟他们搭讪。但这个方法同样不灵，大部分患者对我这个不速之客充满警惕，令我遭到无数白眼。我相信，这些患者的胆子若再大一点，就差不多该报警了。

事实上，在此前有人已经对他们进行过“洗脑”，称最近医院里有不少医托，看到长江医院的生意好，经常冒充记者拉病源，要大家提高警惕。在屡次碰壁之后，终于有一两个胆子较大的肯跟我讲话，但他们同样谨慎。正如稿子里提的，有的人给我复印他们的收费单据的时候，悄悄把名字划掉了。

前后接触了10多对患者，都不是很成功。最后，通过其他媒体的记者，我得到了一个泰州患者的电话。也就是文中开头提到的那位。由于他去了长江医院3次都没有治好病，因此答应接受我的采访。到泰州之后我才知道，这位患者去长江医院之前，其实已经去过多家医院，也包括所谓的“正规医院”。结果是欠了一屁股债，病却一直没有治好。他们从没想过要打官司，看到长江医院“孕妇不孕”的报道，只是无可奈何地笑笑——多年的求医经历，使他们已经被宰得麻木了。我想这可能是中国农村多数求医者的心态：只要病给我们治好，挨宰，我们认了。

挖　根

采访中一个最大的困难，是挖长江医院投资人詹万龙的老底。这其实也是支撑这篇稿件的关键。为此我想尽了办法，但不得不承认，始终没有得到足够需要的东西。

这是一个相当敏感的问题，也是长江医院的死穴。在我多方打探的时候，上海某报一跑医疗口记者明确告诉我，对詹万龙本人虽不了解，长江医院的那些猫腻他其实是清楚的，因为这伙人的路数其实都差不多。问题在于，他们相互之间结成了一道密不透风的网，牵一发动全身。因此，即使相互之间有矛盾，却也不会傻到相互拆台的地步。“我只能告诉你这些，再多的话他们就会知道是我说的，这个圈子其实很小。”这位老兄说。

正如我文中所提的，在上海，80%以上的民营医院是被福建莆田人控制的，主要来自秀屿镇的几个村，其中以陈氏、林氏、詹氏为主，大都是性病游医出身，没什么文化，也没学过医，靠特殊手段发了财后，又承包医院科室，继而发展到投资办医院。但是，不管做得多大，令人质疑的行为一直贯穿其中，只不过手段越来越隐蔽，路数越来越高明。比如，以前是靠电线杆广告，现在则上了央视。有的老板还成了当地的政协委员或人大代表。

让我感到惊讶的是，投资长江医院的詹氏，原来跟南方周末也有渊源。早在1999年，连清川、寿蓓蓓等老师就曾揭过莆田游医鼻祖詹国团的老底。据说，稿件见报以后，前主编江艺平曾接到詹氏家族的电话，说要把南方周末的楼炸掉。江回应说：你们炸吧，我们的楼上了保险，你们炸了，我们正好可以拿到保险后盖一座新的。

我通过从网上查询发现，7年之后的詹国团，现在有两个身份，一个是福建省人大代表，另一个是新加坡一医疗投资集团的董事长。

除了能认定詹万龙与詹国团同是莆田人外，我没有拿到足够的证据证明他们之间有更加亲密的关系。不过，有意思的是，长江医院的企划部经理詹国强——一个跟我年龄相仿的文质彬彬的年轻人，跟詹国团却是同一个村。而且，从名字可以看出，还是同一辈分。詹国强在我逼问下承认，董事长詹万龙其实也是莆田人。

詹国强在长江医院中的地位，跟我一起去采访的司机许师傅一看就看出不一般。“你没看见，院长都对他毕恭毕敬的？”出门后许师傅跟我讲。中国的民营医院有一个怪象，院长通常不是法定代表人，他只是投资方雇来替他赚钱的，当然，如果出了事，也可以拿出来顶，但真正的投资人却一直躲在幕后。

稿子发了后，有南方周末前辈看了很激动，说看到《南方周末》还能发这样的稿子感到振奋。但他们也都提出，稿子做得很不过瘾，一些关键问题都是浅尝辄止，还多了一些院方和卫生局的无聊口水。我对此只有苦笑，事实上，为了让这篇稿见报，编辑已经费了九牛二虎之力。

广 告

我觉得有必要特别说说广告的事。长江医院能火起来，八成应该归功于广告，特别是电视台的广告。这家医院注册资金500万，一年收入不到5000万，可广告方面能花3000多万。现在看来，长江医院能摆平诸多媒体，其实也不是因为他们有多强的关系，而主要是广告因素，间接的或直接的。

其实也就是钱的因素。

长江医院一直没弄明白，为什么在他们刚刚夺得央视民营医院广告“标王”之后，央视却突然“搞”了他们一下。就在央视报道叶氏夫妇“不孕案”之前，“长江”并没有怎么把上海的媒体当回事，因为他们的市场是全国。上海没人去“长江”看病，“长江”也不在乎他们。但是央视不同，这是一颗重磅炸弹，把长江医院一下炸得晕头转向。

搞笑的是，就在这期节目播出前后，同一频道仍播出了长江医院的广告。

在此之前，我早就领教了广告力量的强大。2003年初进南方周末后，我写了“伤骨愈膜”的假膏药，结果事后那家公司马上在上海的《文汇报》上登了半版的声明，指称南方××报的报道严重失实云云。另一起例子是去年6月，我又打了一个叫“静舒氧”的假玩意，结果这家公司在《健康报》和《法制日报》上登声明，指出我报道的10条“失实”。两个声明都说要采取法律手段维护自身权益，可到现在我也没看到他们的动静。后来，我知道，这其实也是他们对付媒体报道的一贯路数，这样的声明无疑全是花了钱的广告，主要目的是给经销商和医院壮胆。

尾 巴

稿子发了之后，长江医院詹国强两次打来电话，邀我一起“坐坐”，而另一家与长江医院不相干的民营医院，也莫名其妙地托人找我“吃饭”。我都没去。有哥们说是“鸿门宴”，我想还不至于。

做这个稿子的一大成就感，是长江医院没有像以前做批评报道那样事后发来“律师函”，或者再在某报发一个“声明”。当然，这并不意味着他们一直闲着。前一阵，我曾接到一个意外的电话，对方自称是检察日报的，向我核实一下我稿子开头提的患者的姓名和身份（我用的化名），我检察日报有4个同学，当年毕业时我本来也要去的，结果三言两语下来，那人便挂了电话。现在判断，这人不知道和长江医院有什么关系。显然，他们是想找点稿子的把柄，组织“反击”。

类似的“反击”，做新兴医院的一家媒体就不幸遭遇到了。在新浪网的首页上，有一个“新兴妈妈回娘家”的链接，点开之后你便会发现里面别有洞天，原来大半内容是寒碜一个批评过新兴医院的媒体。最损的是一个“欧洲大奖游”的有奖竞猜：

去年某媒体刊登了对新兴医院严重失实的报道，给其声誉造成了一定影响，后来该媒体向新兴医院发了致歉函，请问该媒体的名字是：A. 瞭望东方周刊；B. 新京报。

所以无论怎么着，南方周末千万别给长江医院发致歉函。

（相关报道：《“送子神话”的背后》，《南方周末》2006年3月2日）

附

“送子神话”的背后

上海卫生局、药监局全面调查上海长江医院

掏光了腰包的就诊者

王洪全（化名）第一次看病回家的时候，身上只剩了14块钱，在花光了借来的2万元之后，王洪全夫妇最终决定放弃继续治疗——尽管医生声称他们的病已经治好了百分之七八十。“我们被套进去了”，2月18日，这位江苏泰州的农民蹲在家中，表情漠然。

王洪全与妻子李凤英（化名）是上海长江医院（以下简称“长江医院”）一对普通的就诊者。38岁的王洪全是家中独子，与妻子结婚多年一直没有生育。为了不“绝后”，他在家人支持下多方求医，最终通过电视广告找到了“专治不孕不育”的长江医院。从去年11月至今年2月，他们先后四次来到这家医院看病，同时逐渐掏光了腰包。

进医院之后，这对夫妇先是各做了一套检查（其中李凤英含23个项目计1685元，王洪全含16项计

上海长江医院一台正在进行的手术　姜晓明/图

1700元)，在李凤英被确诊为输卵管不通后，一系列的治疗接踵而至。其中包括一个放射介入输卵管再通术4000元，4次恒频磁共振计2700元，3次短波治疗2400元。“花钱像流水一样”。而王洪全自己也被确诊为原发不育，医生认为他的精子存活率过低。

王洪全是从当地电视台节目的角上知道了长江医院，这条广告几乎天天挂在那里。看了很长时间之后，王洪全终于被打动了。在此之前，他陪妻子曾先后到南京金陵不孕不育专科门诊部、泰州市中医院和南京市红十字会医院治疗，花了2万多元，病却一直没治好。

事实上初次看病时，王洪全对挂有“中国诚信医院”、“全国百姓放心医院”等诸多牌子的长江医院印象颇佳。“服务很好，很热情，”他说，“以前在别的医院光查出我老婆有问题，在这里我也查出了问题，我还觉得这里的医生技术就是高。”长江医院的每张门诊病历都有一段简介，其中提到长江医院“被人们亲切地誉为‘送子医院’”。

王洪全在看病的过程中，从检查到治疗，都有一位微笑的导医小姐全程陪同，凡是医生开出的检查、治疗项目，总是她把他领到交款处。如果钱用完了，对方就提醒王洪全打电话回家，让家人把钱打到卡上。医院里设有一个自动取款机，病人们看病取钱时非常方便。“我们知道，出来看病就是让人宰的，只要能治好就行，但没想到（费用）会这么厉害。”王洪全说。

和其他患者一样，在长江医院看病期间，王洪全夫妇只挂了一次号，然后每次来都找到专门给他看病的医生，由后者每天开出各种处方和治疗单。这往往是一个讨价还价的过程。王洪全每次都要求“少开一点，少开一点”，医生则强调必须保证治疗次数才能达到疗效，最后双方相互妥协，取一个中间值。然而王洪全并不知道，医生的这种做法，实际上是医院的一种禁忌：分解处方。按就诊常规，整个过程其实就是看一次病的花费。但这些钱分摊在每个处方上，数额就显得不那么大。

看病的钱大约是瓦工王洪全两年的收入。为了省钱，在这里治病的日子里，这对夫妇住30元一天的旅馆，每天吃三块一碗的拉面。他们第一次看完病回家的时候，身上只剩下14元钱。临走的时候，医生嘱咐他们每月都要回去复诊一次。以后他们陆续去了三次，最近的那次，医生告诉李凤英，她的病已经好了百分之七八十，但还要再去一次。“我们实在没钱了，不想去了。”王洪全称。他的丈母娘，也就是李凤英的母亲，最近被查出了癌症。这让他们再也无法承受接下去的治疗。

与王洪全不同，第二次前来就诊的任小国对自己的病仍抱有希望。这个在杭州打工的贵州小伙子这一次仅花了2000元，“医生告诉我，再来一次就好了。”任小国上次来看病时花了6000多元，他计划在1万元之内看好自己的病。如果再治不好，就“再也不治了”。

初次就诊的患者则大都拒绝了记者的采访。江西南昌的万俊昌犹豫了很久，仍不愿给记者看他的收费清单，尽管他在两天内花了1.7万余元。“我毕竟还要在这里治下去。”他说。

另一位患者则在提交给记者一份单据之后，悄悄地在上面涂掉了自己的名字。

据万俊昌介绍，在他看病期间，院方曾告诫说，现在有“医托”冒充记者骗病人，让他们提高警惕，不要上当。不知是因为受到这样的提醒，还是因为触及隐私，这些愁容满面的外地人，面对记者的询问，多数报以冷眼。

孕妇的“不孕症”

治疗“不孕症”的药方里发现了保胎药

王洪全、任小国夫妇都不知道，他们曾寄以厚望的长江医院，正经历一场前所未有的“媒体危机”，新华社、中央电视台等主要媒体都介入调查——在他们去长江医院看病半年前，在这家以“送子”闻名的医院里，曾经相继发生过两起离奇的“孕妇不孕案”。

2005年5月23日，四川籍打工者浦正平、唐利梅夫妇到长江医院看病，结果唐被诊断为“原发性不育”，然而事后证明，她当时已经怀孕。

11天之后，安徽籍打工者叶浩魁、叶雨林夫妇分别被诊断为“男性不育”和“原发性不孕”。事后在别的医院的检查结果证实，当时叶雨林已经怀孕19天。这对夫妻为了治并不存在的不孕症，在长江医院五天时间里花了3.5万元，其中包括1.6万元借来的高利贷。

如今，两起案子的女主角已经分别生下了男孩——这让上海市的理疗科医生陈晓兰认为不可思议，陈晓兰因为从事医疗行业的“打假”而闻名，以她的专业知识，如果孕妇真的做过收费单据上显示的那些短波治疗，她肚中的孩子早该流产了。

让陈晓兰感到不可思议的还有叶雨林的电子阴道镜图片。在这张显示重度宫颈糜烂的片子上，被检查者的宫颈呈“吻合状”，按妇科常识，这说明被那所医院诊断为原发性不孕症的叶雨林曾经生过小孩——至少是流过产。但是，叶雨林在接受记者采访时对此坚决否认：“怎么可能？我要是真的怀过孕，还会花3万多去看病?”那么，这张写明“叶雨林”的片子究竟是不是她的，至今仍是一个谜。

而曾被诊断为“原发性不育”的唐利梅，之所以最后发现真相，是因为在医生何玉侠开出的药方里，意外地发现了保胎药——这证明这位医生在明知其已经怀孕的情况下，仍然给出了各种名目的治疗。此外，在长江医院对病人开出的处方中，记者均发现了“草药费”一项，这让上海市卫生局组织的多名专家感到迷惑，“药费清单中的‘草药费’，无法判断是何种草药。”调查报告中称。而在接受本报记者采访时，长江医院新任院长瞿菊芳却否认医院医生曾经开出“草药”。

记者从接触到的患者收费清单发现，在长江医院接受治疗的患者，无论何种疾病，甚至无论男女，其治疗却有很多共同之处。比如，进门都要做一个包含数十个项目、逾千元的检查（这些检查的区别往往仅是排列组合不同），多次做过价格分别为900元/次（或600元/次）和800元/次的恒频磁共振治疗和体外短波治疗等。

3月1日，在长江医院投资管理公司企划助理潘荣带领下，长江医院非常配合地给本报记者展示了各种设备，不过，对于“恒频磁共振治疗仪”，潘拒绝让记者观看。他承认，社会上对这种仪器存在“质疑”。潘和其上级詹国强均答应当天下午给记者传真这种治疗仪的说明书和有关注册资料，但记者一直未能收到。记者截稿之前得知，上海市药监局已经就长江医院使用的恒频磁共振治疗仪等开始调查。

长江医院今年1月份在某医药类杂志所做的“不孕不育专刊”上，刊出了数十个来自天南地北的婴儿，这些婴儿活泼可爱，还被标上了健康度、活力度等多个指标，以展示该院的治疗效果。不过记者发现，居然其中有3个的出生日期是在2001年——长江医院开业的前一年。

执法处罚难

院长说，如果因为收费问题被关门，那么上海的民营医院差不多都该关门了

在得知真相之后，两对愤怒的夫妇分别于去年10月和12月向虹口区法院起诉长江医院。在媒体先期将叶雨林案曝光之后，上海市卫生局去年曾单就此案进行调查。“我们非常重视，至少去了四次医院，多达数十人次。可以说把它（长江医院）翻了个底。”上海市卫生局宣传处处长王彤对本报记者说。

调查认定，长江医院对叶浩魁夫妇的治疗属于“诊断不当”、“过度检查”和“过度治疗”。

据王彤介绍，在对长江医院的调查中，上海市卫生局还发现了其他问题，比如，处理医疗垃圾废弃物不当，放射设备的管理存在问题等。并分别给予长江医院罚款8000元及警告处分。“我们是按处罚上限执行的。”王彤称。

不过，对于在叶浩魁夫妇治疗中出现的“过度检查”、“过度治疗”等问题本身，上海市卫生局并没有对长江医院进行处罚。对此王彤解释为“无法可依”。“我们在这方面处罚确实有困难，长江医院是一所营利性的民营医院，按有关政策可以自行定价。”他说。

据悉，由于属于“营利性医院”，长江医院在收费项目上可以自行定价，而这些定价并没有上限，只需在物价部门备案即可。长江医院现任院长瞿菊芳承认，医院的同类收费项目要比公立医院高出不少，但这并不是长江医院一家的问题，卫生部门应该对此作一点限制。

在媒体曝光“孕妇不孕案”之后，曾有说法说上海卫生局打算将长江医院关门，但王彤否认了这一说法，“我们很想通过对长江医院的处理来教育和震动其他民营医院，但是，我们很难找到处罚依据。”王彤说。长江医院院长瞿菊芳则称：如果因为收费问题将医院关门，那么上海的民营医院差不多都该关门了。

此外，王彤认为，媒体报道中把叶雨林案称作“孕妇不孕”有失偏颇。因为根据专家意见，叶雨林就诊时怀孕仅19天，临床上尚无法检查出患者是否怀孕。在王彤看来，诊疗不当、过度检查、过度治疗等现象在许多医院都存在，对于长江医院而言，媒体渲染的“孕妇不孕”才是“致命伤”。

作为上海市民营医院主管单位之一，上海市卫生工作者协会也对叶雨林案备加关注。不过，该协会民营机构管理办公室主任徐卫东称，不能因为这起个别事件就将长江医院“一棍打死”，而是应该“惩前毖后，治病救人”。“你可以去医院看一看，它还是很正规的，光上万元以上的设备就有几十台。”徐说。

上海市卫生局在就叶雨林“孕妇不孕”事件的调查过程中，还发现后者违法设立麻醉科专业，并就此对长江医院召开了行政处罚听证会。长江医院为此进行“整改”。据悉，叶雨林不孕事件被曝光后，长江医院院长朱竟光和副院长黄美娟分别被免职。长江医院院方在接受本报记者采访时称，其麻醉科专业目前已经获得批准，并重新开展对病人进行手术治疗。

按照长江医院“整改书”上的说法，此事之所以发生，原因在于“个别医生在利益驱使下片面追求经济效益”。而长江医院院长瞿菊芳承认，该院医生的收入是与其开单量“挂点钩”的。记者从一位在长江医院工作过的医生处得知，事实上，该院医生的收入其实与他们为医院创造的效益成正比，有的医生每月奖金在5万元以上。早期的长江医院尚属一所综合医院，该医生由于不从事不孕不育治疗，月收入只有5000元左右。后来长江医院把该科目在内的其他多数科目砍掉，仅保留了赢利能力最强的“不孕不育”治疗。

“这种行为（**指叶雨林不孕事件——记者注**）究其根源是民办长江医院的趋利机制所致。”上海市卫生局的调查报告中指出。

对于“叶雨林不孕”案，一位不愿透露姓名的律师一直关注事态的发展，他称，长江医院医生给叶雨林的治疗已经跟医学无关，“这不是‘诊疗不当’，而是一种严重的欺诈行为”。

据上海《新闻晨报》报道，早在2003年初，成立不久的长江医院就曾因患者举报被虹口区药监局查处，当时这所医院被抽查的19种药品中有16种被认定是假药、劣药。长江医院被处以20万元罚款。

巨额广告带来什么？

广告的投入产出效益在降低

根据上海市卫生局的调查，到长江医院就诊的患者当中，九成以上是外省市人，他们往往是看了电视和当地媒体发布的医院医疗广告后“慕名而来”。

长江医院是上海民营医院的一支新军，其正式名称是上海市虹口区民办长江医院，2001年7月经上海市虹口区卫生局批准成立，注册资金500万元。正如上文所述，刚成立时，这家医院其实是一家综合性医院，后于2004年改为不孕不育专科医院。

作为新成立的一家民营医院，与多数同行一样，长江医院主要靠医疗广告打开市场。这家注册资金仅500万元的民营医院，成立以来每年在电视台投放数千万元的广告。

巨额的广告投入造就了长江医院“送子神话”的同时显然也带来了风险。一位知情人士向记者透露，由于公众对医疗广告的认同度越来越低，广告的投入产出效益也在降低。比如，上海一家较大的民营医院曾作过计算，以前花费300元广告费就可以拉来一名病人，现在则要500元才行。“也就是说，现在这家医院至少要从这名病人身上赚500元钱，才刚好与投入的广告找齐。”

徐卫东称，对于长江医院大量投放广告的风险，他早就提醒过对方。“广告投入那么多，资金压力就会大，医院除了病人没有别的收入来源，这样就很容易出现问题。”

长江医院是否能度过这场危机？新调入的企划部助理潘荣充满信心，原因在于前几年通过媒体树立的良好口碑以及投资人“百折不挠”的决心。在潘荣看来，“孕妇不孕”危机之所以发生，主要在于医院的“危机公关”能力太差。

投资者何人

为免税，长江医院已经变成了一家“新医院”

长江医院的投资人，即上海远馨医药公司董事长和法定代表人詹万龙、林梅兰夫妇，在业内一直以行事低调闻名。事实上，在沸沸扬扬的“孕妇不孕案”报道中，医生、院长纷纷出场。但詹、林二人却一直未曾走上前台，尽管他们才是这家民营医院的真正操控者。

据《市场报》报道，詹万龙最早以性病游医起家，后来承包医院科室，发了财后投资办医院。

一位业内人士称，这其实是一些莆田籍民营医院投资人的基本发家逻辑。一个业内公认的说法是，这些人大都没有行医资格，文化水平很低，但这并不妨碍他们成为民营医院的主体。

就工商注册资料而言，长江医院的投资方一直显得扑朔迷离。成立之初，长江医院由詹万龙个人（持90%股份）与上海远馨医药公司（持10%股份）联合投资，而事实上，上海远馨公司实际也是林、詹二人所开，其中詹为董事长，林是法定代表人。2005年7月，开办三年后，长江医院变更投资，吸收长江医院投资管理有限公司为股东，增资1000万元。不过，记者发现，后者的法定代表人仍是詹妻林梅兰，这意味着，长江医院仍牢牢掌控在詹氏夫妇手中。

今年年初，长江医院由上海周家嘴路上的835号搬迁至515号，其医疗机构执业许可证的名称也由上海市虹口区民办长江医院变为上海长江医院，执业从2006年始。也就是说，新的长江医院已经脱胎出来，已经成为一家全新的医院。一位业内人士称，这样一来，按照民营医院的有关政策，2002年开业的长江医院，又可以重新享受三年的免税待遇。“这是许多民营医院的一贯操作手法。”这位人士说。

有知情人士称，长江医院在全国其实有多家，相互之间有千丝万缕的联系。在进入上海之前，詹万龙曾在外地开办医院，做大后转战上海。事实证明，这是极具战略意义的一步，因为上海的区位优势，长江医院刚刚开办，尽管日初诊量仅为100人左右，但年收入却很快高达5000万元。而刚刚投下的广告更是打开了市场。“如果不是此次媒体危机，长江医院本来要迎来健康发展期。”潘荣说。曾经在一家公立医院做过副院长的瞿菊芳透露，因为“孕妇不孕”事件的负面影响，长江医院的日门诊量由上百人降至二三十人。

提起詹氏家族，著名职业打假人王海记忆犹新。8年前，王海打假直逼性病游医，并向詹氏家族代表詹国团宣战。当时，王海和他的伙伴们到多处性病诊所看病，几乎没有例外地均被查出了“毛病”。日前，在接受本报记者采访时，王海坦言，当年的行动尽管对詹氏家族打击很大，但并没有伤其筋骨。8年来，詹氏家族的事业越做越大，由性病游医进入医院科室，最后堂而皇之地开办医院，甚至变成某些地方招商引资的座上嘉宾。与此同时，不孕不育广告也从电线杆转到了电视、报纸上。“医疗欺诈行为正在变得日益产业化。”王海说。

至于“孕妇不孕”案，在媒体曝光之后，被告长江医院近期分别与原告叶雨林夫妇、唐利梅夫妇“庭外和解”。叶雨林夫妇被一次性补偿20万元，这笔钱包括可能出现的所有问题，小孩出生前，叶雨林曾担心因为治疗期间的药物和做过的治疗而影响胎儿的健康。

在签字之前，叶浩魁曾经犹豫，“我们知道，最好是让法院判，这样我们会更理直气壮一些，”他说，“可是，我们发现，律师和法官好像都不支持我们打下去了。”而将孕妇唐利梅诊为“不孕症”的专家何玉侠，据瞿菊芳院长向本报透露已在半个月前被院方辞退，原因是“找她采访的媒体太多”。

（柴会群）

她的死亡，我的报道

——《一个小学生的挨打日记》采写手记

□曹筠武（南方周末新闻板块，上海）

我知道，按照苏珊·桑塔格的说法，我所做的报道，是典型的“旁观他人痛苦”，我的职业操作使我几乎扮演了一个类似帮凶的角色。

《一个小学生的挨打日记》是一个悲惨的故事，从见报后网上的反应来看，激起了很多人的愤怒。但如果我要说我是怀着悲愤的心情去采写这个新闻的，那我就是在装孙子。

我甚至是带着一丝兴奋和有些跳跃的心情，从上海出发的。

2005 年 12 月，上海电视台的一个朋友告诉了我这个线索，听完后我的第一反应是：真有意思！我跟编辑报这个题的时候是这么说的：校园暴力死人常见，死了还留下一本日记就罕见了。于是，我就这么没心没肺地去了福建。

福建省南安市石井镇院前村，去这个地方，从飞机到摩托车，要换好几趟交通工具，到了就天黑了。那是个产石材的地方，沿公路两边，石料堆积如山，石材厂灯火通明通宵赶工；远处镇子边缘，整条山脉被劈开，黑暗中听得见炸药开山的隆隆声。

小学生的父亲在村口接我，一个异常沉默的中年人，礼貌性地互报家门后，一句多余的话也没有。跟在他身后往他家走时，我才突然意识到，前面这个人，不久前刚刚失去自己的女儿。

他的妻子也和他一样，疲惫而沉默，她带我到死者生前的卧室，拿着女儿的日记本缓慢地抚摸，抑制不住地低声哭泣。可能是因为夜晚的空气太凉，我在当晚的采访交谈中，一直有些发抖。

后来编辑拟定了一个操作方法，在配稿中介绍校园枪击案后整个美国社会的反应，并推荐了一位出色的社会学专家发表意见。借由这样的操作，我们将一个单独的小事件上升为一个宏大严肃的话题。

稿子出来后，我打电话告诉那位父亲，他感激地说："好，我要拿着这个报纸去打官司讨公道。"我不知道该怎么回答，事实上，报道对他的官司又能起到什么作用？

也是2005年12月，我去乌鲁木齐采访一桩杀人案。一个失业的年轻男人，妻子临盆却无钱上医院。他抢劫并杀掉了另一个人，用抢来的钱送妻子进医院生下孩子，而被杀掉的那个人的妻子，也已经怀孕5个月。这个稿子没有发出来，后来跟新疆那边联系，听说杀人者快被判死刑了，采访中，我让杀人者和死者的亲属们一个细节一个细节地回忆和叙述，结果却只是使他们额外痛苦。

在采访中，类似的事情还有一些，从职业操作上来讲，我自问并无不妥之处，但事后我却常常陷入矛盾，直到下一个新闻线索再度使我兴奋。我知道，按照苏珊·桑塔格的说法，我所做的报道，是典型的"旁观他人痛苦"，我的职业操作使我几乎扮演了一个类似帮凶的角色；问题在于，抛开通常所谓的"报道所带来的社会意义"，我并不能找到一个合适的、高尚的、安全的道德立场。

在纪录片《战地摄影师》里，一群印尼暴徒追杀一个不同派别的人，摄影师Nachtway跪下恳求暴徒们放过这个无辜的人，暴徒们还是割断了那个可怜人的喉管。在暴徒举起砍刀的同时，Nachtway也举起了相机镜头。在大学里，老师讲述说，Nachtway在此体现了一个记者的全部美德：之前的良心与之后的冷静和职业。

但这仍然不能给我完美的答案，从一个参与其中的人，到一个冷静甚至冷酷的记录者和旁观者，需要经历怎样的内心挣扎？对于死者这个个体而言，新闻职业层面所有的"意义"是否真的有意义？

我应该还不是一个合格成熟的记者。设想一个极端的场面，如果暴徒在我面前杀人，我会怎么办？我可能也会选择举起镜头，但依然无法说服自己。

（相关报道：《一个小学生的挨打日记》，《南方周末》2005年12月15日）

附

一个小学生的挨打日记

■日记共一千余字，记叙了她两年来被两名同班男生殴打虐待的经历，“痛哭”、“眼泪”等字眼出现了14处，涉及到“挨打”的记叙共有27处。

一个暗红的塑料袋，里面是一个报纸包成的小包，揭开层层报纸，再解开红布缠成的结，是一个比成年人手掌大不了多少的日记本。

这是沿海南部石井镇院前村李小旋的日记本，里面一共有5篇日记。第一篇没有日期，最后一篇写于2005年7月15日，那正是李小旋从村里的院前小学毕业的日子。

在日记中，李小旋记叙了两年来被两名同班男生殴打虐待的经历。日记共一千余字，“痛哭”、“眼泪”等字眼出现了14处，涉及到“挨打”的记叙共有27处。

李平和李莉夫妇相信，女儿的突然死亡和两名男生的长期殴打有关。

蹊跷的死亡

“呕吐，剧烈头疼，颅内大量出血，这是很典型的因外伤导致颅脑受损。”李小旋的医生说。

2005年9月1日是镇里实验中学开学的日子，一个半月前，李小旋以毕业考试第一名的成绩从院前村小学毕业，又以入学考试第二名的成绩被镇上重点中学实验中学录取。

李小旋日记　曹筠武/图

吃好早饭，李平为自己泡了一壶乌龙茶。茶刚泡好，突然看见女儿跌跌撞撞地冲到了屋门外，他追出去，发现女儿扶着门廊半蹲着，把刚刚吃下的早饭吐了一地。

接着，李小旋在沙发上翻滚起来。“我头疼啊爸爸，疼得快死掉了。”她发疯一般地双手抱头哭喊。

8点半左右，李小旋被送到了医院。

8点50分，第一份CT报告送到了脑外科副主任医师叶清安的手里。照片显示，李小旋颅内大量出血，必须马上做引血手术。

“你们今天打过孩子么？”手术室外，叶清安严肃地询问李平夫妇，“是不是打了她的头？”

“她从小就懂事，学习完了，就帮我做家务，我们哪里会打她？”李莉说。

叶清安觉得奇怪，经过仔细检查，没有发现李小旋有任何神经血管方面的隐疾，从身体发育上看，李小旋的体质也非常健康。“呕吐，剧烈头疼，颅内大量出血，这是很典型的因外伤导致颅脑受损。”叶清安说。

医院只能给出一个模糊的、没有原因的结论：自发性颅内出血。

中午12点，李小旋停止了自主呼吸。

“胆小如鼠”的女生

“我很不想让自己的父母担心……而且我胆小如鼠。”李小旋在日记里写。

9月7日，李莉开始整理女儿的遗物。她打开了李小旋的一只黑色皮箱。上面第一层平铺着好几张三好学生的奖状，是李小旋几乎每学期都被评为三好学生的证明。箱子最底部，一个包得严严实实的包裹引起了李莉的注意，打开包裹，是一个小小的日记本。

李莉从来都不知道女儿还有记日记的习惯，随着阅读的深入，李莉觉得天旋地转。

“我坐在他前面，是最悲哀的，常常挨打”；“他出手很重……以前，我坚强不哭，后来总是被打，想到今后的日子也要被打，就哭出来了”；“他像往常一样，打了我的背……用脚踢了我的腰……上课后我擦干眼泪，没想到，一下课他又来了……那天下午放学，一直提醒自己不要让父母知道，偏偏那天爸爸在家，被他发现我眼睛红”；“我担心死了，生怕明天爸爸到学校，又怕我被同学讥笑，一直想一直想，最后睡着了”。

“他还警告我，如果老师骂他，他就要打我”；“我是多么的想读初一，不再受他们的摆布，不受到他们的命令……我是多么希望这漫长的岁月能够赶快过去，使我不再痛苦。”

李平夫妇抱头痛哭。

第二天，李平去了镇上的溪东中学，李小旋的大多数小学同学如今都在这所中学就读。在学校操场上，李平却不知从何说起，他干脆拿出日记本，一字一句念了起来，还没念完，十几个同学哭成了一片。“小旋被欺负的事情我们都知道，我们全都告诉你。”

说起李荣，李小旋的好朋友张芳始终都显得非常害怕，她总是侧着身子，把头埋到胸前，声音小得几乎听不见：“李荣谁都欺负，但是打小旋打得最多。”

张芳回忆说，李荣坐在李小旋身后，“打身子不方便，就专门打头，开始用手打，后来喜欢拿着又厚又重的语文书打，有时候还拿凳子打。”他喜欢一边打一边说，“谁叫你成绩那么好，就是要打你的头，把你打成傻子。”

“你从他身边过，他看不顺眼就会打你一顿。”另一名同学王梅说，“我们从来不敢跟大人说，他就是全校最有名的人，谁都怕他。”

李荣打人的资本是他壮实的身体，才小学五年级，他就有将近150斤的体重；彭平则是被李荣“收服”的小喽啰，李荣打谁他就跟着打谁。

张芳还提到了她觉得“很怪”的一点，李荣特别喜欢找李小旋搭讪，李小旋不理他，他就会找茬打人。

李荣的父亲是村里有名的“懒人”，村里的男人们大多在石料厂干力气活儿，但李荣的父亲“嫌累”，从来没在哪家工厂长期干过。此外，他还常常借钱不还，追债的人从前门进去，他就从后门溜了。

“李荣会经常吹他爸爸又从哪里搞了一笔钱，要是有人敢揭穿他的话，就会被暴打。”

忙碌的父母

“对小孩来说，班主任就最大了，我想，找了班主任还有处理不好的么？”李小旋的父亲说。

李平在村里的石材厂干力气活儿，平时工作繁重；而妻子除了家务，还要耕种将近两亩的口粮田。女儿一直是李平夫妇在村里骄傲的资本。在李平夫妇的记忆中，李小旋从小就是一个文静内向的孩子，长辈们常常夸奖李小旋“懂事”，“不让父母操心”。

站在操场上，听着同学们的叙述，过去的记忆突然在李平的脑海中清晰起来。对于李荣这个名字，李平并不陌生。

李小旋毕业前不久，一天放学回家，李平注意到女儿双眼红肿，明显是刚刚哭过的样子，问她，她却一言不发，问急了，她就冲上楼把自己锁进了卧室。

李平只好找到李小旋的好朋友张芳。追问之下，张芳吞吞吐吐地说，下午在学校，李小旋被班上两个男生李荣和跟班彭平打了。

第二天，李平到学校教师办公室找到了李小旋的班主任李秀铅。听完李平的讲述，李秀铅说："小孩子打打闹闹很正常，放心吧，我会教育那两个男生的。"

等到李小旋放学回家，李平告诉女儿，要注意团结同学，不要争强好胜，"英雄要知进退"，他专门向女儿强调了这句他经常挂在嘴边的话。李小旋像往常一样默默听着，等父亲说完，又上楼把自己锁在了卧室里。

在李平看来，这件"小孩子打打闹闹"的事情已经解决了。"对小孩来说，班主任就最大了，我想，找了班主任还有处理不好的么？"

从此李平再也没有发现女儿哭着从学校回来过。六年级毕业前，李小旋的奶奶来探望。发现李小旋脸色苍白，精神也不好，奶奶把李平夫妇一顿训斥，说孩子"吃得不好"。

李小旋的日记里写着："我常常窝在被里痛苦大哭，根本没有人知道，因为我很不想让自己的父母担心，怕他们去学校论理。"

"现在看来，她就是太懂事，也太忍让了，"如今李平无比后悔，"被欺负的时候，忍让也是有限度的，我为什么没有教给她？"

逃走的同伴

"我们跟他打的话，他岂不是更凶，随便就能把我们手脚打断啊！"李小旋的好朋友说。

李月枝还记得第一天认识李小旋的情景。三年级的时候，李月枝插班到院前小学，和李月枝最先主动说话的就是李小旋。"她特别关心同学，我新来班上，她就很照顾我"，从那以后，李月枝就成了李小旋最好的朋友之一。

对于李小旋与李月枝的亲近，李荣表现得很愤怒，他总是找理由禁止李小旋接触李月枝，也开始了对李月枝的"特殊照顾"。他给李月枝起了个外号叫"扫把星"，"她是来祸害我们班的，"李荣向全班同学宣布，"我要除害。"

"不懂行情"的李月枝曾把自己被欺负的事告诉了班主任李秀铅，没起到什么效果，倒是放学后在校门口被李荣堵住暴打了一顿。李荣还禁止班上的同学和李月枝接触，“慢慢的好多同学真的嫌弃我了。”

五年级的一天早晨，李月枝上学走进教室，发现同学对她的嫌恶达到了一个新的高峰。她从前门进来，走向教室后面自己的座位，一路上所有同学都夸张地把桌椅板凳搬离她，脸上还显出恶心的表情。在教室后面，李荣和彭平一边哈哈大笑，一边指挥着前面的学生“撤离”。

“好多同学开始是怕李荣才跟着他做，后来就习惯了，觉得欺负人好玩。”张芳回忆当时的情景。

李月枝被激怒了，她故意把桌上的文具拿起来抱在怀里，伸出手去触碰那些逃离她的同学，在自己造成的一片更大的混乱中，她走到座位上坐下。

“那是我唯一一次跟李荣他们对着干。”

几分钟后，班主任李秀铅来到了教室，李月枝站起来大声告状，一群同学七嘴八舌地反驳。李秀铅显得很不耐烦，“行了行了，你们不要闹了，”她呵斥大家安静下来，随后又把头转向李月枝，“你也不要去乱碰人家的东西嘛。”整个班级哄堂大笑，李荣趁乱把一团垃圾扔到了李月枝身上。

“我快崩溃了，”李月枝说，“放学后我找到李小旋痛哭了一场。”

李小旋的愤怒只能在日记中表达，她写道：“我们几个女人合起来打会输给他吗？打得他鼻青脸肿……才能把我们女生的怨恨消除。”

近两年的煎熬后，李月枝死活不去上学了。她休学了一个学期，然后跟着做生意的母亲去了杭州。

不管闲事的老师

“每个学校都会发生学生欺负学生的事情，不能因为这个说学校的管理不到位。”李小旋的校长说。

9月8日，在南安市海都医院，脑外科的一位医生看了李小旋的日记后告诉李平，他无法证明殴打就是李小旋的死因。因为殴打造成颅内出血死亡一般只见于头颅受伤当时，现在无从得知李小旋突发颅内出血当天或前几天是否被殴打过，因此无法将死亡原因和李荣、彭平的长期殴打直接联系起来。

李平只有小学文化，他不大听得懂医生拗口的解释，于是他找到了学校。在校长李金玺的办公室，他拿着女儿的日记问：“我女儿在学校天天被打，你们难道都不知道么？”

李金玺没有回答。有村民透露，李金玺在镇上一家石料厂兼职做会计，“厂里的事情忙，他就很少去学校”。

后来在接受当地媒体采访时，李金玺说出了自己的看法，“小旋已经毕业上中学了，病发时也不在学校，如果和被打有关系，就不会拖到这么久才发生事情了。”李金玺认为学校的管理没有问题，“每个学校都会发生学生欺负学生的事情，不能因为这个说学校的管理不到位。”

李小旋的班主任李秀铅则表示，李小旋从来没有向她反映过被殴打的事情，“如果她告诉我了，我肯定会教育打人的学生。”

但在李小旋的日记中却有这样的记述：“李荣连考试也要传纸让我写答案，不写也要挨打，可语文老师李秀铅和数学老师李金权却都没发现。”她还写数学老师李金权：“他从不管闲事，不管谁哭，都不要紧。”

“有一点我不明白，老师常常会说，我们班的男生（李荣，彭平）变好了，不欺负同学了，可根本不是这回事……李荣一点也没有变。”

说起班主任李秀铅，李小旋的同学王梅很慎重地用了“和气”这个词，又补充了一句：“不太管班上的事情。”

李秀铅是从三年级开始担任李小旋的班主任的，在此之前，班主任是一位名叫李美如的老师。和李秀铅的“和气”相反，王梅用“很凶”来形容李美如，虽然用了“很凶”这个词，但她回忆时语调明显轻快得多。

“班里什么事她都要管的，她不让人欺负同学，李荣有一回打了人，她就罚李荣一直打墙壁，她当班主任的时候，班上很太平。”

在日记中，李小旋没有讲到李美如老师，却对同年级的另一个班表达过向往：“我是多么想读他们一班，男女同学关系好，互相帮助，互相关心，要是我们二班能有他们一班一半好，我就心满意足了。”

李小旋的日记传开后，李荣的父亲曾经托人给李平带过话，主动要求赔偿2000元钱，希望李平“不要再拿日记追究责任”。李平断然拒绝，并且干脆找到了村里的老人会，要求给一个解决意见。此后李荣一家就消失了，有村民说，他们是举家去了广东。

“你有没有考虑过报警？”记者问。“我们一般村里的事情就是找老人会。”李平说。

李小旋下葬后两天，李月枝从杭州回到了院前村，她是带着和李小旋一起上初中的愿望回来的。在杭州的一年，李月枝对学校的恐惧渐渐消退，她又开始想念院前村，她的想法是，和李小旋一起考一所李荣考不上的中学，“这样我就又可以和李小旋一起上学了。”

（应受访者要求，文中李小旋及其父母、同学为化名）

（曹筠武）

等待大鱼的出现

□张　英（南方周末文化板块）

> 这样的大鱼对凤凰卫视的吴小莉来说，是对朱镕基的提问；对中央电视台的柴静来说，是非典时刻；对南都的陈峰来说，是孙志刚之死。对一个记者来说，能够抓住大鱼的机会并不多，一年中、一辈子也许就那么几次。

很多时候，我觉得自己像一只虎，在猎物可能会出现的地方，长久徘徊、等待。没有等待到猎物出现，我会变得沮丧、不安，甚至怀疑自己。当猎物出现的刹那，沮丧和不安会消失得无影无踪，心跳和血液会调整到最快速的状态，抓住它！

这可能是多年新闻工作给我带来的习惯。虽然大多数时候，我手上总有题在做，也总在忙碌的状态，可在内心和精神上，仍然不满足，总是希望着能够抓住一条重要的新闻。和编辑聊天时，我们习惯地把它说成是“大鱼”。但问题是，对一个记者来说，能够抓住大鱼的机会并不多，一年中、一辈子也许就那么几次。

这样的大鱼对凤凰卫视的吴小莉来说，是对朱镕基的提问；对中央电视台的柴静来说，是非典时刻；对南都的陈峰来说，是孙志刚之死。由于社会新闻的直接性，他们的名字和社会变化一起被时间所记载。

对从事文化新闻工作的我来说，这样的大鱼曾经是金庸专访、余秋雨专访及其调查、濮存昕专访。现在，可能是《活着不仅仅是一种本能——阎连科说“丁庄”》。来南方周末工作的几年里，我以为这几篇独家专访是对得起我自己，也是对得起南方周末“记录时代进程”精神的。

知道阎连科准备去艾滋病村是在2004年3月。当时阎连科从北京来上海，参加他的作品《受活》研讨会。当天晚上11点，在上海记者站内，我对阎连科进行了采访。在采访结束时，我问他下一部著作时，他说打算写一部关于河南艾滋病村生活的长篇小说，为此还打算去艾滋病村体验生活。我当时眼睛一亮，问他怎么去艾滋病村，我能不能一起去。

这个要求当时被阎连科拒绝了。因为他去艾滋病村是在高耀洁老人的帮助下，完全以医生助手身份去疫区的。艾滋病疫区的政府官员们不欢迎作家、记者的造访，即使能够去采访，病人们也未必愿意对记者、作家们说心里话。如果带我去，很可能会有副作用。

我就和他约好，等他作品写完、出版时，我们一定见面做个采访。在今年春节去北京过年时，我在大年初二去阎连科家里做了关于《丁庄梦》的这个采访。记得那天北京城到处放着烟花爆竹，响声震耳。我们的说话经常因为鞭炮声而中止，就这样反反复复3个小时，终于完成了采访。

出门的那一刹，我心里沉甸甸的。阎连科所说的一切，关于他目击艾滋病的真相，给我极大的震撼。确实，他说的一些事情在我们的新闻报刊上是看不到的。在他信赖的南方周末记者面前，他毫无保留地说了。

接下来的工作就是写稿，等待作者的修订。在稿子即将上版的时候，突然在网络上看到沈浩波博客上的一篇文章《阎连科到底去没去过“丁庄”?》，批评阎连科撒谎，认为他根本就没有去过艾滋病村。原来沈浩波去艾滋病区的时候，遇到一个艾滋病人，说有位北京作家天天在县城里住着，在宾馆里采访艾滋病人。他们认为这个人就是阎连科。

当天晚上，我把沈浩波博客上的这篇文章转给了阎连科。阎连科收信以后说自己很受伤，但表示拒绝作出回应。经我再三沟通下，阎连科也担心网络流传的沈浩波文章可能对自己造成不利，他终于在修改的访谈的最后对此作出了回应。

《活着不仅仅是一种本能——阎连科说“丁庄”》和《阎连科：“不是巧克力，而是黄连”》发表以后，我收到了一些同行的电话，说他们看了文章很震惊，并问我这篇文章的采写经过。远在河南为艾滋病村建设水电线路的阎连科也看到了报纸，他在电话里只说了一句话：“关于《丁庄梦》的采访有很多，但《南方周末》这个报道我是最满意的。”

（相关报道:《活着不仅仅是一种本能》，《南方周末》2006年3月23日）

附

活着不仅仅是一种本能

——阎连科说“丁庄”

■为写《丁庄梦》，作家阎连科在3年时间里，先后7次走进“艾滋病村”。“艾滋病村”，有触目惊心的悲惨，更充满人性的坚忍。

阎连科生于农村，河南是他的老家。虽然身在北京，可阎连科说，北京和他的关联就是几间房子，在家门口买买菜，和几个朋友吃吃饭，他心灵的故乡仍然是河南。

他热爱他的故乡：“爱存在于一片野草和荆棘之中，每个想要接近的人，在经过野草和荆棘时都注定要受到伤害。”阎连科表示，他将继续以“疼痛”来表达他对中国广袤的土地以及农民的爱。《丁庄梦》写完了，可很多话仍如骨鲠在喉，不吐不快——

卖血的报酬不是“白条”

1996年，艾滋病刚曝光的时候，我便通过一个友人与“民间防艾第一人”高耀洁老人取得联系，听她介绍了中原地区的艾滋病蔓延情况。

那天，我在高耀洁老人家里见到了一对艾滋病父子，他12岁的儿子连续低烧不退，父亲带着儿子去郑州检查究竟是感冒了，还是染上了艾滋病毒。那是我第一次接触艾滋病人，我给了他们400元钱。就是那一次，高耀洁老人给我提供了几个艾滋病孤儿名单，要我和我的朋友每个月按地址给他们寄钱，供他们读书。但不久以后，其中就有一个孩子不需要这种帮助了，因为他人不在了，一个活生生的生命就这样消失了。另外一个念小学的女孩，后来也失去了联系……

那天高耀洁老人还告诉我一个非常惊人的细节，她说当年农民卖血的时候，他们在田间种地，血头会到田头采血，他们说是采500cc，实际上他就采了600cc、700cc，报酬却仍然是500cc的钱。钱虽然不是“白条”，但最多也就是80块钱。被采完血后的那些农民，会因为卖血过量而头晕得不能动弹，这个时候，血头就提住这些农民的双腿，头下脚上地抖来抖去，待血又回流到了头上，农民们的头不那么晕了，就又接着下地干活去了。听完这个细节，我长时间哑口无言。就在那一瞬间，我觉得我必须去“写一点东西”，这就是《丁庄梦》写作的最早的起因。

现在大家看到的《丁庄梦》，其实也不是我原来最初写作的构想，原来的想法是，我要虚构一个国家，这个国家有自己的语言，有自己的生活方式，因为贫穷等等原因，它从国家成立开始，就组织全国人民卖血，一直卖到屹立在世界的东方。可惜，种种原因，我没有写出那个构想，而写成了现在这个样子。

在小说里，我也有意回避了很多极其真实、可怕的情况，因为你真正看到的村庄，你看到的人和事，是无法走入小说的。比如现实中有一个血头告诉我，他们当年采血后，把啤酒往血里倒着掺假。再比如，这个村庄开始采血的时候原来用瓶装，但瓶子成本比较高，后来就用装酱油、装醋的塑料袋儿装。接下去，就重复使用塑料袋。村头有一个二亩大小的水坑，他每天晚上就去那个水坑里洗血袋，时间长了，居然会把水坑洗红。在那水坑的边上，艾滋病病人们亲口告诉我，那几年水坑里的蚊子庞大无比。

在这些血头中，也有艾滋病患者，后来我就遇到过一个。但因为他有钱，他和那些卖血的普通农民的境遇就完全不一样。他偷偷告诉我说：“我已经有病了。”可他身体非常好，喝酒、打麻将什么都玩，根本看不出他有病。他一发现自己有艾滋病就马上跑到郑州、北京检查，病还不到吃药的时候，就在家里的抽屉装满了国家免费治疗的那几种药，谁也不知道他是从哪里弄来的。他还告诉我，中国的药不行，听说泰国药特别好，希望我回到北京给他买些泰国或者美国的新药。说只要药好，钱不是问题。

我看到、经历到这样的事情特别多，但它无法原封不动地走入小说。我希望有一天，我能写一本纪实书，我能非常详尽地写下那些大家闻所未闻、千奇百怪而又触目惊心的事情。

棺材铺后庄稼地里的坟墓；村里门户的白色对联

我很幸运，除了高耀洁老人外，我还认识了一个姓邵的美国医学人类学家。他在美国一所大学里教书，也喜欢文学。他看到了我的小说《日光流年》，然后在国外讲课时就引用我小说里关于疾病问题的内容。

后来邵先生来中国时和我谈了这个问题。我当时就告诉他，我小说里的疾病是虚构的，你想真正了解中国的疾病，还有中国医疗制度问题，你可以到农村去走一走，同时去了解一些艾滋病的情况。在这种情况下，邵先生就去了河南农村。邵先生到病区了解了很多情况，后来就几乎成了艾滋病的专业医疗工作者，基本上有一半时间就待在中原的艾滋病村里，指导病人治疗、吃药，宣传预防艾滋病知识。邵先生每次回北京，我们都会见面，接下来，我的《受活》已经写完，去艾滋病村的许多条件也已具备，我就和他一起进驻艾滋病区。我们所选的一个重点村，就是当年我在高耀洁老人家里她给我介绍过的一个平原上的村庄，这个村离我原来当兵的地方较近，考虑到在那里我有不少朋友，如果我俩在村里有点什么不测之时，可以找朋友"关照"一下。就这样，那个村成了我们的一个"点"。那个村有八九百口人，90年代末出现艾滋病，2000年开始爆发，3年内已经死了三四十个人。

邵先生去艾滋病病区的身份是北京大学医学院的教授，而我是他的助手。我们去艾滋病病区是以行医为名进行的，病人和地方政府非常欢迎，至今那里的人都不知道我是一个作家，也不知道邵先生是个华裔。

我记得第一次去那个艾滋病村的时候，第一眼看到的是村头的棺材铺。棺材铺就是两间破瓦房，土坯墙上用白石灰水写着巨大的"卖棺材"3个字。棺材铺后的庄稼地里有一片坟墓，穿过这片有坟墓的庄稼地进入村庄，看到村里门户上的白色对联，当时我内心的惊异和震撼，今天完全无法用文字描绘。

我就只去过这么一个村庄，当然，也许这个村庄没有任何普遍意义，不代表中原，更不代表整个中国。

为了明白最真实、最细微的情况，我们进艾滋病病区的时候，不带照相机，不拿笔，不做任何采访。说白了，就是进去感受，希望去为他们做些事情。在村里，除了关于艾滋病的医疗防治问题，我们不主动和他们谈他们不愿说的任何事情。村里有"驻队工作组"，看我们谈的都是医疗问题，就对我们比较放心，最后也就不再和我们"寸步不离"了。

邵先生是个很受病人欢迎的人，他一出现，就有十几个病人围上来问这问那。然后我们就一个病号一个病号地谈，鼓励他们有症状的去检查，已经检查过明确有病的，就千方百计让他们吃药。

对艾滋病患者来说，吃药是非常复杂的一个过程，所谓“鸡尾酒疗法”，就是3种药混合、调和来吃，这种药的副作用非常大，前3个月完全和癌症化疗一样，吃药后患者会出现各种各样的反应，从精神到肉体都非常痛苦。但再难受也得吃，因为患者这时候要是把药停下来，就意味着前功尽弃，甚至会加速死亡。如果坚持下来，渡过这3个月的难关，会进入一种平稳期，病情会相应得到一定的控制。

另外就是把病号组织起来，给他们办班，由邵先生讲授艾滋病的预防、医治的常识。

高耀洁、邵先生给我讲了很多关于艾滋病的知识，知道只有3种途径才会感染到。一种是血液传染，如共同使用针头，这个比例很高，在96%—97%。第二种就是性关系传染，在2%左右。剩下的才是第三种——母婴传染。除此之外，没有别的传染途径。这一点，我们要相信医学，不要过分惊恐。

我们是每天吃完早饭，打两块钱的“嘭嘭车”到村里，白天在这个村庄里做事，中午有时在患者家里吃饭，有时在路边店里吃饭，晚上再回到小旅馆里住。

虽然也有患者家庭留我们住在他们家，但你真正住进来，对这个家庭来说，是一个负担。吃饭时候，你看他们端出来的都是家常便饭，但对他们来说，这已经是非常精心的招待了。我是地地道道的农民出身，我是河南人，我非常了解这些。

从2003年开始到现在，我先后去了7次这个村子。在村里，我们一待就是几天，时间一长，患者们就非常信任我们，把我们当成了他们的家人、邻人、村人，会给我们讲很多你想都不敢想的事情。

“她恨丈夫，恨这个家庭，恨这个村庄，甚至恨这个社会”

除了艾滋病外，最严重的问题是，这个村庄有病没病的人，几乎都有心理疾病，而且非常严重。

有艾滋病的人，毫无疑问，心理上有很多压力，精神上也非常痛苦，人像是没有了魂一样，看上去没有一点生机。没艾滋病的人，整日面对眼前的灾难，也许要承受比病人更大的压力。

有一对新婚夫妻，后来有一方患病，这对夫妻基本上就没有性生活了，长期下去，两个人之间的感情和生活就起了变化，彼此之间的关系变得冷漠、疏远，互不关心。

还有一个家庭，孩子才两岁，女的高中毕业，身高一米七十，长得很漂亮，男的有病，两个人感情还好，日常生活也过得去。但有一天，女的突然把我拉到边上，告诉我他们虽然年轻，但家里生活特别“不和谐”，说他们“不敢那样”了。这时候你就要给她做工作，解释性生活在艾滋病人中的必要和防范措施。

再比如还有一个三口之家，因为男的是艾滋病患者，女的是健康人，但这个女的嫁给他以后就感染上艾滋病毒。这已经是7年前的事情了，男的说自己不知道自己患上了艾滋病才娶了她（**当然，也存在一种现象，一家男孩子有病了，这家人和这个村庄会不约而同地隐瞒真相，形成共谋，让他把没病的媳妇娶回村里来迅速怀孕，以传宗接代**）。结婚后，女的知道自己感染了艾滋病毒，精神上一下垮了，她恨丈夫，恨这个家庭，恨这个村庄，甚至恨这个社会。从此她就家务活、地里活什么都不干，每天摔盘子摔碗，骂男的，仇视公婆。男的整天在家低着头，话都不敢说。但问题是，双方已经都感染了艾滋病毒，你再后悔、逃避也不是办法。这样的心理疾病你说怎么办？你得不停地、千方百计地劝说。

生理上的病可怕，精神上的病更可怕，心中有了艾滋病才最为可怕。

以我们的眼光和标准去看，他们的生活是不正常的。主要特点有这么几种：

一是有病的男人一般都不会再像他们没病时那么勤快。他们都对生活失去了希望。用当地的话说：“坐吃等死了。”而那些有病的女人，一般却还要照常承担起全部家务，承受着更重的精神负担和生活负担。

二是所有有孩子的家庭，无论是父母一人有病，还是双方有病，只要孩子还在读书，他们就会觉得生活还有一线生机，他们把生命和未来都寄托在孩子的身上，结果给孩子造成巨大压力。比如，村里有这样一个家庭，父母都是艾滋病人，但两个女儿学习都很好，老二甚至因为学习好，学校还不让她升级，做家长的工作，让这个姑娘在学校多蹲了一年，理由是她每次考试都是全乡第一，她一升学走了，这个学校再参加乡里的各种考试竞赛和评比就拿不到名次了。事情虽然荒诞，但孩子给这个家庭提供了巨大的活着的精神支柱。在他们家里，你谈什么他们都没有兴趣，没有笑脸，可当说起孩子的成绩时，父母的脸上会有少见的光泽。但因为要供孩子读书，这个家庭生活的负担就会很重，父母不得不去干那些没病时都难以承受的重体力活。可是，你跟孩子们谈到学习时，她们没有笑容，只有眼泪。

第三，虽然村里长年累月、日日夜夜弥漫着死亡的阴影，但他们对生命、生活所表现的留恋和爱，却非我们所能理解。如村里有个60多岁的“赤脚医生”，他是村里唯一懂点艾滋病知识的人，所有病人都依赖于他。政府组织的第一次对村里部分人员的艾滋病普查结果显示，艾滋病毒感染者的比例高得惊人，为了不让村里陷入混乱，“赤脚医生”没有把染病的40多个名单一次性全部公布，而是分批公布。第一次公布了十几个。公布名单是在一天的黄昏，落日时分，名单公布后，村里突然爆发出惊天动地的哭声，持续了半个小时左右。半个小时后，村里忽然又一片寂静，无声无息，就像人都突然消失了一样。这个医生告诉我们，到了第二天，人们就该干啥就去干啥了，烧饭、种地、带孩子，一切从表面上看，又恢复到了往日的样子，如同什么事情也没有发生过。更为奇特的是，第二天过去，那些检查了还不知道自己感染了艾滋病毒的人，竟不约而同地都不再去医生家里询问自己的检查结果了。有人要问，也会在白天或半夜，村里没人时去医生家里问。在得知自己有病后，他们显得异常冷静，不哭，不闹，甚至不让邻人知道，依然如故地下地劳动，依然如故地端着饭碗在门口吃饭。这就是农民们在面对灾难、死亡最初的反应，是他们对生命、生活所表现的不同方式的爱。当然，被死亡和灾难折磨久了，他们另一方面的东西又会一览无余地表现出来，比如人性中可怕的阴影和黑洞。

活着，更是一种文化精神

这几年那村庄也有一些变化，最大的变化就是，所有的人对生命的认识、理解和态度同以前不一样了。他们在活着中给自己找到了特别具体的理由，如大人活着，是为了多照顾孩子几天；孩子活着，是希望能看到父母的笑脸；七八十岁的老人重新下地干活，是为了让儿孙能过得好一些。农民是这样一种情况，灾难降临的时候，他们会痛苦几天，但几天后他们就“认命”、忍耐了，会尽力去面对现实和日常生活，这是他们活着的本能，也是活着的精神，是城里人和知识分子无法具备的生存的能力，也是世世代代留给他们活着的世界观。

实事求是讲，村里的房子还是那些房子，树还是那些树，人还是那些人。但是，他们现在脸上有了一些笑容，因为政府和社会都在尽力帮助他们，都做了许多前所未有的工作，他们没有被社会抛弃，尤其对艾滋病的恐慌没有了，对生命的希望增加了。

这个村子位于黄河古道上，在中原东部，属于沙漠区，地里都是沙土，庄稼一年要浇七八次水。但是这个地方没有水源，只能从地下抽水浇地。每家的责任田边都有一个20多米深的小井。往年，到了农耕季节，他们就用手扶拖拉机从地下抽水浇地，但现在有一个问题，这些年柴油疯狂涨价，浇一亩地光柴油费就至少要10块钱，他们连病都看不起，哪还能负担起这样一笔经济开支？另外还有一个问题，柴油机发动起来要靠人工，需要很大的力气，一般的男女病人，身上都没了力气，发动不起柴油机。这就导致了普遍的地荒和粮食短缺。虽然政府尽力给患者家庭提供各种帮助，但对农民来说，永久的粮食仓库是在土地里，而不能长期依靠政府。

一家一家的走访过程中，我们发现，当务之急不是哪一家你给他三百五百块钱，而是帮他们浇水种地，解决他们最基本的吃粮问题。解决这个问题的最好办法就是依靠电力。但是村里有照明电，而没有动力电，动力电线要从几里以外架到村里，需要不少钱。再者就是给那些没有井的家庭挖井，给有病人的家买一个小水泵，这样就解决了他们的浇地吃粮问题。这个工程需要10万块钱左右。

最初，我希望找家出版社与我合作，共同承担，各出一半钱。没想到，说到将来出书，每家出版社都很高兴，可谈到出资捐助艾滋病村，出版社都“十分为难”。当时春风文艺出版社知道这件事后，他们社长在电话里对我说：“连科，咱们现在不谈出版问题，你想去帮助这样的村庄，我们愿意随时出这笔钱。”后来，《丁庄梦》在上海文艺出版社出版，上海文艺社也非常爽快地要承担这笔经费，并且说一定要做好艾滋病捐助工作。

现在，钱早就基本到位了，电源线也埋了，变压器也买了，但还有些别的没法说的问题，使这件不大的事情迟迟没有做完。

小说《丁庄梦》

《丁庄梦》故事梗概

《丁庄梦》的故事是从“卖血致富”的狂热气氛中开始的。当时有关部门组织村民卖血，请村里颇有威信的老教师一家家劝说。随后，老教师的大儿子即村长，便成为村里最大的血头。艾滋病暴发后，村长家的猪、羊、鸡都被人毒死了，后来家里10多岁的小男孩在街上也被人毒死了。

老教师到县城开完热病（当地人把艾滋病称为热病）情况通报会回来后，劝说当村长的大儿子给那些患病的人家下跪道歉，避免家人再遭悲剧。但遭到大儿子拒绝，父子关系陷入僵局。后来，为便于管理，老教师把没有孩子来上学的学校腾出来，召集村里的艾滋病患者一起居住，但这个小小的集体却出现偷鸡摸狗、偷情、乱伦等事情。

除了学校这条线索外，老教师的大儿子构成另外一条线索，过去他是最大的血头，现在摇身变成当地“热病委员会”负责人，把政府免费发给病人的棺材转手卖给村民，谋取高额利润；后来他还担任当地的“冥婚”介绍人，给那些死去的男女介绍结婚对象。

小说中还有作者认为“写得很震撼”的一条线，就是那对偷情的男女之间发生的惊天动地的爱情故事。故事的结尾是，村长配“冥婚”配到最后，是把县长家的瘸子女儿配给自己12岁的儿子，小说中男孩的亡灵多次向爷爷哭诉，愤怒的爷爷操起棍子把自己的大儿子打死了。

（张　英）

马加爵：一个南方周末曾经的读者

□成　功（南方周末新闻板块，广州）

“你们终于来了。”海南省公安厅政治部李主任告诉我一个令人兴奋的消息：“昨晚审讯快结束时，马加爵反复几次向审讯人员提出要见南方周末记者，要接受你们的独家采访，要说说自己的作案经过、心理历程和逃亡情况。”

说来凑巧，从2004年3月到2005年7月，前后不到两年的时间，我碰到了两个“著名”的杀人犯：马加爵和阿星。

打开被束之高阁的“采访资料”，我才发现马加爵和最近采访的阿星身上有太多的相似点：他们都生长在广西的小山村，一个来自广西宾州，一个来自广西天等县；他们都是涉世不深的年轻人，一个是还未毕业的大学生，一个是年仅20岁的打工仔；他们都因为一句话而杀人，一个因为同学说他打牌作弊，一个因为工厂主管骂了一句难听的话；他们都压抑太久，一个长期得不到身边同学尊重，自己很自卑，一个每天12小时在血汗工厂拼命，还时常要面对主管训斥和失业的威胁；他们都残暴地杀人，一个用大铁锤先后砸向四个同学的脑袋，并且饶有耐心地将尸体装入储物柜，平静地离开校园，一个抡起4把大刀，轮番砍向主管的脖子，并从主管的口袋中掏走了300多块钱……最为巧合的是，在到达人生旅途的终点站之前，他们都想起南方周末，想见南方周末的记者。

天涯海角追上马加爵

去年3月15日晚11点多，我正在海口宾馆紧张写稿，副主编毛哲打来电话说，得到一个消息，马加爵在海南三亚落网。因为我离三亚最近，所以让我第二天早上一定赶到三亚，进行采访。

我立即着手赶往马加爵落网之地。海口离三亚200多公里，全程高速要两个多小时。因为手上的稿子当期要用，我加快进度，到凌晨2点半终于搞掂。接着，我打电话给宾馆大堂经理，询问现在还有没有去三亚的车。大堂经理发出一阵的怪笑，说现在是凌晨3点，没有车！

想着早上赶到三亚的死限，我便和大堂经理纠缠起来，一定要他安排车。逼得没办法，大堂经理只好叫上一位有私家车的亲戚，让他送我去三亚。收拾行李、退房、定车，一番折腾，已经4点多，赶紧上路。

听说我是记者，开车的师傅问我是去采访马加爵吧？我大吃了一惊，司机师傅告诉我他是从央视知道马加爵在三亚落网的。因为是凌晨，高速路上的车特别少，司机脚下的油门自然舒畅不少，我也在车上打起了瞌睡。

不知过了多少时候，在车后座上睡着的我猛然惊醒，奇怪地发现汽车安安静静地躺在高速路旁一个匝道上，司机也不见了，四周土坡上长满青草。当下心头一紧：难道我在睡梦中到了另外一个世界？过了一会儿，我才发现司机师傅正在换轮胎，原来后车轮出了一点问题。此刻，我庆幸还在人间。

16日7时许，赶到三亚，天已放亮。三亚公安局门口停满了车，电视台、报社的记者已经堵在门口，大有磨刀霍霍的架势。

在当地几个记者帮助下，我很快找到当时抓捕马加爵的警察，并找到现场一些目击者，搞清了当时现场情况。我心中盘算，要尽量找机会见到马加爵，更奢侈的想法是能够和他面对面谈一谈。

马加爵要见南方周末记者

到了三亚公安局，“南方周末记者？”接过名片，一位女警察脸上的表情由开始的惊诧慢慢变成困惑，最后又一阵释然的笑。

我很奇怪她的表情如此复杂，并且变得这么快。《南方周末》在海南政法线名头很响，凡去法院、公安局采访，大家无一例外先和你谈几分钟有关《“反腐狂人”的梦想与悲怆》这篇文章，虽然褒贬不一，但是《南方周末》

的影响力却不可轻视。我最初猜想是不是他们还惦记着那篇报道留给他们的印象，但是很快真相大白了。

这位女警察把我领到一位中年男人面前，介绍说这是南方周末记者。这位中年男人看了一眼名片，突然双手握着我，让人猝不及防，冷峻、严酷的脸也变得亲和起来，从他坚定的眼神中，我能够感受到他对《南方周末》的尊重。

“南方周末来得真是快啊！”他笑着说，不断感叹昨晚马加爵刚被抓，今早南方周末就赶过来了。

“你们终于来了。”他自我介绍是海南省公安厅政治部李主任，主管宣传，看到我一脸迷惑的样子，他告诉我一个令人兴奋的消息：“昨晚审讯快结束时，马加爵反复几次向审讯人员提出要见南方周末记者，要接受你们的独家采访，要说说自己的作案经过、心理历程和逃亡情况。”

说完，李就到隔壁房间向公安厅一位副厅长请示，临走时，他拍了拍我的肩膀，说：“如果上面同意，我亲自陪你去见马加爵。”

利用这个机会，我和旁边一位刑警攀谈起来。这个恰好参加审讯的警官透露，马加爵供述，他在逃亡的过程中，也曾经几次想联系南方周末，但因为多种因素，最终未能实现。

很兴奋，我赶紧向编辑部报告这一情况，并商量在见到马加爵时如何提问，以洞察一个逃犯和一个大学生的内心世界。同时，马加爵要见南方周末记者的消息也震动了编辑部同仁，这个曾被大多数人认为的“少年变态杀人恶魔”也显示其另外的一面。

擦肩而过的马加爵

“厅长说不同意，要请示公安部。”海南公安厅政治部的李主任无奈摆摆手，礼貌地说，“我也希望能陪你去采访马加爵，这是个独家大新闻。”

请示公安部，结果可想而知，但编辑部还是通过各种渠道努力争取。李主任催促我赶快取得公安部特批，因为下午马加爵要从看守所移交到昆明警方手中，时间很紧。看到李主任对我们报纸有好感，我就盯着他死缠烂打。最后通过他，我顺利找到正在三亚看守所的公安部专案组的一位成员，可是他始终不松口。

16日下午5时许，马加爵移交给昆明警方，公安部还是没有同意，而现场指挥的公安部专案组成员也恪尽职守，他私下里说也很喜欢《南方周末》，但考虑到公安没有对马加爵的口供固定下来，万一对南方周末说得不一样，以后很难统一起来。“我个人认为，应该给犯罪嫌疑人说话这个权利，但许多因素还未确定，所以要得到上级领导批示。”他坦言自己只是个处长，无能为力。

最终没有能够采访到马加爵，作为一个记者，最为沮丧的莫过于此。无论对于马加爵本人，还是急切想了解马加爵的民众，不能接受采访都是一个不可弥补的损失。也许马加爵有很多话想对他信任的南方周末说，但是他没有机会了。在移交前的那一刻，我隔着看守所窗口看着马加爵，皮肤黝黑的他双手捧着一根烟，猛抽几口。警方试图用抽烟让他平静下来，但对戴着脚镣的他怎么也没有效果。

反思马加爵

第二天，我翻开报纸，发现许多报纸用惊人口吻写道“本报独家对话马加爵”，有些甚至写道“在马加爵移交间隙，本报记者对话马加爵”。一直在现场的我没有发现哪位记者和他对话，只有央视记者隔着窗口在静静地拍画面。竞争太残酷了，为了吸引读者的眼球，有些报纸已将新闻的立基之本抛诸脑后。

随着马加爵报道的白炽化，社会各方从个人心理成长、城乡贫富差距、社会环境等方面对马加爵进行解剖，一时解构马加爵成为一种时尚，甚至有好事者撰写一篇古色古香的《大铁锤传之马加爵》，网上还流传一首专门为马加爵写的歌。

一个复杂的马加爵，让人看到不仅仅是杀人恶魔，他在逃亡到最后时曾想过到他所信任的南方周末报社忏悔倾诉，然后投案自首。但他终究没能来南方周末报社，即使在被警方抓获后，他一次又一次提起南方周末，可惜还是未能如他所愿。

南方周末同仁进一步做了更客观冷静的《还原马加爵》，从一个普通人的角度剖析一个恶性犯罪如何发生，更解释了这样的人性犯罪是可解释，有因果的，不完全是道德层面，在社会犯罪预防机制上，都是可疏导、可预防的，从而更具有深度和建设性。

同事伍小峰也曾在《采访中的洞察人心和宽容》中，强调采访中面临的采访对象的复杂性，他认为“一个优秀的媒体记者，应该学会进入、掌控和记录这样的复杂而真实的存在”。

马加爵在报社激起的涟漪并未消退，同事孙亚菲特别写了一封信发到新闻部公共信箱里。在信中，她说马加爵对南方周末的几次眷顾让已有多年职业记者生涯的她感到震撼，“在南方周末工作，以前只是采访、写稿，现在才感受到原来自己的报道如此影响一个人。”

事实上，马加爵未能接受南方周末采访，也许给太多人留下了遗憾和悬念。

李海鹏在其2004年年终盘点采访手记《山水飘摇》中也提到这一点。他以遗珠之憾的笔调写道：“我错过了探求一个大学生的复杂内心的机会。”

上海一位老干部还给编辑部打来电话，质问“某部门”究竟是哪个部门，他执意要去追究是“某部门”哪个领导不批准，为何不肯接受《南方周末》的采访。

2004年，最让我难忘的，是马加爵那张消瘦、黝黑的脸……

（相关报道：《还原马加爵》，《南方周末》2004年3月25日）

世象图：与南方周末渊源最深的一个县

□徐　楠　（南方周末新闻板块，上海）

湖北监利，当数本报的“富矿”之地。

粗略回顾2004年至今的监利报道，包括教育变法、17号文件试解“后税费时代”难题、两任县委书记先后落马、惠农政策下的农村社会变迁、乡镇政协设置变更，等等——尽管只是一个县级行政单位，却常常具有一斑窥豹的“麻雀”意义。

在中国，可能没有任何一个县像它那样，与南方周末有如此深的渊源。

每次去监利，都访老人儿，听旧事，看今人。记些零零散散的印象，或可拼起一幅基层干部和基层世象的图景。

改革的“秘密”

“税费改革”后期，全社会对乡镇的诟病更集中地爆发出来，精简甚至裁撤乡镇之声日盛。2004年，湖北省下发17号文件，主题是乡镇综合配套改革，要点包括逐渐取消乡镇财政所、班子人员竞聘上岗等等。

大刀刚举到财政所的头上，新任县委书记就吃了下马威——以财政干部为主的乡镇人员围堵了高速公路出口。到2004年10月准备再动真格时，干部们干脆坐到了县委大院门口。打出的横幅是：“买官卖官先下岗，平民百姓再竞岗。”

自然，17 号文件是极难推动的。其中的背景，从下面这个例子中可见一斑。

两年前，一个党委的教育培训机构要盖房子，筹不来钱，于是开办一个培训班——学员两年期满后，即可获得一个编制，进入等待职务岗位的行列中。几万元的培训费用对于国家级贫困县的百姓来说，是天文数字。但在基层社会，行政编制和事业编制的含金量，怎么强调都不为过。

40 名学员，交了钱，只等期满后进入某个乡镇的班子。他们不会善罢甘休。

对于一个农业穷县来说，找不到多少企业来“乘凉”，县级官员手中最实质的权力筹码，就只有人事任免了。

曾有一位县委书记，充当两任县委书记之间的过渡。在职一个月，就做出了 40 多个干部的任命决定。

久而久之，乡镇体系织就了一张庞大的关系网。

“这是一个庞大的吃财政饭的群体。他们可以先到自来水公司，那里效益差点了马上又到土地局；乡镇财政所原来是好单位，机构改革以后他们马上就调到了政法委。”一位干部说。

因此可以想象：无论怎么改革、怎么精简，只要依照现行体系来操作，他们的利益就很难触及。

在程集镇，一个农民因为想做村支部书记，竟然直接到北京去找亲戚“活动”。

在省里一个要害部门任职的一位领导，就有十余名亲属在监利县重要部门任职。

在 20 世纪 70 年代中期以前，监利县包括 10 个大区，之后扩为 30 个大公社，那一次的机构改革目的是压缩行政级别的数量，减少层次。原来的 30 余名正科级干部，扩充后翻了一番，变成了六七十个。

20 世纪 80 年代末 90 年代初，乡镇机构猛烈扩张，普遍搭起了“四大家”的班子。很多科级待遇得以安置。如今一个中等规模的乡镇，有二三十名领导班子成员是很常见的。

人大和政协成为提供级别和编制的好来源。官场有谚云：

上面是“党委有权，政府有钱，人大举手，政协发言”；

下面是“党委搭台，政府唱戏，人大有气，政协放屁”。

监利县 21 个乡镇，每一轮调整，就是数百人的利益博弈。

“文人出身”的县委书记杜在新来到监利，第一次调整乡镇班子就备受打击。

他任命过一位乡镇党委书记，却在私下哀叹："这人何德何能啊——来做这个镇党委书记?！我没办法，只好给他配一个能力强的镇长，能独当一面的。他在这个位子上坐多久，人家这个镇长就陪着坐多久，不敢动。"

他曾亲自出马为属下一位乡镇书记"擦屁股"——挡住了一桩人命事件的曝光，扭过头来这乡镇书记已经升迁，成了洪排工程管理局书记，因为人家的舅兄是上级组织部一位主要领导。

而他杜在新，就是归上级组织部管的。

杜在新之前，监利就已经形成了"四大家族"之势——所谓"大"，都是因为有亲属在省市各要害部门任职。有一次为了竞争一个条件优越的镇长职位，两批人马专程赶来，住在监利的宾馆里坐镇，县委书记不得不一一分别拜访。

我到监利时，杜在新已经事发入狱，更早前同事邓科去时，他听闻南方周末有一记者在，曾专门赶到宾馆，与邓科聊天。

后来监利县有人感慨："现在办他的人，何尝不是当初打电话交代他办事的人?！"

纸条和小卖部

李昌平在监利为官期间，经历了前后两任县委书记。

当年他在柘木乡撤并机构，要精简人员。一位姓谢的干部拿来了县委书记手书的条子："谢某某是全国劳模，请特事特办。"谢某留了心眼，将条子原件自己收藏起来，拿给李昌平看的是复印件。

李昌平把条子收好，答复说："你放心，我一定特事特办。"

当晚，他就驱车到了县城，见到县委书记，拿出那张复印的纸条："书记，您看看。您要是指示我办什么，打个电话来就行。现在谢某拿这个条子来找我，说是您写的。他把原件留起来，复印了一大批到处散发，好多干部手里都有，这个机构精简还怎么做工作呢?"

老到的书记一听，马上作出反应："这是假的！"

在后来的乡干部会议上，谢某第一个站起来主动请辞。

晚上的宴会上，谢某拉着李昌平的手："书记啊，这么多年党培养了我，我会作报告，会开会，会写材料；现在我要回去了，可我已经不会耙地，不会种稻了。"

说到这里，泪水已经夺眶而出。“我没有什么别的请求，就是两个孩子（在乡镇财政所工作），请组织好好培养。”

那一次，柘木乡成功精简了121人。

“离开故乡四年来，每年都会回来几次，眼看着原来的同事、下属们的心气一年年地往下掉。”

李昌平讲了一件旧事。那还是他任柘木乡党委书记时，一次上级领导从武汉下来，晚上与县领导谈话。司机和随员们就问李昌平：“有什么好玩的地方？”李昌平打电话给另一个大镇书记，“引荐”了这几位“尊贵的客人”。书记问：“这得带多少钱合适呢？”李昌平也说不出。

后来得知：5个人一晚上“消费”了五六千元。那还是20世纪90年代中期。

所以不难知道：“乡镇的风气是从哪里来的？”

1991年，新任县委领导来到监利的时候，身边只有150元钱——他从全部的350元中，拿出200元捐赠给了天门的福利院，带着剩下的150元到监利报到了。

1992年，该领导正式担任监利县委书记。在上任不久所作的报告中，他指出：“干部要转变观念，开阔思路，跟上形势。我们现在这几辆吉普车怎么上省里去？这关系到监利的形象问题。”

那时，监利全县上下，共计6辆桑塔纳轿车。

不到一年，21个乡镇全部配备桑塔纳。那时还未撤销的管理区因为只有几个人，不能配车，于是无论下村还是到县里开会，都打车前往，然后报销。

真正让县里干部们转变观念的，是1992年底的干部调整。

那一次，100余名乡镇副书记、副乡（镇）长被意外地“晾”了起来，没有很快安排岗位。这在监利是前所未有的。

于是开始有人登门去找县委书记。那时候拿得出手的是一条或两条红塔山，时价120元一条。当时干部每月的工资，普遍在200元上下。

县委大院门口的一个烟酒杂货铺，是一名干部的妻子开的。书记家的烟酒积累到一定数量，就拿到那里去卖，这名干部将卖得的钱返还给书记。

1992年前所未有的百名干部“悬吊”，以及这个特殊的烟酒小卖部，受访的众多监利干部都记忆犹新。对于他们来说，这无异于新的“生存规则”的强烈暗示。

乡镇干部——一群什么样的人？

1999年，李昌平曾在棋盘乡的坝地上遇到当时的种粮大户开明，书记对种粮大户说："全乡6万亩地，有4万亩包不出去。这是大事，我担不起这个责任呀！"

税费负担加重，直接引发农业破产，人们离弃土地。

角湖村当时的书记李先进找到乡里、找到县里，甚至想找到中央农工委。最终还是自己包下100亩，前后亏本15000元。2001年他再也不愿当书记，离家到株洲做生意至今。他说："那几年干部把我当惨了。"

2000年前后，有两位农民"明星"在监利县出尽风头。

一位是汴河镇的张新枝。这位农妇在弃田抛荒现象最为严重的1999—2000年，承包近2000亩土地。有人说："她可是给他们镇书记帮了大忙了。"

她的家同时就是她办的酒厂所在地，门口挂着镇派出所重点治安保护点的牌子，县里对其给予农机、税费、贷款、工商注册等等方面的大力支持，能免的就免。酒厂的名字，取其3个儿子名字中各一个字："龙虎豹"。

张新枝家的墙壁上，挂着很多镜框——有外出开会、作报告的照片，更有报纸对种粮大户典型的报道。她不但去过荆州，还去过武汉。

只是，所有的报纸都已泛黄。

如今，她的种植面积已经压缩到200亩。更多的，想包也包不到了。因为缴税费不积极，连镇里干部都"对她有看法"。灰暗凌乱的家里，显然久已没有干部光顾。挂满墙的旧照片，支撑着张新枝的回忆。

另一位是白螺镇的段前程。他承包着全村1169亩耕地中的1070亩。打听他的住处时，同村村民都犹豫再三，最后压低声音说："千万别说是我告诉你的呀！"段家是一座欧式二层小楼，远远地独立于村庄。在这里，没人敢惹段前程。几年前，为了扶持这个"农庄主"，地方财政出资200多万元，协助他进行了高规格的农田改造。

张新枝和段前程的失势，起于2002年。

那一年农业产业结构调整初见成效，下半年土地开始"走俏"。首先瞅准这个时机的，正是乡镇干部。于是开始有人到外乡承包土地。有些在土地难于发包时自己无奈带头当上"种粮大户"的，此刻更是牢牢攥紧手中的土地。

星期天，一位乡镇干部在自己承包的土地上忙活了整整一天，售粮数万斤。"现在我70%的精力都花在那百把亩地上。"

事实上，仅仅一个棋盘乡，乡干部在本乡及外出承包的土地规模，就有5000亩左右。

他们坐在办公室或饭店里，忙着打手机。“喂，喂，那批种子到了是吗？拉进去吧。”事实上，用一位当地观察者的话来说，他们是新一代的“农庄主”。公允地讲，在土地规模化经营这方面，他们是有促进作用的。但毫无疑问，农村基层的利益格局因此而更趋复杂化。

2004年以来，连续几个1号文件带来了中央政策向农业的倾斜，基层争地矛盾上升。面对记者时，乡镇干部说，要积极做工作，尽量化解争地矛盾这个新问题、新苗头。但在私下场合，面对是否打算让出一部分田地的提问时，这位乡镇干部毫不犹豫地摇头。

监利各乡镇负债3000万元。“这其中的好多，都是那几年转包掉税欠下来的。”监利县每个信用合作社网点门前，都打着大横幅：“严厉打击公职人员逃废信用社贷款行为。”

这也是一笔病急乱投医的欠账——乡镇捉襟见肘，只好动员大家以个人名义向信用社借贷，以此冲抵工资。

以棋盘乡为例，此类贷款的规模约500万元。

这样的“动员”屡见不鲜。2005年，国家安监总局向“官煤勾结”开刀，查办的许多案件主要集中于乡镇层面。在湖南，一位市委书记承认：早年大力兴办煤炭，曾经鼓励干部带头——带头入股参股，甚至直接投资煤矿。一位外地检察长到访时，曾谈到自己投入了几十万元在一个小水电项目上，检察官们也有数额不等的投资。原来当地正鼓励兴办小水电，领导干部和公职人员被要求带头。

“‘官水电’与‘官煤’是一个道理，要不是矿难严重，‘官煤’也不会成了过街老鼠。同样道理，可能还有很多‘官这个’‘官那个’的呢！”

在基层，每个单位都有招商引资的指标，我曾在山东认识一位乡镇中学校长，连他都背着300万元的任务。很多乡镇干部实质上是自己上阵来填充指标任务的。

一直以来，对于某些乡镇干部的所谓“工作”，老百姓概括为：“要钱、要命。”前者是指收税费，后者是指计划生育。各种各样限制人身自由的“学习班”，就直接出自他们之手。

他们上午9点在办公室里打着游戏；

他们见面后说不上两句话，就马上开始揣测、试探“机构配套改革”的话题；

他们无法平静："眼下一个月就600元，搞生活都搞不赢。"

他们承认："现在不怎么去上班。"

乡镇干部的家属，很多都是农村妇女。常常是丈夫在乡镇上班，妻子开个小店。我见到过的，就有复印店、眼镜店、美容美发店、杂货铺、农机种子经销店等等。很多人的父母，都是农业户口，还在村里务农。

曾有一个场景给我留下很深的印象：一位县里的科级干部陪领导喝了一天酒，晕晕乎乎歪倒在妻子小店的沙发里，满嘴酒气。孩子放学后也在店里写作业。女主人浓妆艳抹，忙着招呼客人，顾不上父子俩。小孩子很不高兴，因为爸爸早上答应他：晚上回家吃饺子，可是他连一个神志清醒的爸爸也没等回来。

乡镇干部一般都出自本乡本土，最常见的学历是中专，最常见的起点是办公室干事，由此一步步爬升：办公室副主任、主任，经济、计生或综治分管；由此，道路分岔开来，路子硬、运气好、手段高的成为乡长、副书记，直到成为乡党委书记，才算是正式升格为本县政治棋局中的一枚棋子，下一步争取的方向，就是各职能局办乃至县直机关；另一类路子不硬、运气不好、手段不高的，能做个人大主席、政协主任，有正科级的级别和待遇，就算不错了。

这样一条道路，很多人要用一生来走。

一位乡镇办公室主任说："我干了10多年了，今天要收钱上缴任务，明天要检查计划生育，要招商引资，要数字指标，一个宣传部都还要摊派订报纸杂志，我们一个月几百元，就在这么破的房子里，上个厕所还要下楼！一身土一身泥，挨骂的事全是我们干，好处全由别人得！上面下来人，我们不安排住宾馆、不安排吃好的、不安排娱乐活动，就让到农民家里吃住，先看领导干不干！凭良心说，谁愿意干那'要钱、要命'的事？都是本乡本土的，不损阴德吗？可你不这样干你能上去吗？我要不为自己想，有人为我想吗？让他们整天坐空调房的，下来试试！"

南方周末

后台

深思成就深度

我们首先是新闻的『囚徒』

我体悟的两大采写原则

『让那些见鬼的编辑失业去吧！』

为李大同准备的五个问题

居然能在此找到一种约束政府的力量

『对话体』是不具职业水准的文体？

如何向高官发问

与官员打交道的『七条军规』

以『菊与刀』为器

匿名是一种『原罪』

我写作是为了光阴流逝使我心安

我们首先是新闻的“囚徒”

——“客观报道”、“道德化”及其他

□李　梁（南方周末新闻板块，北京）

沈颢说：瞧，那些新闻的圣徒！我不喜欢这一蕴含道德优越感的自恋话语。我们首先是新闻的“囚徒”。

3 月 16 日晚上 10 点，“非主流”经济学家、中国政法大学教授杨帆给我打来一个电话。“你的《第三次改革论争》怎么和昨天给我看的不一样？”他对有关他的内容被删改和文章中添加的内容意见不小，但对整体调子还是认可的。几天后我在 MSN 上碰到了一同操作这一专题的笑蜀，他说：“杨帆这次很难得。”

为什么很难得呢？诸位也许知道，这位杨帆教授信奉斗争哲学，自命为“非主流”的“中左派”经济学家，从上世纪 90 年代起和主流“极右”经济学家们斗争了 10 多年。采访杨帆之初，笑蜀就提醒说，跟他打交道一定要谨慎，录音和来往邮件都要留下记录，被他抓住把柄，麻烦就大了。

杨帆认可这一报道，用他的话来说是“稿子还是比较客观的”。

抛开这篇报道其他不说，我接受这一评价，也想在此把一些想法和同事们进行交流，同时进行自我教育。

在我看来，“客观报道”原则原本是新闻安身立命的根本，但在本报近来的一些操作中，却总是受到有意无意的忽略。本报一些报道在社会上引起较大争议，也无不和对客观报道原则强调不够有关。

我记得有同事曾在内部论坛上说，我们老是在一些常识问题上争论不休。很遗憾，这仍然是一个常识性问题。

一

我们是周报，做的是深度报道，追求对新闻事实的深入挖掘和背景的深入解读，为读者提供丰富立体的信息，这是新闻的第一种深度。这种深度指向的新闻报道的事实本身，也是我们对深度报道的最主要的理解。

但在我看来，新闻还有另外一种更为基本的“深度”：对某一题材新闻价值的最大限度的深入挖掘，对客观、公正、平衡原则的较好体现，包括在文字表述上对新闻文字规范的坚守，如简洁、直接、有力等。这是我们做新闻本身的深度。

本报作为中国的第一新闻周报，追求第一种深度无疑是应有之义，但同时我们也不能忽略对新闻本身的“深度”的追求。记者业务的提高，包括本报新闻操作的成熟，无疑要以这一深度为标志，而“客观报道”，便是体现这一深度的关键词。

二

记得去年本报的《一场虚拟世界的反歧视大战》在同事间引起很大争论。当时我曾和编辑在电话中说，从持赞同和反对意见的同事的背景来看，有一个很有意味的分野：赞同或者部分赞同的，多为非新闻科班出身，而反对的多为新闻专业出身。为什么呢？后来我们总结，非科班出身的人较少新闻条条框框的束缚，会注重新闻的创新；而新闻科班出身的人强调对新闻原则的坚守，往往会束缚自己的头脑。

新闻无疑要创新，这样的观点我坚决捍卫，但我以为新闻的一些基本原则仍然要坚持，创新要在这些原则的基础上进行。

“客观报道”当然是一个相对的概念，这玩意就像当年“马克思主义概论”课里所讲的绝对真理一样，可以无限接近，但是永远不能到达。虽说绝对客观是不可能的，可不管怎样它是新闻操作中力求达到的有益的目标，我们必须将它作为新闻操作中的态度、思维方法，甚至是信仰。也是我们职业道德的要求：不要用头脑中的偏见歪曲报道本身。

客观报道避免主观判断影响对事实的认知，体现在写作上已有一套规范，例如准确（对消息来源的引述注明出处）、简洁，还有公正和平衡——我要再次说，这决非一些同事认为的是使新闻操作“锦上添花”的东西，而是新闻安身立命的根本。再具体地说，无非是客观地表述事实，不要对事实预设价值判断，平衡引述双方的观点，引述某人的话不断章取义，用事实本身来说话而不是自己跳出来发言等。

这些看起来很简单，但做起来，那可是相当的难，包括我自己，每做一篇报道的时候，自己想说话的冲动与保持报道的客观和平衡之间，便无时无刻不在进行着斗争。

三

原谅我要在这里举一些例子，包括本报的一些报道，完全针对报道本身，请原谅。

很多同事都看过《南方人物周刊》关于何祚庥的报道，这无疑是一篇解气的报道，但也有可探讨之处：作者在访谈前的自述，访谈后一边倒的评论，无不具有鲜明的好恶偏向，报道引起何祚庥强烈的反弹，甚至要向上告等，这些有他恼羞成怒的因素，但报道的倾向无疑授人以柄。在我这个新闻业内人士看来，其实在客观平衡上可以做得更好，这也有利于更好地保护自己。

这里我又要说到我们做过的“方于之争”（方舟子与于建嵘的争论）的报道。在这里我只想说一下标题“两败俱伤的恶战”。李海鹏曾解释道，没有判断就没有新闻报道，他担心“如果我们退一步，只求稳妥的话，我们总会得到乏味的正确，但会失去接近事实核心的机会”。我的观点是，这是一个评论的标题而非新闻标题，因为它指向的是对事实的价值判断，而非李海鹏所说的“事实核心”。道理很简单：事实本身需要的是陈述，而对事实的价值则需要判断。事实上，客观报道（包括深度报道）从形式上看总是乏味的，不如评论来得立场鲜明和酣畅淋漓，但它的力量也是不言自明的——事实的力量，隐藏在事实之中。

我非常理解并欣赏杨瑞春在内刊中表达的报道初衷和“赋予一个事件意义”，但我仍坚持认为，“初衷”只能通过报道去发掘和探寻，而不能从一开始就用来引导报道本身。“先入为主”的成见是我们在做新闻时永远应该警惕并避免的。人为地要去“赋予意义”，也许是策划者在评论或策划整体中想体现的努力，但从最终意义上说，新闻的“意义”是读者通过对文章提供的事实信息的各自解读赋予的，他们才是新闻的主人。

所以，不是“不要高估读者”（我记得有几位同事这样说过，令我骇然），而是永远不要低估读者。不要用我们的头脑代替读者的头脑，不要用我们的见解代替读者的见解——你们照着我说的去想吧！我们做深度报道，我们提供丰富层面的事实，提供对事实的各种分析，还在对事实、观点的选择和排列组合中渗入我们的立场和判断，OK，足够啦，我们做的已经比该做的多，剩下的事留给读者吧。他们赞同，他们反驳，他们吵，他们骂，他们理性，他们非理性，接受这样的结果，观点市场从来都是这样的，这比千篇一律的认知要好得多。

这世界不存在绝对的真理，同样不存在绝对的谬误。真知灼见，总会在复杂混沌的观点争论中悄然浮现。

四

在南方周末内部，有两种心态，容易影响新闻的客观性。

一是精英心态。

我们是大报记者，是新闻业内的佼佼者；我们是文化人，是知识精英，有思想有见解，急于向社会发言，用我们的见解引导社会中“沉默的大多数”。我们很多人在做新闻的时候，不仅是记录，更重要的是要影响时代的进程。

这些也许有些自恋，也许都不错，但归根到底，我们是记者，那就要做记者该做的事。我们必须通过新闻，通过客观的、平衡的新闻来影响社会舆论。你想表达自己的观点和看法，在新闻之外，可以尽情直接表达，但在新闻中，只能通过对事实的客观、平衡的报道。

别忘了，新闻就其性质而言，更接近于历史而非文学。在西方，大众传播是社会科学，而不是人文学科。

二是草根心态。

这在本报有悠久的历史渊源。我们对工人、农民，对社会转型过程中的弱势群体有着天然的同情和悲悯。我们怀着底层立场行走江湖，以笔为旗，替天行道。我们甚至怀着天然的道德优越感——我为穷人说话，如同真理在手，报道天然正义，对报道的批评就是恶意的攻击，就是对弱势群体利益的漠视，在道德上是不齿的，应该受到谴责。

问题是，谁赋予我们为他们代言的权利？我们又何德何能，能够真正为他们代言？而他们究竟是需要代言，还是需要真正由自己发言？我们只是记者，不是绿林好汉，报纸不过是大众媒介，不是哪个群体的工具和代言人。

我从不认为报道弱势群体比报道跨国公司更有道德优越性，更不认为做前一类报道比做后一类报道会让心里更“踏实”。道德是针对所有人的社会评价，从来不属于新闻评价这一职业评价体系的内容。对新闻的评价，就在于新闻本身的原则。

“道德优越”心态真正的危害在于，它极易影响对新闻客观性的判断，甚至在将新闻写成道德文章后，还天然地认为这就是客观的新闻报道，并且不容批评和指责。这一旦成了记者和报纸的方向，记者将羽化为圣人，而报纸将走上神坛，在万众膜拜的虚妄中走向迷狂。

这种趋向在过去一度很明显，到今天也未根除。出现在我们报纸上的一些新闻，新闻操作上存在的硬伤被忽略，文中显露的“底层情怀”却受到美誉，显示出对新闻评价“道德化”的苗头，这是十分值得警惕的。

从中国到外国，历史上有多少悲剧都是以道德的名义造就的。中国的底层民众从来就不缺乏代言人，一次次为他们代言的结果，是民众由此永远成为“沉默的大多数”，而他们从长久的沉默到短暂的血腥爆发、玉石俱焚，中国的社会完成了一个治乱的暴力循环。

关于这一点，可以读读朱学勤的《道德理想国的覆没》。

慎提“为民众代言”，剥去虚幻的道德优越感，尊重底层民众的痛苦和希望，但不必用文人的悲悯情怀去同情他们，按新闻规范操作我们的报道。

或许佛家的慈悲，才是真正的境界。

五

我们要做客观的专业的新闻，要做有意义的新闻。那么意义在哪里呢？南方周末的老领导用到一个很好的词：启蒙。

什么是启蒙？将理性从虚妄神话的镣铐下解放出来，将人从恐惧和迷信中解放出来。从“五四”，我们开始启蒙运动，开始了从传统社会向现代文明国家转型，至今仍在起点徘徊。

启蒙什么？理性。通过报纸的报道，传播理性，促进理性在中国的精神土壤里发育成长，传播科学与民主，我以为是本报“记录时代进程”的核心价值所在。

卢跃刚说，二十多年改革开放的结果是“官智未开，民智初启”。民智是什么，我的理解是社会理性力量的增长。这里面无疑有我们这张报纸的贡献。

杨瑞春所讲的“知识分子的话语暴力”，唯有依靠理性的不断增长才消除，而这一点要通过我们自身的理性的客观的报道来推进。偏颇的报道同样是一种话语暴力，“以暴抗暴”的结果，是理性永远无法落地生根。

以此来评价我们的新闻操作，例如有的报道，在网上引起普遍的情绪反应，尤其是对社会的非理性谩骂——这在当前的社会不公的大环境中当然很正常的，从表面看也似乎扩大了本报的影响力，但这对于本报“启蒙”的核心理念而言决非有益的工作，而是走向了反面。我们报道新闻，主要的目的还是要促进民众对社会问题的理性思考，积累社会的理性资源，用理性精神刷新中华民族的精神天空，一步步建设公民社会和现代国家。

沈颢说：瞧，那些新闻的圣徒！我不喜欢这一蕴含道德优越感的自恋话语。我们首先是新闻的“囚徒”。既然如此，我们不必将手伸出窗外用力呐喊，在一个个囚笼里点燃火光，同样能照亮阴暗的天空。

我体悟的两大采写原则

□傅剑锋（南方周末新闻板块，广州）

原则一：大尺度观察与细节化表述

原则一：大尺度观察与细节化表述；原则二：平衡的价值观与方法论。

苹果熟了会落地，这是谁都知道的现象。但当年只有牛顿，从苹果的落地中体悟到了万有引力的原理。

对于新闻事件，如何透过表象透视事件的本质，又如何通过对事件本质的把握来指引调查的深入，其道理和牛顿的方法论是一样的。

依照这一认知，我认同把新闻事件分为三个层面的理论，即表面事实、基本事实、本质事实。所谓表面事实是一个事件呈现出来的直观模样，所谓基本事实是融合了来龙去脉包含了五个 W 的事件原貌，所谓本质事实是这个事件里暴露的某种必然性、原动力和普遍性。不少记者只满足于把调查进行到基本事实这一层面。而我认为，一个优秀的调查报道应该到达追求本质事实的层面。

我想从 2005 年我所作的几个主要调查类报道来探讨对本质事实的求索方法。

2005 年 1 月，我做的砍手党调查即是这方面的例子。当时，我是在南方都市报深圳版的一个普通政法报道中发现这一线索的。这个政法报道中嫌疑人称，他出来砍手抢劫是因为学历太低找不到好工作，工厂报酬低得不合理，另外他称他们整个村庄的年轻人差不多都到广东抢劫。

当时我想，如果只是他一个人这样抢劫，那只是个案，但如果他们村庄多数年轻人都抢，一定有某种必然性和一种普遍的推动力。并且我推想，这种推动力极有可能与城市、农村之间的矛盾有着深刻联系。涉险进入他们的村庄调查，发现城乡差距之下的极度贫困、贫困诱发的教育不足、工厂的超经济剥削、城市对他们的习惯化制度化歧视，正是推动这一“犯罪村庄化”的核心因素。于是，我找到了一个“城乡与区域发展之间的断裂”这一大尺度的观察背景。在这一观察背景下，我意识到这是解释“社会断裂与失衡”这一本质事实的比较极端化的样本。

在把握了这一样本的本质属性后，我再去调查“犯罪村庄化”的具体社会生态与具体原因时，就不会被这些错综复杂的表面事实所迷惑了。

大尺度的观察视角，其实就是不孤立地看待一个事件，而把这一事件放在它所处的社会原生态与制度背景中，放在纵横深长的历史坐标上。正是这样的观察视角，不但可以使人明白这一事件与其他事件的联系，这一事件发生的真实原因，这一事件所处的位置与意义，还使人感到这一事件所表征的本质事实与背后制度的特征、方向与趋势。

这种对大与小的把握，贯穿了我 2005 年的主要报道。从阿星事件我提出如何给新生代民工合理分享改革成果的问题，从发廊女之死我提出如何解决相对贫穷与强化惠及穷人的制度设计的问题，从代课教师我提出均衡发展农村义务教育的思考。正是对本质事实的把握，指引我避免就事论事，而注意去还原事件本身的特征、意义和发展趋势，从而获得充满力量的传播。

我认为，培养这样的观察视角，其一与哲学的训练不可分，这种哲学训练不是指掌握某门具体的哲学，而是指把日常经验与体悟抽象到理论化与体系化的能力。其二是自身的学术素养，我相信，那些真正优秀的调查记者，必是在某门学科中有着良好训练的。例如我，很庆幸受过比较系统的法学训练，虽然法律知识只学到九牛一毛，但这种训练对我思维能力的提高功不可没。另外，我相信，如果想大尺度、大视野地观察一个小事件，必是要站在某门学问的高山上才能看得清楚这个事件的本质与本源，例如社会学、政治学、法学、经济学、历史学等等。这两大方面也将继续是我在 2006 年重要的自我训练方向。

在调查清楚本质事实后，准确且达到最佳传播效果的表述也极为重要。在调查报道的表达方面，前辈们已经讲得很多了，多数强调要故事化与细节化。我认同这一理论，不过我领悟到的重要一点是，细节化的表述绝不是为了细节而细节，为了故事而故事。所有的细节、所有表达的形式，应该是为描述与解释本质事实服务的，这样才能使文本简洁、流畅且直击人心。如果细节与故事化形式没有以本质事实为内核，那只不过是绣花枕头稻草芯。

在如何准确而吸引人地表达本质事实方面，张立曾经介绍过一个对我启发颇深的经验。即语言要跃动在“大”和“小”之间，尤其是时政报道。“大”是指事件的某种大背景与意义，往往是新闻中比较硬的方面；“小”则指一个具体的细节，往往是指新闻中比较软与有趣的方面。以“大”引出“小”，以“小”证明“大”，“大”与“小”之间呈现出一种水乳交融的格局。这方面的典范之作，我认为是《光荣与梦想》，它把这种表述发挥到了极致，有趣且全景式地展现了 1932—1972 年美国社会的变迁以及背后的种种推动力。

原则二：平衡的价值观与方法论

我所想说的另一原则“平衡”，不是指为了达到对各方的妥协而作出的苟且，而是一种使新闻的核心理念得以实施的价值观与方法论。

新闻的核心理念不外是客观、中立、真相的表达与传播，刚才有关本质事实的讨论其实不过是对这一目标的追求而已。在众所周知的现实环境里，我们已经深感落实这种理念的艰难与困惑。

但我认为，这并不表明我们没有空间了，相反，如果在这样的艰难中我们仍然能安全且有效地践行这一理念，则更能表现我们的智慧与坚韧。我正是在这一险象环生的新闻环境里，体悟出“平衡”二字的意义。我想以“砍手党”、“阿星杀人事件”这个系列报道与南周史上的“张君案”比较，来阐述平衡的含义。记得我在 2005 年初调查完“砍手党”后，发现这一事件与张君案有着惊人的相似。两者都是极端恶劣的作案手段，都是集团化犯罪（张君案是家族化犯罪，砍手党是村庄化犯罪，即情况更严重），都有着深刻的社会原因与制度原因。

当时指导我作这一深度调查的是方三文，与他讨论和梳理的结果是，认为“张君案”之所以给老南周带来麻烦，除了外部原因，报道本身尽管极为出色地把握了本质事实，但报道的整个架构缺少观点与形式上的均衡，这是一个引来麻烦的重要原因。（需要说明的是，我在这里主要是想梳理与反省某些经验，历史地来看，这些有着时代烙印的缺陷并不能减弱我对这一报道以及这些报道者的敬意。）

于是，我在“砍手党”这一调查中，特别注意克制自己的感情，在写作中注意不作任何价值预设、注意表述上的中性化，在反映产生砍手党的深刻社会原因与制度原因时，也努力保持心态的中立、平和以及对于这个社会的善意。事后证明，我想要表达真相的传播效果达到了，引发了不少人对于城市与农村问题的深层思索，而且报道本身也没有引发安全问题。

我想，这个报道与“张君案”报道最大的差别是，它在调查上态度是冷静与中立的，在语言表述上是不作价值判断与价值预性并且中性化的，在整个报道形式上是观点均衡并且富于建设性的。这就是我所认为的“平衡”的基本内涵。

随着这一年调查报道的不断积累，我对这一内涵的体悟也日益深入。

“平衡”观其实也贯彻了我这一整年的主要报道。这种平衡观不但指导着我在采访中保持中立、冷静、克制，多信源地寻找受访者，在写作中保持平和与中性的色彩，更为重要的是，我注意事件与述评观点间保持足够的均衡，使真相的锋芒不致看起来过于耀眼。其实，只要刀快就行了，锋芒藏一些常常是好事。例如，如果把砍手党事件、阿星杀人事件、发廊女之死独立地拿出来，可能会被认为是非常负面的报道。而我在砍手党事件里述评了整个社会的道义与责任问题，在阿星杀人事件述评里作了如何让民工实现城市梦想的制度分析，在发廊女之死里述评了这个国家为实践“穷人经济学”的努力。这样不但阐述了事件背后的深层动因，还使受众看到了一个媒体对社会忧患的建设性努力而不是简单地对社会情绪的顺从与宣泄。代课教师的报道也不例外，如果只有事实报道，可能会让人觉得这是政府在犯法，在违背义务教育法与劳动法。但后面的述评消解了这种直线思维式的判断，阐明了其中的复杂性与历史原因，并中肯地强调了“均衡发展义务教育”对于解决农村问题的意义。我想，正是前面的报道打动了读者，而后面的述评使官方得以接受。这应该不能称之为苟且吧，不能称之对新闻理想的放弃吧，个人认为这且是一种更为韧性和抗击打的坚守。

刚猛报道的时代与社会环境早已过去，原教主义的新闻观只能在内心激荡。而“平衡”，我认为足以总结为我们在限制的边界上继续传播真相的生存智慧。

早在远古的时候，我们的先祖在应对洪荒险恶的自然时，就已经总结出刚柔相济、阴阳调和的原理了。韩国继承了我们先祖的大智慧，他们的国旗是阴阳鱼和乾坤离坎等四卦。他们的农民在香港向世贸组织请愿的时候，既有不惜以身撞击盾牌的回肠荡气之阳勇，又有三步一叩五步一跪的令人同情之阴柔，他们对刚柔阴阳之理可谓继承得到了骨髓。

这些，都是值得我们思索与反省的。

“让那些见鬼的编辑失业去吧！”

——谈谈写作中的一些细节问题

□夏　英（南方周末经济板块）

过去，我的编辑经常对我说一句话：“你要把文章写好再交给我，我不会改一个字。”感谢我的编辑对我不断的善意的威胁。

西谚云，“魔鬼隐藏在细节中”，中国的先哲则说“不积跬步，无以至千里”，可见注重细节、从小事做起的重要性。我认为为文之道也是如此，对细微之处的关注是不断提高写作水平、写出一篇好文章的起点。

以下是我在编辑过程中发现的经常被大家忽略的一些细节问题。

1. 逻辑

写文章逻辑非常重要。洋洋洒洒写了六七千字，结果……却发现文不对题。文章出现了大量的细节，但是读完文章，读者只留下对一些细节的破碎的印象……

我认为要解决这些问题，最根本的是写作者在心里始终绷紧一根“逻辑”的弦，时时刻刻想着我写下的东西能不能反映主题。需要不停思索论据有没有问题，论证过程有没有问题，论点站不站得住脚。

举一个最简单的例子：

小明是个好学生。因为小明考试得了 90 分。

考试得了 90 分，显然不是小明是个好学生的有力论证，因为可能在全班的30个同学中，有27个人考了90分以上的成绩，那么小明实际上是排在倒数三名内。如果说，“小明是个好学生。因为小明考试得了90分，是全班第二高分的学生”，那么这个论证就比第一个论证要有力，但是，这个论证也存在一定问题，要使论证更严密就必须对“好学生”的标准作出界定。

再举一个例子：

过去4年在州长约翰的带领下，本州经历了空前的繁荣。今年的平均工资提高，比1960年来的任一年都要高，失业率下降了10%，新住房的建造增加了1/3。如果本州居民希望未来4年还跟过去4年一样，他们就该再次选举约翰。

这段话在论证上存在很多问题，大家有兴趣的话可以想想看。

写文章不是游戏文字，更不是码字，必须时刻记住我是在做新闻报道，必须“有理有据”。同时，要砍去那些无用的细节，不使文章主题被大量枝节的东西淹没。

2. 坐标系

在新闻报道中要加强说服力，很重要的一点是必须把你要报道的事件、人物始终放在一个个大大小小的坐标系里。通过横向和纵向的比较，使读者对报道的事件和人物有清晰的认识。另外，这样可以使报道具有纵深感和延展感，从而充满厚度和趣味。

举个简单的例子：

雨下得很大。

这样的描述信息量不够。如果我们从纵向上进行定位，我们可以说：

雨下得很大。这是最近20年来最大的一场雨。

继续加入横向的变量，可以说：

雨下得很大。这是最近20年来本市遭遇的最大的一场雨，也是本省最近数年来罕见的一场大雨。

这样读者对这场雨就会有个认识，这比单单写雨下得怎么大、街道被淹了多高等等要更清晰。

要使你的文章有厚度，有立体感，这种思维就必须自觉运用在采访过程中，采集到足够的素材。要始终记得，人们不仅对当下的事情充满兴趣，他们也对这个事情的来龙去脉充满兴趣，他们更希望在一个更大的视角里回视发生的事情。

3. 开头

如果完成一条稿件的时间是10个小时，那么花6个小时在开头部分也不为过。

写作开头的时候始终记住读者会问的两个基本问题：凭什么我要花费宝贵时间来阅读这一报道？凭什么我要在这个时间点上来阅读这一报道？对读者的这些提问，你在开头部分就应该先给出个理由。

李大同说得非常好，文章开头部分不宜太长，所以请千万别写超过1000字的开头，实际上我觉得400—600字就已经足矣。

请不要在开头用专业名词和一连串数字把读者吓倒。你要记住读者即便智商不低，基于共同的人性弱点，也更倾向尽量放慢大脑在休息时间的转动速度。

4. 正确的人名、头衔和单位名称

一个严谨的作者在交出稿件之前一定会核实一下文章出现的人名、头衔以及单位名称等是否正确无误。

遗憾的是，在大量稿件中，经常出现一个人名但没有身份介绍，出现一个单位名称却是令人疑惑的简称。对新闻写作来说，我想最基本的要求是，在文章中出现的人物第一次要使用全名（尤其是那些公众并不熟悉的人物），必须交代他的身份，出现的单位（除了众所周知的外）一定要在第一次出现全称。后面一点对经济新闻来说尤其需要强调，因为在很多时候母公司和子公司，或者总公司和分公司之间在名称上具有很大的相似性，使用简称容易张冠李戴。

必须指出的一点是，很多时候仅仅做到上述那些是不够的。读者可能对文章中的这个人物、这个公司并不了解，所以你有必要给人物或者公司一个简短的描述，帮助读者快速对此进行定位。必须时刻牢记，对你已经非常熟悉的事物，对读者来说可能是完全陌生的。

注意这点的另一个好处是，它可以帮你检查你是否选择了正确的采访对象。一个没有说服力的采访对象始终是无效的采访对象。

当然这个原则不可滥用，有时候我们仅仅需要介绍这个人的身份，而不

需要列出其冗长的头衔，或者对其进行不必要的更多介绍。这些需要根据具体的文章来判断。

5. 赘词

在我的印象里，把句子里的赘词挑出来一直是小学和中学语文课上最常见的一种练习。糟糕的是，赘词经常大量出现在稿件里。

出现赘词，我想最基本的原因是写作的时候分神，没有进行严密的思考，另外就是长期养成了不好的语言习惯。我个人的体会是，有这样毛病的写作者，不妨在下一次写作时，有意识地放慢自己的写作速度。写每个句子的时候都先想一下句子中有没有赘词，没有赘词后再想有没有办法使用更短、更简单的句子来表达。写完每个段落后再斟酌一下，这个段落中有没有可以删掉而不影响主题表达的句子。写完一部分后再回头看，有没有不必要的段落。

第一次这样写作，可能要耗上一天或者更多的时间，但是如此这般写上三四次稿件后，就能够改掉不良的写作习惯，以后写作的时候就根本不用考虑是不是有赘词的问题，而是能够又快又好地写出文章来了。

6. 标点符号

如果你对标点符号的用法不甚了了，那赶快找一本《现代汉语词典》，用一两个小时阅读一下《常用标点符号用法》，从此可以基本解除标点符号使用不当之忧。

如果是由于行文仓促或者是懒得在电脑上敲出正确的标点符号，那么我建议还是从下一篇稿子起养成使用正确标点符号的习惯。通篇的标点符号错误，或者是长年累月持续在文章中出现同样的标点符号错误，只能使编辑对你的文章的印象大打折扣。

最常见的错误是，在引用采访对象发言时，不能正确使用标点符号。另外，破折号使用不当也是最常见的错误之一。

7. 其他

你不是在报道“事情”，而是在报道“人做的事情”。请始终关注“人”的因素。

更多使用动词，更少使用形容词。

冷静地写作，你依靠事件本身的内在矛盾来推动文章的发展，而不是依靠激动和煽情的语言。朴实的文字比骈词丽句更具备抵达人心的力量。

我想说的是，上述大部分细节问题在后端都会有编辑、校对等一系列环节进行调整、修正，但是写作者在时间不是很紧迫的情况下，要尽量先把这些细节问题扫除掉，最终做到在写作方面，不再需要编辑的任何帮助。

过去，我的编辑经常对我说一句话："你要把文章写好再交给我，我不会改一个字。"感谢我的编辑对我不断的善意的威胁，促使我努力提高自己的写作水平。我还受过这样的"残酷对待"：文章交给编辑后，编辑只从嘴巴里吐出几个字——"不行，拿回去改"，至于哪里不行，需要怎么修改，则一概留给自己揣摩。过程当然非常痛苦，在痛苦的时候你不妨这样想："我要做到最好，让那些见鬼的编辑失业去吧！"

道路漫长，在写下这些体会的时候，我不停地在想，自己是不是也在这篇小文中犯了很多的"细节错误"。"知易行难"，不管如何，与大家共勉吧。

为李大同准备的五个问题

□石　岩（南方周末文化板块，北京）

既然李大同一再强调“新闻只有一天的生命力”，频繁出版作品集又是为着哪般？李大同在书的扉页上旗帜鲜明地写道，“新闻绝不是要记录历史，而是要影响今天”。我立马就想到了南方周末的那句响当当的口号：“记录时代进程”。在这个问题上，李大同是有跟本报迥然不同的看法吗？……

前天在MSN上碰到在《冰点》工作的同学包丽敏。她说：“看到你写李大同的稿子了。我们同事说，其他记者采访他的时候，他无精打采的。所以我们同事都问我：‘你同学是不是专门嗲杀老革命？’”我问包子，什么意思？啥叫嗲杀？包子说，就是发嗲。我说，没有，我觉得像李大同这种采访对象，可能需要一些挑衅性的问题吧。包子说，挑衅就是发嗲的一种。

因为是同学，开玩笑就肆无忌惮，而且也因为我们都知道，我俩谁都不可能使出“嗲杀”这种独门暗器。

《冰点故事》是一本好书，既有阅读快感又有真知灼见，让你不由不对作者心生敬意。但看完书之后我并不想采访李大同，因为我不想在他的影子下面跟他对话，我需要一段时间的沉淀，让阅读时曾经模糊感觉到的“不同看法”清晰起来。这个沉淀花了3周的时间。

在跟包子聊天的时候，我听说，中国青年报的人对《冰点故事》的反应比外界淡很多，因为这些故事“李大同已经在报社的不同场合讲过很多遍了”，李大同是报社的“侃爷”，“一个原本十几二十分的发言时间，他能滔滔不绝地讲上一两个小时”——这样的描述，跟我之前的小人之心是吻合的：《冰点》从1995年创刊起就开始不断地把作品结集出版，是真有需求还是自恋，或者是自我包装？既然李大同一再强调“新闻只有一天的生命力”，频繁出版作品集又是为着哪般？

与这个问题相连带的，李大同在书的扉页上旗帜鲜明地写道，“新闻绝不是要记录历史，而是要影响今天”。我第一次读到这句话的时候，立马就想到了本报的那句响当当的口号：“记录时代进程”。在这个问题上，李大同是有跟本报迥然不同的看法吗？不管他有没有，这里肯定有一个潜在的交锋——可能是两种新闻态度的交锋。而且，围绕“新闻绝不是要记录历史，而是要影响今天”这个命题本身就能衍生出许多小问题，例如，新闻能不能影响今天？以“影响”为出发点的新闻会不会有损它的客观性？抱定“影响”和“记录”宗旨的人，他们所呈现出来的新闻在品貌上会有怎样的不同？

第三个问题，李大同在后记里写了一段很煽情的话，大意是，新闻工作者跟这个社会上千千万万的普通人的精神生活和社会生活是同构的，“他们就是我们的同事、朋友、家长、孩子、老师……”想起这些，“我们”就会“大泪沱沱、幽思绵绵”。然而在书的封底，他又写道：“我从来就不认为，我有平民的视角，事实上，任何‘普通’都不能打动我，我所关心的恰恰是普通人的不普通之处……”我本能地觉得这两种表述之间存在落差。尽管在此之前，在文化部内部，因为“崔健成为中产阶级之后还能不能唱摇滚”的争论，向阳和风端已经雄辩地证明，不一定你是哪个阶级的，你才能说那个阶级的话，否则无法解释，为什么小仲马会写出《茶花女》。但是，我还是想听听李大同的解释。更何况，我还居心叵测地觉得，某些时候某些人以“平民代言人”自居，是因为那时“平民路线”是有市场的，而当他们旗帜鲜明地要摆脱“平民阵营”的时候，那多半是因为，一味的“平民”已经不够“主流”。

第四个问题，《冰点》的很多稿子里都有记者的影子，记者有时候简直就是角色之一，而且每每在稿件中以“我”自居。在我看来，这如果不是对新闻客观性的一种伤害，便是一种自作多情。记者在采访中的酸甜苦辣、心路历程，谁会在意呢？毕竟，读者读报纸的目的，是想借你的眼睛和你的笔了解一个新闻事件，记者最好全息如摄像机，但是自己不要随便跳进镜头。如果你在采访中，有特别鲜明的经历和特别突出的个人感受，你可以在宋体正文旁边，写一篇楷体的“采访手记”，但是，千万不要以你的感受来混淆我的视听。《冰点》是怎么想的呢？为什么，他们愿意记者从头到尾“我”个不停？

第五个问题，“冰点体”是怎么形成的。以包丽敏为例，我和她7年同学，我没有发现她有写“冰点”这种文章的潜力，但是，她到《冰点》之后不久，就被迅速地“冰点化”了，每每写出让我惊艳并且自愧不如的报道（要知道，上学的时候，包揽所有写作课程最高分的，是我，不是她）。这种转变是怎么完成的？《冰点》是怎么训练新记者的？

心下有这5个问题垫底，我觉得我可以采访了。我在联系采访的E-mail里，直截了当地告诉李大同：之所以看完书之后这么长时间才联系您，是因为我不想简单转述您的精彩，也不想在您的影子下对您进行采访。

我想，除了李大同确实有话要说，我在采访前表现出的某种态度也是他看重本报采访的原因之一吧。

采访的前一天晚上，已经很晚了，在MSN上遇到风端。赶紧讨教：对于李大同，你有没有什么感兴趣的问题？风端噼里啪啦说了很多，大意是对《冰点》生存环境的拷问：是不是他们有什么人脉资源，做很多报道之前，一个电话打过去，就知道了底牌？我当时想，这么潜规则又这么挑衅性的问题，我可怎么问出口呢？事后证明，采访的时候，李大同之所以那么滔滔不绝，跟我见缝插针地问出跟生存环境有关的一系列问题有很大关系。风端还嘱我，人家已经在新闻战线上摸爬滚打了26年，你才两年多一点，所以表现得谦虚一点，叫一声“老师”什么的，都不跌份。事实上，我也是这么做的，虽然我知道，我的采访将主要以质疑和提出不同看法为主，看到李大同走过来的时候，我还是笑眯眯地迎上去，说，终于见到偶像了——这里头有真情实感，也有把自己压低并且是和采访对象站在同一阵营里，让对方不至戒备的考虑。（这里赞一下风端，永远都是“有力保障！”）

有了这些准备垫底，采访的过程就很顺畅了。甚至，因为太过敏感、我本无意提起的一些事，李大同也自动讲了很多。采访中，他多次短暂地停止叙述，眼睛明亮地凝视另外一个方向，我知道，那是谈得很爽的表现，于是，我和他一起享受那种美妙的空场——好像一个人十几年的奋斗人生都被这一席话交代清楚了——从不点醒他，而是等他自动醒来，接着再讲。

采访录音整理出来，16000余字，我把实在不能说的东西剔除掉，还剩8000余字，后落在报纸上的5000字不到。事后，几个看过《李大同访谈实录》的同事都觉得“痛快”。

（相关报道：《〈冰点故事〉：用新闻影响今天》，《南方周末》2005年12月15日）

附

《冰点故事》：用新闻影响今天

《冰点故事》

“上世纪五六十年代，中国干部阶层享有的所谓‘特权’，主要是信息特权。”李大同说，“那时高级干部的阅读物，是对社会屏蔽的。”

他就生长在这样一个家庭里。而如今，他以打破信息屏蔽为职业。

李大同，中国青年报《冰点》周刊的掌门人、报社的侃爷和大编（辑）、曾经的“黑帮”子弟和“北京盲流”，在内蒙古草原上待了11年，没有上过大学。他1979年进入中国青年报社，10年间，从驻地方记者到编辑、部门主任，经历了一张报纸新闻生产的所有流程。1995年创办《冰点》特稿版。

在最近出版的《冰点故事》里，李大同回顾了《冰点》创办10年来的历程：最初，它以讲平民故事见长。北京城最后几个背粪桶的工人，湖南十万大山里含辛茹苦供养孩子上学的五叔五婶，生活在中国社会底层的美军飞虎队烈士遗孤……这些普通人在时代变迁中的曲折命运，为甫一诞生的栏目凝聚了来自社会各阶层的人气。但平民故事并不是《冰点》的全部。大专辩论赛的是与非，语文教育的困惑，电影《拯救大兵瑞恩》引发的道德拷问——创立之初只有四五名成员的新闻“小作坊”直面当时社会上的热点问题。2000年前后，《冰点》对时代的反映更具指向性：从反思“普遍问题”过渡到直击新闻事件，《冰点》完成了“由软到硬”的转型。

尽管从诞生的第一年起，《冰点》就有把报道结集出版的传统，但《冰点故事》的面世，依然引起了相当的关注和争议。

有人称赞这本书“基本用报纸语言写成，文字流畅、口语化、富有节奏，长文短文，都有一些前后的埋伏，目光扫过真是前后无阻”。有人称赞这本书所总结的新闻观点是精粹到骨头渣里的真知灼见。但也有人批评作者自恋自大，新闻观点已落后于时代。

带着这些问题，记者日前采访了李大同。

解密《冰点》的运作

南方周末：你经常引用一句话——“新闻只有一天的生命力”，但《冰点》的文章又不断结集出版。

李大同：因为《冰点》不是经典意义上的新闻版。《冰点》都是非新闻性特稿。如果我是新闻版主编我就不会这样做了，我就会去关注发生性事件。《冰点》从来没有报道过发生性事件。“北京最后的粪桶”发生了什么？“五叔五婶”发生了什么？没有！《冰点》所有的特稿都不是新闻。

南方周末：那它是什么呢？

李大同：讲个小故事吧。我们有一个部门主任去开孩子的家长会。老师强调加强孩子的思想政治教育，要读这个，要读那个……突然有个学生家长站起来问老师，你有没有让学生读《冰点》？那比任何思想教育教材都好，我每期都让孩子读——这位家长就不认为《冰点》是新闻。确实，我们的定位是时效要求不强的“有价值的信息”，这些信息因人们关注而具有新闻性，但并非是发生性新闻事件。

新闻特稿与一般的发生性新闻有很大区别，获普利策特稿奖的报道有几篇是发生性新闻？特稿当然也有告知的功能，但它的主要追求却不简单是告知。我们选择的人物或事件，通常集中反映了当前社会的矛盾、困惑、痛苦和缺项，是一个当代中国的社会实景。特稿还有一种一般新闻不具备的刻画、表现功能，你看一条新闻会哭吗？已有不少读者说看《冰点故事》时哭得稀里哗啦，还有忍俊不禁笑起来的。要知道我在书里，只是非常概略地回顾我们曾经报道过的故事。特稿一定要具有打动人心的力量。

现在有一些评论，以为《冰点故事》反映的就是我的新闻观，其实，在这本书里，我用故事来传达的是我的特稿理念；而故事之外的文章才是我的新闻理念。可惜在这本书里，我无法用故事来解说我的新闻理念。

南方周末：可是，现在即便不是特稿的新闻，也不会满足于只记录而不做分析了。

李大同：特稿的主要特征并不是分析，而是生动、传神的表现。《冰点》全是长达8000字以上的特稿，8000字的特稿和4000字的特稿就有区别了，和1000字的区别就更大了，因为它要有足够丰富的细节和故事。这就超出一般新闻的意义了。一般新闻的目的是什么？告知！但是《冰点》没有任何值得告知的。北京有几个背着粪桶的人，我需要告知你吗？十万大山里有两个上不起学的孩子，我需要告知你吗？不需要。为什么大家还要看，因为你展示了一种命运、一种情怀，一种大家可以共同感动、共鸣的东西。

最近我们刊发的《从小康跌入赤贫》，就是写一家人怎么看病。那个家庭本来是内蒙古一个县城里的小康家庭，想买私家轿车的。妻子生病之后，支付不起昂贵的医药费，丈夫每天跪在北京街头乞讨，直至死去，人的最后一点尊严都给抹掉了。王小波说过，这个社会上沉默的是大多数，没人听他们说话，他们也说不了话。有一个细节：采访对象走了多少家媒体想请人听他家的故事，没人理他，最后我们决定采访他，他给记者一个短信就发了60多个“谢”字过来。你想想这是什么心情。这篇报道，当天Sohu网上的跟帖3700多条，列为榜首。大家都想知道这样的故事？不是！而是大家从中知道了自己面前是一个什么样的陷阱：万一我要得了这个病又没有医疗保障……这样下去，太危险了，得不起病啊。

南方周末：也就是说，你写这本书的时候，是专门针对特稿这种文体的？

李大同：我这本书，主要是提供一种生活方式的记录，即一个新闻工作者，一个报纸的编辑，他可以怎样生活，而实际在怎样生活。我希望这本书像小说一样好看，有各种各样的人物和故事出现，有冲突和命运的跌宕。我想在这本书里呈现出一个报纸编辑和当代中国之间的互动过程。你每天都在受到各种不同的信息的刺激，作为一家有影响的大报的编辑，你对这些刺激如何做出反应，你根据什么选择来向社会发布信息，这些很少有人记录。我相信公众应该了解这个行业的运作，因为这个行业与他们的生活息息相关。

这本书不是一个特别深思熟虑的结果，就是跟着感觉走。我一度在哪些人是这本书的目标读者上感到踌躇，最感兴趣的可能是业内人士，而我确实想让行业外的人也有兴趣读。打开那些发黄的剪报本，过去的故事一幕一幕出来。我知道有一部分内容是讲给学新闻的人看的，需要讲解的时候我就讲解一下。对《冰点》感兴趣的一般读者，从了解一种行当的角度，这本书应该也是有吸引力的。

是记录历史，还是要影响今天？

南方周末：你在书里说的一句话，我当时读到的时候，脑子里就打了个问号，你说新闻绝不是记录历史，而是要影响今天。

李大同：这是一个常识，还需要讨论吗？

南方周末：你觉得新闻在多大程度上能够影响现实？经常听到一些同行抱怨：我可以一件件揭露个别事件，但是我扳不倒背后的逻辑。

李大同：那是另外一个问题。为什么我们新闻工作者经常会觉得沮丧呢？因为其他社会系统配套不够。在任何一个健全的社会系统里，舆论监督是整个社会监督的子部分，这个子部分起到的作用是先行者，先告知社会有某件事情发生，如果这件事不正常，有可能违法、违规，然后社会其他监察系统就会蜂拥而上，这是健全社会的特征。比如说水门事件，如果光有新闻界的报道，有个屁用？要等其他社会系统出来，国会出来了，司法部出来了，正式调查开始了，总统下台了。我报你一个梁锦松事件，我说你买了一部什么车，买了以后就涨了几万港币，为什么？廉政公署立刻就上来了，你这车怎么买的？梁也只有辞职一条路。新闻就是为了让社会其他监督系统启动。比如说这次某某医院收取病人500万，马上中央调查组就下去了。

不能有时候没用，甚至很多时候没用，那样我们就什么也不干了，我们要完成职业规定我们必须完成的工作。我们不必考虑社会其他系统是否会联动，当我们面对后人的时候，我们可以说我们干了我们该干的工作。

南方周末：当你这么说的时候，你觉不觉得有些像西西弗斯？

李大同：不。社会就是这样前进的。总得有一部分人坚持住。我不管它有没有用，我的职业使命是要告知，如果我没有做到告知，就是失职。况且其他社会系统也不是百分之百都不动啊。孙志刚事件你报道它为什么？想留给历史吗？它动了没有？它动了。它废除了恶法。这不是在影响今天吗？

只有想影响今天的记者才是好记者，一时影响不了没有关系，如果他能坚持记录，他仍然是好记者。相反，真正可怕的是犬儒主义、玩世不恭。我报了也没用，我报它干吗？有危险、做无用功，我就不报了。这才是对这个职业真正的危害。中国社会是在前进中的社会，它不是一个完美无缺的社会。在任何其他社会里，新闻界也都只有一个权利：告知社会发生了什么。

另外，不能对影响今天做过分功利的理解，以为我一报，那个问题就迎刃而解。负责任的、公众关注的信息，有一种潜移默化、匡正人心的作用，有教育作用，有引发深刻思考的作用，有增强公民意识的作用，等等。这些都在影响今天。

记录是中国新闻界退而求其次的追求，这个追求并不错，它坚持了职业底线。我们有很多报道也是这样。SARS，人已经死了，但是有多少人知道他们是怎么死的？他们为什么这么死掉？没人知道。这种信息，就需要记录下来供后人检索。

软新闻是怎么硬起来的

南方周末：你对《冰点》十年的描述是“从软到硬”，这是你个人的新闻价值观发生了变化，还是你所面对的社会发生了变化？

李大同：是公众对《冰点》的期望导致发生了这样的变化。一开始我们就是报一些故事，大家觉得好看，感动——基本就是在这样一条轨道上走。但是，我们也不能全是这个，我们要发挥一点舆论监督的作用，不多，因为舆论监督费的力气太大，还通常引发诉讼，我们就那么两三个记者，耗不起。但是，你搞一篇出来就不得了，人们纷纷找上门来。

“硬”报道就是新闻性报道。它完全是新闻事件的调查和展示，而且也有一些成功地改变了现实。

现在，我们也是有分工的，我们的观察版要更加动态一点，特稿这部分我们还是要长期坚持思想上、文化上的“输氧”，作为公民社会养成的组成部分。包括我们现在系列发表的龙应台的文章，都是在做公民意识的培养。

南方周末：你对“硬”的概括，一个是时效性强，一个是从温情脉脉的东西变成揭黑报道，这就是你的“硬”的指标？

李大同：所谓“硬”，是指直接干预社会现实的报道。我报道它的目的就是为了改变现实。比如我们的《控告查无实据》，第三天公安部的暗访员就进到我们报道的这个家庭里面。最后，乱抓人罚款的派出所被整个解散，从老百姓那里搜刮来的几十万钱财如数归还。但是，也有一些让人无奈的，比如《被反复驳回的死刑判决》，我们最后的努力就是救了被告一条命，但是仍然判无期。他们有充分的证据无罪。

软报道的特征是表现，把一个事件表现得玲珑剔透，有深度，有社会现实的很强的针对性，大家爱看。但是硬报道就是干干脆脆的新闻调查，没有任何渲染，更没有一些人批评的夹叙夹议。纯正的调查性报道是不允许议的，甚至刑侦术语都是原装的，因为这就是事实。

“艺术人生”

南方周末：问一个很“艺术人生”的问题，按理说你们20世纪50年代这一代人，很多东西都被固化了，你长年坚持的底气是什么？

李大同：不能把一代人的特征概念化，人与人之间的差别是很大的。在任何时代，因阶层、教育、经历、职业的不同，一代人之间的差别大了，在越来越多元化的社会就更是如此。

我们这代人，总的说来是20世纪50年代那种理想主义和英雄主义锻造的。这种锻造有虚妄的色彩，但一定会留下痕迹，譬如我们就很少感到恐惧，这大概是受《红岩》的影响。（笑）

南方周末：这特别有意思，你从一个信息特权的享用者变成了向别人传播信息的人。这可能也证明了信息本身的力量。

李大同：是是。我们下乡的时候，没有中断学习，这非常重要。我们在草原游牧的时候，搬家要装两大牛车的书，都是古今中外的名著。

南方周末：“我们”是谁？

李大同：我们是一伙子“黑帮”子弟，10个人。当时作为北京盲流到草原上。

南方周末：你们连插队的资格都没有？

李大同：没有。自己拿着户口走。一待就是10年，没有上过大学。但是也有好处，没受教条的锻造。20世纪80年代翻译过来的新闻的理论和作品，全部研究过，没有一本遗漏。我们的脑子里，装的是新闻共同体几百年来发展成熟的价值理念。有人说这些理念过时了，其实这些人都太年轻了。

新闻的价值理念是不会很快过时的，它已经是非常成熟的一套价值系统。我们现在是往这个价值系统靠近。它会很快变化吗？10年就发生变化？不会的。我们之所以跟世界上的同行有共同语言，依据的是我们的新闻共同体已经成熟的价值观念。

（石岩）

居然能在此找到一种约束政府的力量

□肖　华（南方周末经济板块）

我花了很长时间了解到政府的所作所为，有些愕然，与其他城市相比较，这个政府看起来似乎好得有点让人不敢相信。

义乌之行，是这半年来最让我兴奋的一次采访。

原本是去做一个有关知识产权的题目，可是去到那儿发现根本不成立，因为批发市场与零售市场不同，假货相对少得多（因为买者都是行家，很难骗）。但令我非常好奇的是，这么个山区小县，却一点都不像一个县级市。

它为什么会这样？于是一点一点开始寻求答案，跟形形色色的人聊，千篇一律提到市场的作用。但这么个小地方怎么会发展出一个大市场？大多数人都说起“鸡毛换糖”以及“四个允许”，而且对义乌问题有思考的人普遍认为这里的政府跟温州不同。那时候我还以为商业传统在义乌就像在浙江的其他地方一样，只是一个原因，但并未意识到它在这里参与塑造了一个在其他城市都看不到的政府。

我的好奇心集中在政府这边，花了很长时间了解到政府的所作所为，有些愕然，与其他城市相比较，这个政府看起来似乎好得有点让人不敢相信。于是追问政府为什么这么好，几乎所有人都给了我一句这样的回答：“市场是全义乌老百姓的命根子，政府怎么敢阻碍它的发展？”我才意识到，当几乎全体老百姓都依赖市场为生时，它就会形成一种巨大的力量，这种力量缓慢、婉转而不可逆转，就像漫上来的水一样悄无声息地渗透、浸润着这个城市，即使遇到了阻碍，它通常也不会惊涛拍岸，而是顶多在一个小浪花之后便无声无息地绕开去，包围它、淹没它。

这种水流正是千百年时光在这样一个弹丸之地积累起来的传统文化的力量。倒推过去，文化来自传统，传统形成于习惯，习惯的形成，最初也许是一些蕴涵着偶然的必然。

在义乌，这个习惯正是戚家军播下的一颗历史的火种。如果没有他们抗倭时传回的甘蔗，义乌人哪里能有红糖这种特产去与周边地区交换鸡毛？如果没有他们在军队练习极讲究配合的鸳鸯阵法，敲糖帮哪里能形成一个严密得让人叹为观止的组织？正是因为这些偶然，才在同样是地少人稠的浙江长出了一个截然不同的义乌。

义乌袜子市场外的“敲糖佬”　肖华/图

黄仁宇说过，发生在我国朝廷之上的若干易于被历史学家忽略的末端小节，实质上却是以前发生的大事的症结和日后掀起波澜的机缘。我想我深刻明白了这句话。

几百年前的火种，因为机缘巧合在后来迸发了巨大的活力，将义乌推上了一个良性循环。我一直相信文明的进步是整体的事情，而经济往往是其中重要的一步。今天这些数以十万计的义乌老板，虽然都是土生土长的农民，但见识和视野已今非昔比（跟国内其他的有钱老板相比较，由于他们大多都做外贸，国外的观念和生活方式还是多多少少地影响到他们）。他们讨论高新技术是什么，讨论国家政策怎么制定。出于素质的提高也罢，出于自身利益的要求也好，总而言之，这些人对政治、对民主必然开始有自身的看法和行动，而这些一定会深刻影响到这里的政治进程，比如外来民工被选举为人大代表，制笔的老板杨保伟掏10万元竞选村长，比如浪莎袜业马上要开始为失地农民做技术培训，比如当地政府的新农村建设。

义乌发生的这些事情，很像工业革命之前的英国。大西洋贸易带来了巨大的财富，而与只许王室从事这种贸易的西班牙不同的是，有限制王权传统的英国则允许其他人进行贸易。很快，奴隶和其他商品的交易带来了一个新兴阶级的崛起，而这个阶级的不断壮大最终带来了一场革命。

就像有一句话说过的：保守地说，真理的中心在于，对一个社会的成功起决定作用的，是文化，而不是政治；开明地说，真理的中心在于，政治可以改变文化，使文化免于沉沦（大意）。义乌正是如此，所以义乌报道我最初的标题是“义乌案例：两只‘手’的力量”，正是努力想表达乡土力量与政府力量互为校正，走上良性循环的意思，尽管这个标题我自己也不满意。

在中国，居然能找到一种力量约束政府，这一发现让我兴奋无比。不过它能否在其他地方被复制，并没有答案。但这个选题的意义和价值，我想怎么强调都不为过，而这个主题其实在动笔之前我已经清晰确定。

不过，糟糕的是，这个主题在随后两天的写作里和我一起沉入了材料的海洋无法自拔。我想描述整个历史过程，却又无力驾驭，反而在搏斗中成为材料的奴隶。

这是最令我沮丧的地方。而同样的情况其实在写山西煤矿等稿时就反复出现，值得反思。这一次的问题如下：

一个特殊原因是，正因为这种千百年汇集起来的水流般的无声无息和深不可测，令冲突的色彩大大减弱，也使这个题目更适合做学术案例而非新闻报道。几乎找不出具体的很强烈的冲突，每个人都会告诉我，义乌人不会傻到当面与政府甚至邻里过不去，“除非你不打算在这里呆了”。这种力量发生作用的方式，更为隐蔽、日常与婉转，而这种方式，非得沉淀其中一段时间方能体味，而短短的十几天中，等我确信循着好奇心找到答案时已经很晚了，采访到这些内容已经非常困难，拿到的材料也非常有限。

但另一个更不可忽略的问题是一稿的写作中我的兴奋点是在整个模式形成的过程，并未意识到要突出表现冲突这个问题。那个稿子后半部分写得非常生硬，虽然有一部分这些材料（比如敲糖人郑礼来后来当了16年政协委员，提出70多件议案），但整个冲突一点都不强烈，所以推倒重来。但从二稿以后，我极度疲劳的脑袋已是空白，加上编辑也同样辛苦，可能根本没看到一稿中的这些材料，尤其是最后，将前面的历史部分抽离出来单放之后，整个文章再次削弱。

除掉写作中的问题，更往前推，其实跟我的采访方式有关。基本上我去的时候都没有明确主题，全凭自己张开每一个细胞去发现、判断和调整。这种方式的好处是所有材料全是反复求证，且大多来自鲜活的现实，每一个判断我几乎都可以保证没有问题（这一次尤其明显，如此好的政府让人太难以置信，所以每一个论断我都经过了反复采访，得到了多方印证，不过也正因此耽搁了不少时间）。但弊端一是费时良多，二是可能直到最后主题才浮出水面。事实上的逻辑链条完成，但写出此一逻辑链条所需要的材料却往往已经没有时间再补充充分。

怎么克服，我至今没有答案。

另有三个地方值得一提。第一，编辑顾策一直在问我的两篇稿子中有没有联系，我总是只能模糊感到其中必定有一些千丝万缕的联系，但就是无法清晰作答。直到目前也一直困惑，政府职能的转变和经济增长方式的转变都在这里发生，我想并非偶然。

第二，后来稿子修改中，大家认为联托运市场的例子其实并不典型，其他地方的政府也会这么干。我深以为然，不过此前却丝毫没有意识到这个问题。如果早点有人提醒到这点，也许来得及调整。所以痛感交流的重要性，多一个人的看法也许就多一个思考角度。

第三，就像在采访了无缝内衣、拉链、头花、袜子四个行业之后才挑选了袜子这个压力最大、分化最明显的行业一样，我花了很多的时间和精力寻找一个典型人物，那就是文中提到的郑礼龙。他从敲糖人，到工厂主，到成为政协委员提议案，到寻找循环经济，这个义乌市场八大元老之一经历了义乌发展至今的全部历程。原来的设想是以这个人为主线，但最后这个人物的故事被整体删除，事后我反复思考，一直很苦恼，原本以为通过这个人可以讲出整个变迁，可是为什么会是这样呢？

总体来说，这个题目的发现和探索，是继山西煤炭之后最令我兴奋的一次。尽管有诸多问题，尽管后来很是难过了好几天，但静下心来想想，还是比较高兴。又给自己夯了一层土，而且还找到一个以后值得继续关注的点。

（相关报道：《义乌奇迹解密》、《戚家军、敲糖帮、工厂主》、《义乌袜子告别草莽时代》，《南方周末》2006年3月2日）

“对话体”是不具职业水准的文体？

——做“对话体”报道的几点感受

□石　岩（南方周末文化板块）

是不是在西方的新闻传统里，“对话体”被认为是不那么严肃、不那么具有职业水准的文体？而在本报，“口水话”所占比例是不是偏大了？

我觉得写一篇好的“对话体”在一定程度上靠运气。至少我自己是这样，因为跟大部分采访对象之前素不相识，跟一个头一次见面的人谈话，要见性情、见体制的，不容易。

对话体需要“借力”，出不出彩不仅看记者，也得看对方是不是一个妙人儿。一般来讲，那些对生活有独特感受并且珍视自己经历的人，都是对话体的好采访对象，因为他很快就会发现，他遇到了一个重视他，愿意跟他真诚交谈的人。而那些满脑子条条框框，但没有一条是他自己东西的人，那些一张嘴就是套话奔涌的人，就不是好的采访对象。要从他们嘴里榨出一点有趣的东西很难。

尽管这样，也并不是说除了撞大运就没别的指望了。

建　模

通常我在采访一个人之前都比较恐慌。因为信息不对称，无论是将要谈论的话题还是采访对象的个人信息，作为“对手”的采访对象知道的肯定都比我多。

为了让自己不那么恐慌，只好多搜集关于此人的各种资料。

这一过程简称为“建模”——通过浏览文字信息，在心里为一个素昧平生的人画一幅肖像。我着意注重两方面的信息：该人、该事的“大事年表”，该人、该事让人觉得有趣的“结点”。

“建模”的目的是建立起对采访对象的主观评价——这个评价越具记者的个人视角越好。一旦我知道我自己是怎么看采访对象的了，我就较踏实了。就好比我有了一个框架，我拿我的这个框架去碰撞真实的采访对象，不管两者有没有交集，交集是大是小都会产生一些有意思的交流——如果交集大，那对方无疑遇到了一个可以倾谈的对象；如果交集小，甚至框架和真人完全对立，两者正可发生一些碰撞，他可以厘清，可以辩驳，帮我建立起一个对他的新的认识；他也可以耍赖、可以自相矛盾地暴露一些可笑之处。

在框架和真人差异较大的情况下，我会在对话中适时传递这样的信息：我不带成见，我对你的看法是可以改变的，我希望用对话来引导我完成对你的重新认识，请用严密的逻辑和有趣的事实来促使我完成这种转变。

对 谈

记不得是报社发的哪本业务参考书上写过，采访的时候一定要认真倾听。我觉得这挺对的。因为惶恐和紧张，我每次采访之前都要准备一个详尽的采访提纲，但没有哪一次采访是完全按照采访提纲来的。

因为和真人谈话的时候会遇到很多采访提纲所料想不到的问题。如果一个问题能引出采访对象横生枝节、滔滔不绝的叙述，我一般会饶有兴味地听他讲完。因为这些横生的枝节往往会带来新的发现，会帮你修正你的一孔之见。

总之，原则是，在采访刚刚开始的时候，我一般顺应采访对象的逻辑，让他把他的逻辑充分展开，但我不会忘记我自己的逻辑。在他展开逻辑的过程中我会见缝插针地用我的逻辑追问，他把逻辑充分展开完毕，我会一遍又一遍地把谈话扯回到我最初的那些疑问上头，逼他说出更多的东西，逼他作出更合理的解释。

采访李大同的时候，我的第一个问题是：一个口口声声说“新闻只有一天的生命力”的媒体为什么不断地把自己的作品结集出版？这个问题每次提出来对方都顾左右而言他，我随着他的逻辑走，跟他掰扯他的新闻观，同时不断追问他写作此书的真正原因。因为，说“新闻只有一天的生命力”和不断出版《冰点》作品集，这两件事是矛盾的，抓住这个不放，对方就不得不对《冰点》的文体、他的新闻观作出更合理的解释，要不他就得承认他自恋。

结果，这一回合的追问，确实让采访对象说出很多饶有兴味的东西：比如，他对其他传媒人出自传的评价；他说到了20世纪90年代中期，中国青年报已经完成了思想转变：这张报纸绝不能靠宣传，而报纸在转型初期采取的策略是“让开大路，占领两厢”，“你不喜欢一版，认为一版重要嘛，一版就给你了，我要屁股，这你管不了了吧？《冰点》就是在‘屁股’上诞生的。”

教 训

本来这应该是一篇名为《“报纸至今还没有完蛋”之采访手记》的命题作文。但采访美国报业编辑协会主席瑞克·罗德里格斯的过程里，让我印象更深的是他的一句讥讽，我就让文章结束在他的这句讥讽上头。

罗德里格斯：……顺便说一句，看得出来你在采访我之前，在网络上查了很多资料。

南方周末：是的。

罗德里格斯：不错。网络是种便利的全球化交流方式。我见到很多本地的广告主，他们在网络上发布广告就是因为看好网络上的国际化流量。萨克拉门托市的房地产商在网络上发布他的广告，也许中国的互联网用户会看到这条广告，不过不幸的是，更有可能成为他的客户的却是萨克拉门托市居民或者加州居民。这也是为什么我对报纸有信心的原因之一。

我不认为瑞克·罗德里格斯说这番话的目的是肯定我在采访他之前做了很多准备，我觉得他的重点是在“网络上查了很多资料”。所以，他举了一个萨克拉门托市房地产商在网上做广告，中国人浏览了这条广告但却不太可能成为广告主客户的例子，以说明网络信息传递并不像人们所吹嘘的那样有效。

而且，在这篇访谈里他对网络信息一以贯之的态度并不很积极正面。他似乎认为，记者职业的应有之义是通过第一手的调查采访获取信息，而不是基于已有信息跟采访对象空谈。

他这么说的时候，我立刻想到之前与马宁宁一起采访印度裔学者斯皮瓦克的经历。她号称是解构主义、女权主义、新马等诸多学术流派在新时代的领军人物之一，与德里达有很深的交往。

那回我问斯皮瓦克的一个问题是：一位印度女学者在中山大学演讲的时候，介绍了印度社会至今存在的对妇女的种种不公待遇，像你这样以学术为职业，并且以贱民研究为主要方向的女学者，在印度遭到的不理解和不公待遇是不是更多？

这位女学者当即的反应是：你说的这位学者叫什么名字？她的研究领域是什么？

汗！我没有记住那个拗口的名字，因为认为没有必要，也没把她的名字列在问题里。只好实话实说。

斯皮瓦克一触即发，联系起我用中国学者对解构主义的种种批评来请她做回应的那些问题，大放厥词：类似这样的问题，用我老师的话说，叫道听途说（hearsay）的知识，你没有读过解构主义的著作，就拿别人的观点来问我。

更加的汗，一语中的。斯皮瓦克也许不知道，hearsay 多多少少是记者的职业病。而对话体或许是这种职业病之大成者。

无独有偶，受斯皮瓦克“刺激”之后没过两天，我看到陈婉莹接受采访时就“什么是坏新闻”说的一段话：坏新闻就是口水话，他说了什么，她又说了什么……完全没有记者的调查。

是不是在西方的新闻传统里，“对话体”被认为是不那么严肃、不那么具有职业水准的文体？而在本报，“口水话”所占比例是不是偏大了？

采访瑞克·罗德里格斯的另外一个教训是资料的储备。接到编辑的任务，说美国报业一个级别很高的代表团来华，可以给我们安排专访，让逮到尽可能多的人。因为不久前看过一篇国内纸媒和新媒体公开 PK 谁是先进生产力的代表，我自然想到的问题是美国那边的情况如何，但这是一个模糊的方向，没有具体的问题。素有“信息搜集狂”之称的风端立刻发来一堆他储存的资料，这些资料包括美国报纸在网络冲击下广告额的下滑数据、发行量下滑数据，《纽约时报》聘请知名博客当专栏作家等等。这些资料在手，再去设计问题，问题就会问得非常具体，一脚踩在地上，而不是就一些宏观趋势采访，双方在天上飞来飞去。

如何向高官发问

□寿蓓蓓（南方周末新闻板块，北京）

省长哭了，新鲜；但重点是省长为什么哭。省长是否落泪不应是判断一篇政治人物访谈成功与否的标志，毕竟我们不是做《艺术人生》。比起省长的眼泪，他说到官场环境掣肘时一句“欲哭无泪”来得更有价值。

写海南省长卫留成采访提纲是如何设计的，着实有些为难——地球记者都知道，写采访提纲是绞尽脑汁的思想过程，无论预先准备问题还是在现场追问，都缺乏故事情节可写。

不过交作业的由头还是让人开心的，采访卫留成的访谈稿《“做官我宁可糊涂，但干事我不糊涂”》获2006年1月南方周末新闻奖，这印证了高官访谈坚持走新闻路线才是正途，要做深度时政报道而非平淡的宣传稿才有价值，才不负印在《南方周末》新闻纸上。“好的选题是成功的一半”，这话同样适用于高官访谈，争取到好的采访机会很重要，不浪费采访机会也很重要。

然而有评委认为该报道获奖的理由是“准备非常充足，访谈中省长几度落泪”，我倒认为这种说法可以商榷。采访卫留成之前我和朱红军在饭桌上了解到他的不幸身世，当时我们掩饰着内心的兴奋交换眼色，但是个人生活的不幸在时政报道中仅仅是边角料，不是主体内容，因此在采访提纲中我只设计了两个问题：

“孩子的名字往往寄托着父母的希望，你的名字‘留成’有什么寓意？”这里的“险恶用心”是引他讲出小时候生病被母亲扔掉，又被邻居捡回“留下来就成”的悲惨童年。

另一个是："有很多被查处的贪官是穷孩子出身，你觉得苦难童年对人从政后的作风，有没有规律性的心理影响？"后来在现场没来得及问。

省长哭了，新鲜；但重点是省长为什么哭——当时他在回忆已故的母亲和前妻——任何人对自己的人生伤痛都难免落泪，省长是否落泪不应是判断一篇政治人物访谈成功与否的标志，毕竟我们不是做《艺术人生》。比起省长的眼泪，他说到官场环境掣肘时一句"欲哭无泪"来得更有价值。

写此文时正值北京召开"两会"，对我们采访到卫留成起决定作用的海南省政府王秘书长作为海南代表团成员来到北京，请他吃饭答谢时得知，卫留成此次赴京之前，包括央视新闻会客厅在内的七八家媒体传真到海南，要求在"两会"期间采访卫留成，统统被谢绝了。有记者在会场外拦住卫要求采访未果，当场愤愤不平地说："可省长接受了南方周末寿蓓蓓的采访，写了两个版！"自从南方周末采访之后，卫留成不再接受任何专访，"至少在最近半年。"王秘书长说。

"你们的采访是最深入的，"他说，"多少家媒体来海南采访老卫，从来没有先对周围的人做'预采访'。"

"为什么呢？"我问，"难道其他媒体没提出过预采访吗？"

"因为你们是南方周末啊，我知道南方周末的分量，"王秘书长说，"而且接受你们采访的时间长，没问完就增加一次采访，因为提的那些问题很吸引老卫。"这位可爱的秘书长在海南第一次见到我和朱红军时说："我爱看《南方周末》。"立刻赢得我们的好感，并且没有辜负我们的信任，第二天强行从卫留成满满的日程中硬挤出一个时间段给我们采访。

盘点一下见报的35个提问，其中事先列在采访提纲上的有25个，不到全部问题的一半，另外10个是现场追问。事先准备的问题与临时追问的比例是5:2。

在采访提纲上的25个问题中，14个来自看书面资料后的思考，11个来自预采访过程中的发现。

14:11:10，即"纸面上的思考:调查后的发现:现场追问"。这个比例是恰当的，一次扎实的访谈所经过的阅读分析、实地调查、追问，三者不可互相替代，我就从这三个环节梳理一下当初的准备工作。

啃资料

看书面材料是来者不拒、多多益善的。出发之前，我自己和新闻助理纪冰冰、马宁宁分头从网上搜了60页资料。我有一个奇怪的发现，不同的人按同一个方向查的材料居然毫不重复，完全可以互补。

记不清我和朱红军是11月14日还是15日到海口的，总之第一个星期一事无成，我们之间的常用对话是：今天干什么？——在房间各自看资料吧。时间之充裕，以至于朱一度想在海南捎带做个题。

出发之前我们有意对海南方面隐瞒了动向，以防被挡驾。由于朱红军前期联络的努力，海南方面已有接受采访的意向，这次出差的目的是督促敲定具体采访时间，并对省长周围相关人员做预采访。我们很快发现了自己的一厢情愿。

负责接洽此事的政研室工作人员见到我们吃了一惊，反复问怎么现在就来了——确定采访时间是一个不知耗时多久并且无法预期结果的过程，而没有确定采访时间，就不能安排政府各部门的预采访——如果最终没有采访成，岂不是白白骚扰一圈。他明确告诉我们：可能白跑一趟。朱红军立刻陷入担心自己谎报军情的焦虑中，我开玩笑跟他说："实在不行就闯省长办公室吧，这里警戒不严。"毕竟做专访必须对方配合，闯关只能是孤注一掷的下下策。

尽人事，知天命。现在回想起来，除了探视恰巧在海南吃坏肚子住院的同事鞠靖、看一场《哈利·波特与火焰杯》、去海滩乘快艇一次之外，在海南的大部分日子平淡而枯燥，因为一直在埋头苦读资料。

除了卫留成的各类报道和讲话，他到任后制定的《海南省行政首长问责暂行规定》、修订的《海南省人民政府工作规则》、2004年和2005年所作《政府工作报告》都是"考试"前的复习重点，尤其看"政府报告"是了解省情的捷径。

通过阅读材料列出很多具体的问题，有些可直接提问，有些需要经过前期的了解、核实再形成问题。

例如后来在第一次采访时我问的最后一个问题："你说过'要努力找到企业家与政府省长的最佳结合点'，你找到了吗？是什么？"这就是看材料直接得出的问题。卫留成回答之后自己不满意，第二次采访一上来就迫不及待地告诉我们，他在随后出席的书记办公会上走神了，一直在思考这个问题，梳理出自己满意的答案，"现在我可以重新回答你……"

实地调查

做时政报道有个尴尬之处，就是由于政府垄断信息，如果采访始终在外围转圈，无法打入核心，就拿不到硬材料，构不成报道的主心骨。在很多时候不是记者短时间下苦功夫就能弥补的，因此采访脱离政府常常是导致时政报道隔靴搔痒的操作上的原因。

以采访卫留成为例，在海南的实地调查分为两个阶段：长时间低效率的体制外走访，采访省长前对体制内官员的一天预采访。

安排预采访之前，我们拜访了一些体制外人士，有当地新闻界跑省长线的记者、熟悉海南省政经的专家学者。

从见报的提问来看，除了海南省委党校副校长廖逊（用到2个提问）之外，与其他人的交流都没有直接用于提问，远不如短短一天预采访的含金量高（用到9个提问）。换言之，假如没有争取到体制内预采访，提问的深度必将大打折扣。

例如，关于卫留成在海南推行问责制，雷声大雨点小，采访中我说："问责制最重的处分是责令辞职和建议免职，到目前出台10个月了，投资环境投诉中心也已经结案24件，还没有一个处分结果比较重的例子。"引用结案数字时，卫留成瞪大眼睛说："这个数字我都不知道。"十分专注地往下听，我接着说："我们了解到一些人对新制度有比较大的期待，我想问的是，问责制迟迟没有用起来，是不是该问你省长的责呢？"

问责制落实的情况，是我们头一天特意从省监察厅查到的，当天像赶场一样去不同的职能厅，上午最后一站是监察厅，出来时已经下午1点了。

当晚王秘书长请我和朱红军吃饭。这顿工作餐颇有斩获，宾主聊兴甚浓，有些不可能对当地人讲的话告诉了我们这两个听得懂的外人，我感觉王也很开心有这样难得的说话机会。吃得越久收获越多，但我无心吃下去，因为晚上还要赶写采访提纲，第二天一早就上战场了。大约9点我们回到酒店，一小时后伍小峰、张立做完版从广州飞来，10点多我趁着还不困回房间继续写，这时才刚有了开头，写到凌晨两点半强迫自己睡觉，为了到现场有力气提问。

我的习惯是了解所有情况之后写提纲，如同采访结束后写稿，预采访一天下来现写确实有点手忙脚乱。不过累积到最后不仅提问思路清晰，也可以往骨架上填肉了。

出差之前的打算是剖析卫留成从企业家到省长的角色转型，以及海南特区不特的前途，计划到海南考察方向包括海南发展新思路，比如填补前任空白的，前任未重点做、他重点做的。就职两年来的施政效果。如何适应环境及对环境的影响。私下打听省长与书记的关系。这些方向在实现中没有大的调整。

现场追问

酝酿采访提纲的过程其实是一个化学反应，吃下一堆材料问了一堆人之后，理性的思路变得鲜活了，一个个具体问题自己会跳出来，我的工作就是排兵布阵，按逻辑给它分堆儿，哪一嘟噜提问搁哪儿，调整前后顺序。

到了采访现场，提问顺序又会调整，是成嘟噜地调，有些问题自己是知道答案的，有些不知道，有些他回答的和咱事先了解的不一样，可能一个回答意外牵扯到另一嘟噜话题，那就顺势转移阵地，融会贯通。包括一些追问，有时并不是一句提问，而是把谈话内容引申到更深层次的叙述句，也是基于化学反应阶段的思考，如仅凭机敏、嘴快解决不了质量问题。

其实采访要做案头与调查工作是每个记者的常识，不是访谈所独有的工作程序，只不过由于报道形式单一，就要求内容更要吸引人，对记者的提问质量自然有更高的要求，准备问题时也就更不敢懈怠。

在我国，高官访谈不可能做成负面报道，如何把正面报道做得“不像”正面报道，尽可能具有新闻性，有深度，在业务领域的确值得探讨。我认为高官访谈的最高境界是能让访谈记者与访谈对象双方获益，不仅了解到官员在想什么，理解他们为什么这样想，还能提示他们可以有新思路、新想法，就有新闻可做了。通过我们的系列访谈，如果能有更多官员展示出新思维、高境界，这个国家就有救了。

（相关报道：《“做官我宁可糊涂，但干事我不糊涂”》，《南方周末》2006年1月19日，获2006年1月南方周末新闻奖）

附

“做官我宁可糊涂，但干事我不糊涂”

角色突变

“拍板如果拍错了丢人呐，马上人家会感到，这个省长是笨蛋。”

南方周末：从企业家到省长，面对反差这么大的角色转换，2003年9月29日中组部找你谈话时，你心里怎么想？

卫留成：这时候只能有一个想法，就是感谢中央的信任，怎么样不辜负中央的重托，去做一件对我挑战性很大而不辱使命的事情，你不能再有别的想法。我早几年跟中央领导讲过，我希望就是做企业。我不算是一个特别优秀的企业家吧，但还是比较有信心，因为在我当总经理这四五年，我那个企业变化还是很大的，但是中央挑到你了，给你这么个重任，那不能

从企业家调任省长，卫留成推动官场改变积习时步履沉重，但在经济方面，他无疑“长袖善舞”。图为他和李嘉诚在一起。

宋国强/图

再说别的话。我当时就讲，感谢中央的信任，绝不辜负中央的重托，就这么两句话。

南方周末：这个调动你比大家只早知道了一天，在24小时中你做了什么？

卫留成：谈话是在晚上，根本没有24个小时，只有12小时。

南方周末：这一宿你睡着了吗？

卫留成：我睡得不好。我也就想了两件事，一是我到海南以后首先应该做点什么，另外就是在海油要怎么交代，因为第二天上午八点半就宣布了，然后我就退出，至少我要讲几句交代的话。只有12小时，呵呵，给我的时间实在是太短了。

南方周末：赴任前你对海南是什么印象？

卫留成：中海油在海南扶贫好多年，另外在海南有很多项目。我对海南的印象不多：工业几乎没有基础；农业嘛我没有概念，只知道海南出一些热带水果；旅游秩序比较乱。脑子里就这点印象。所以我来了之后花一个多月时间走了18个市县，走马观花看了一遍，形成一些初步印象。

南方周末：到海南后发现实际上是怎样的？

卫留成：确实发现就像你刚才说的，海南地处东南沿海，号称中国最大的经济特区，但是它的观念、经济、竞争力、社会发展程度，确确实实是一个欠发达地区。当我2003年底来，我讲到海南省是经济欠发达地区时，好多老干部都说，你说了实话。我来到海南感到一个问题：干部急于发展的思想很重，说我们发展太慢了，要快，很多时候有一种暴富的思想。海南建省之前走私汽车，建省之后房地产泡沫……

南方周末：你是企业家出身，反而很警惕经济快速发展。

卫留成：我是很警惕这个东西，关于“十一五”的发展思路和发展政策问题，有人说我们提9%的发展速度太慢了，我在很多场合都讲发展速度与质量、与基础问题。广东省“十五”期间平均发展速度超过12%，“十一五”提出9%以上，它有一个结构调整、环境整治的因素。海南省“十五”期间的平均发展速度9.8%，我们现在提9%我认为已经不低了。在政府报告中我不主张提海南进入一个“跨越式”发展阶段，这个词我不用的。

南方周末：其实好的企业家反而是务实、规避风险的。

卫留成：绝对是，基本的态度就应该是这样，政府也应该这样，否则要出毛病的。我认为海南还需要三几年打基础。

南方周末：那你的任期不就打完了？

卫留成：这也是我的一个思想，我能做点事就行了。海南再有三年，也就是“十一五”的前三年，还要继续打产业基础，形成几个100亿以上的大产业。有些产业像农业、旅游业是上档次上水平的问题，有些产业是形成的问题，把基础打好了，“十一五”后期可能会加快发展。

南方周末：你从政之前三十多年在企业的工作经验，包括国际资本市场的背景，能给海南省带来什么？

卫留成：从1970年到2003年，我在企业做了33年，从一个公司老总到一个地方行政长官，跨度是很大的，但是我适应得非常快。我感觉政府本身也有一个执政经验问题，特别在市场经济条件下，政府的资源、资产，包括行政资源和一些经济资源，都跟一个大型企业的运转规律、模式有很多相同之处。

8日正式宣布，9日我就开始坐在这个办公室里，处理一摞摞的文件。到目前为止，我还没有出过政策上的偏差，那倒不是因为我聪明，是因为大型国有企业的主要领导人，与政府官员的很多东西比较接近，比如作为中央候补委员，我出席中央委员会，参加中央经济工作会，旁听人代会；另外，大的政策路线，只要你用心去研究，不会出错。我第一次主持政府常务会议，讨论通过政府部门规章，我心里也有些发懵啊，十几个厅长人家发了言你得拍板，拍错了丢人呐，马上人家会感到，这个省长是笨蛋。

南方周末：有没有过这种情况？

卫留成：万幸，哈哈。

官　场

“官场文化我搞不清楚，我也不去研究它，在这个问题上我宁可糊涂，但是我干事不糊涂。”

南方周末：海南省四年换了三届书记两任省长，大都提出海南发展思路，比如“一省两地”、“三个特色”、“四大发展战略”，可你没有提出任何发展思路，为什么？是没有，还是只做不说？

卫留成：我感觉担任省长也好，市长、县长也好，一定要有一个清晰的思路。这个思路还得稳定，不要换一拨人、换一届班子就换一套东西，这很重要。比这更重要的，是把思路一步一步变成现实。人人都能提出来一两套发展思路，但是能做到的可能不多，因此一些地区就发展慢。我来了两年零两个月，没有提任何新的发展思路，我觉得能够把历届省委的这些精华保持延续性，然后把这些事干成，就行了。

南方周末：你做的一些事，让人一听就觉得是企业家作风，或者说不合通常的为官之道。比如你在当选省长的当天，对媒体说年底前要做三件事，简单说就是查账，要全面清理政府的债权债务。我没有搜到后续报道，不知道这事你干成了没有？

卫留成：我干成了。总的债务，包括我们政府欠国外的，欠国家银行的，200多个亿，我记不准了。但是它的还款期都很长，其中一些我相信中央会考虑，比如海南发展银行的欠款，包袱太重。

南方周末：查账的这个举动是典型的企业家做法，接手一个企业一定先摸清家底，但在官场上是不是犯了忌——"新官不理旧账"？

卫留成：是的。应该说我也忌讳涉及历史上的一些欠账，以现在的观点看过去的事情，会感到有些事情很麻烦，而且收拾起来很困难。但是有些账我清楚是有好处的，比如说我们要改善投资环境，正在统计政府欠投资者的钱。最近金额最大的一笔是我们文昌市欠泰国侨领2600万元，10年了，他们当年满腔热情，联合组织了公司来投资，最后投资未成，地也收了，钱也未还，非常让人伤心。另外政府工程款的清欠工作也在抓紧做。从现在开始，政府不能再不守信用，你答应过人家的事，你签了字的事，必须兑现。同时，对过去的历史旧账也要进行清理，采取措施，如果不做好的话，这个负面影响很大，涉及到政府诚信问题。

南方周末：有人称你为"教育省长"，其实投入基础教育对GDP没有贡献，有些老同志好心劝你，这样抓教育不行，应该抓短期能出成绩的，你为什么不听呢？

卫留成：你说得对，教育是花钱的，不能马上见效，但是关系到海南的长远发展，而且关系到老百姓最切身的利益。这跟我的经历也有关，我小时候上学那个苦劲啊，比现在农村的孩子还要苦。我今天跟财政厅研究明年的资金安排，跟他们讲，人民政府的省长盯着发展，没有钱啥也干不成，但是当你有了有限的财力，你去干什么事？我觉得应该去解决老百姓最需要解决的那些事。一个是教育问题，2008年之前，还要解决农村丧失劳动能力的人最低生活保障问题、解决农民的基本医疗保障。

海南发展得慢，有各种原因，其中人才问题、教育质量问题是根本性问题，如果不花上十年、十五年时间去解决好，海南发展没有后劲。我带着情绪说，人民政府不能把穷困老百姓的孩子上学问题解决好，你讲什么都没有用。刚才我算了算，全部解决中小学危房改造，省内得多拿3个亿；免杂费，大数每年两个亿；解决贫困地区教师工资3个亿。就这几项教育投入，每年净增投入8个亿。

南方周末：2005年底，海南省政府第一次把教育发展的指标细化，纳入地方官员的政绩考核项目，但这跟你自己接受中央考核你政绩的指标并不吻合。你不在乎自己的仕途吗？

卫留成：说心里话，我觉得为官一任，能够实实在在地为老百姓办点事，够了，真的。这不是说漂亮话，咱们也是苦出身，父母亲都是农民，我看重的是如何利用手中的权力，真正给老百姓办点实实在在的事情，真正为地方经济发展做出点贡献。

南方周末：有的人是为做官而做事，有的人是为做事而做官……

卫留成：我也不敢说我是为了做事而做官，我不做官也在做事，呵呵，但是我有一个基本的想法——不做会当官而不会为老百姓办事的这种官。现在很多人对当官研究得很透，什么官场文化我搞不清楚，我也不去研究它，在这个问题上我宁可糊涂，但是我干事不糊涂，我要把它干好，每年要干成几件事。我跟市县委书记、市县长说，为官一任，你每年干几件事，五年干成十几件事，在你的权力范围之内，你这个地区变化就大。而你每年发一堆文件，五年你发了几十本文件，你如果事没办好，零，再做几年还是老样子。

南方周末：这是不是也是一种企业家性格？就是进退自如，比较超脱，不那么看重官位。

卫留成：这也没什么，到哪个山，唱哪个歌吧。我希望有更多的企业家进入这种角色。

送　书

“《把信送给加西亚》这本书据说在海南两次脱销，因为我送了100本出去，应该是起了作用的。我明显感到政府的工作效率提高了。”

南方周末：你曾经说改造了一些环境，也适应了很多东西，你改造了什么？又适应了什么？

卫留成：我可以这么说，执行文化、执行理念、执行力，这两年多政府机关发生很大的变化，大家接受了。

南方周末：你怎么知道大家接受了？

卫留成：《把信送给加西亚》这本书据说在海南两次脱销，因为我送了100本出去，这些领导给他们的下属又买，下面的书记又给下属买，有些地方不排除有作秀的成分，我相信不是所有的人都看了，看过的人更不是都理解了，但是它的最精华部分就是执行，应该是起了作用的。我明显感到政府的工作效率提高了，执行力也明显地提高了。

不过有些东西也在慢慢习惯，比如说人家叫我省长，我说别叫，叫我老卫或叫卫总，现在叫省长就习惯了。当然底下的人叫我卫总我还挺高兴。有些不习惯的东西你得习惯。

南方周末：你在开会的时候有时候脱稿讲话，口才很好，有时候一字不差地照着念。什么样的场合你念稿子，什么时候即兴脱稿？

卫留成：讲话稿印就印吧，但我还是要讲我想讲的事情。比如前天的政协常委会上，有讲话稿，但是我觉得给政协委员们讲那些套话没有太大意义，还是讲一讲真实的东西，一些思想、思路、真实的情况，我觉得这样好，求真。那次讲话听他们反映，还算好，求真务实，不过要做到也太难。

南方周末：企业家精神中最闪光的一点是创造性，你觉得企业家精神与官场文化是不是冲突？

卫留成：我们平常说的官场文化带有贬义，官场也好政府也好，应该有一种正常的文化。那些负面的东西在你的脑子中印象太深了，比如说裙带关系、买官卖官、贪污腐化、光说不干……这种东西给人印象太深了，因为太多了。我觉得最大的一个问题，就是企业更讲究效益、效率，政府更讲究诚信、程序，从体制上来讲，它牺牲效率，这没办法。你一个会开了半个月，讨论了半天结果可能什么事都没讨论出来，我真希望政府在保证程序的前提下提高效率。

南方周末：你说过要努力去找省长和企业家之间的最佳结合点，现在你找到了吗？

卫留成：企业家和政府首长的结合点，是既严格地讲程序，又要讲效率效益。企业也讲程序，但没有这么复杂，说实在的，既讲经济效益经济发展，更注重社会效益社会发展。但一个最基本的共同点，不管是企业家还是地方首长，都是一个责任心，当一个上市公司老总，你对股民、股东负责，你当地方首长，最基本的就是要对老百姓负责。

问责

“像这个问题，提出这种不疼不痒的意见，还不如不提，重新给我提出来。”

南方周末：你说过应该由一个领导把一个项目一抓到底，完成得好该晋升的晋升，完成不好该处分的处分。这有没有相应的制度保障？

卫留成：应该说是有的。像我们省的《问责暂行规定》是跟这个相联系的，跟改变海南的投资环境和招商有关系，应该联系到一起。我反复强调这个观点，一个地方的发展就是要一个项目一个项目地来，才能带起它的发展，讲空话没用，所以我很重视这个。

南方周末：2005年初，你有一个令人关注的举动就是省政府问责制的出台。按照问责规定，启动问责程序的按钮是在省长手里，你有没有启动过这个按钮？

卫留成：组成调查组调查过（几件事），但我还没启动过处分的按钮。比如说，我叫他们到有些市县调查港商反映的问题，再比如台商反映了养虾苗的问题，我都叫监察厅去调查，都已经纠正了。

南方周末：纠正是一回事，处分责任人是另外一回事。是不是只能按照调查组提出的处分建议来执行？

卫留成：我跟你讲，按他的执行更麻烦，第一次提出的处分建议就抹得看不清楚了，反正这个事是真的，确有其事，但是处理问题嘛，请他们进一步研究之类的。我给它批了一通，退回去，"提出这种不疼不痒的意见，还不如不提，重新给我提出来。"重提出来的处理意见帮人家实实在在解决了些问题，并对这个事情提出通报批评。

南方周末：问责制最重的处分是责令辞职和建议免职，到目前出台10个月了，投资环境投诉中心也已经结案24件，还没有一个处分结果比较重的例子，真没有适用的案例吗？我们了解到一些人对新制度有比较大的期待，我想问的是，问责制迟迟没有用起来，是不是该问你省长的责呢？

卫留成：我也想找这个突破口，但是我觉得执行要慎重。问责制是执行文化中的一种深化，提这个制度，最终目的不是为了处分谁，而是为真正改变这个环境、提高执政效率，如果这个制度已经起作用了，那不是挺好吗。如果发生重大事故……但是我这个人对人呢，有些人也说我，你说你挺厉害，到时候心就软。关于投资环境的问题，省委要成立一个领导小组，今年年底对机关进行正式评议，我想到那时候效果会更明显。

南方周末：除了问责规定之外，2005年6月30日出台的《关于加强投资环境建设若干问题的决议》是你很看重的，这里面最得意的是哪一条？是不是对官员的评价引入社会评议机制？

卫留成：这是非常重要的一条，里面我最想做的事情有两条，一是政府诚信问题，再就是社会评议问题。交给谁去评议，大家有不同意见，原来说政府评议，可你自己组织评议自己不公平，再说党委评议也不行，最后研究一个办法是由省委办公厅和监察部门牵头成立一个工作组，但只负责制订评议评价方案，而真正执行评议的是政府的服务对象，是公民、企业，体现了公平公正。

我是农民的孩子

(我的名字)不是现在媒体演绎的概念，说税多留点成，而是留下来了，活了，留下来就成啊。这有个小故事。

南方周末：你是中国第一个从企业家直接做省长的。当省长和做中海油这样企业的CEO，你觉得哪一个成就感更大？

卫留成：我走到现在，还不能说当省长是成功的，但是我有成就感，就是我坐在省长这个位子上，能为老百姓办几件事。在中海油也许利润每年增加几十个亿，但是它的成就感是不能等同的。

南方周末：你做省长给自己打多少分？

卫留成：我确实没想过这个问题，至少是很难打。无论做老总也好做地方官也好，都很难让社会百分百满意。当省长有个70分左右我就已经很满意了，现在应该有个六七十分吧。

南方周末：你说过要搞好一个省取决于四要素：好的带头人和好班子、清晰的战略思路、好的制度、好的执行文化。现在四大因素海南具备了几个？

卫留成：我们还有好长的路要走。

南方周末：如果说你在中海油使了十分力气做事的话，在省政府使了多大力气？

卫留成：我想我用的力气比中海油还要大。坦率地讲，我在海油没有用足劲，在地方上要复杂得多、辛苦得多、卖力得多。你看到一个事情应该干，也应该能干，但最后你干不成，在这个时候你会感到非常痛苦。这不是说谁不让你干，它这个环境、条件、各种制约因素，弄得你也不敢说是欲哭无泪吧……

南方周末：在海南这个海岛上，你有没有孤立的感觉？

卫留成：偶尔有。

南方周末：那时候你怎么办呢？

卫留成：哈哈哈，那时我最想干的事情，就是能让我去打一场高尔夫球……

南方周末：有人说你当了省长以后脾气变化很大，你自己能感觉到吗？

卫留成：我自己也有感触，一个就是温和得多了，能够听各种意见听很长时间，尽管有些话听起来也没什么意思，但你还是要听。再就是耐着性子要参加各种会议，省长一个重要的职责就是，很多会议一定要出席，你出席了大家认为重要，你讲话了大家认为你重视这件事情。很多事情按我的看法也未必真需要，但是社会需要，那我就去做了。在海油我可以完全不做这种事情，我跟媒体接触得也特别少，每年年底见一次。过去我的头发特别乱，现在我都很注意，因为代表政府形象，自己不在意，马上一个会议，摄像机就对准你了，我老婆在电视上看到了有意见，说你的头发怎么这么乱。

南方周末：听说你夫人在北京工作，当省长使你们夫妻两地分居？

卫留成：是啊。她在中央电视台少儿部做编辑，大风车那个栏目的编辑，她经常来，我也经常回北京。

南方周末：孩子的名字一般寄托着父母的希望，你的名字“留成”有什么寓意？

卫留成：我的名字说起来还有一段小故事，我出生在河南上蔡，家里很苦，生下来就得了“七天风”，这是我们农村的叫法，实际上是破伤风，一般在农村是很难治好的。后来奄奄一息了，我母亲觉得不行了，就真把我扔了。结果同院的一个邻居陈大娘说，这个孩子还有气啊，得捡回来，捡回来又活了，这是我母亲告诉我的。我前面一个哥哥叫留住，这个活了就叫留成吧。留下来就成啊。

你写我个人的东西，我不反对，但是一个最基本的东西就是，从小我是农民的孩子，吃苦、上学，就这么熬过来的，现在有了点小本事了，能干点活多干点活，仅此而已。

（寿蓓蓓　朱红军）

与官员打交道的“七条军规”

□ 吴晨光（南方周末新闻板块）

适当拍拍马屁也不是不可以——但心里要想着，没有我纳税养着，你们都得喝西北风！

1. 由上而下——先找高级官员，让其安排采访，效率要高得多。这是由官员权力的来源决定的。

2. 先找职能部门，而不是宣传部门。反向行之，程序复杂，而且宣传部即使同意了，职能部门也不一定接受采访。

3. 对方如声明不接受采访，可简短进行“封闭”式提问——抛出最关键的问题，让他回答“是”或“不是”即可。往往这一句话能获得关键信息。

4. 如果你不想断了这层关系，最好把稿子给他看看——当然，不是全文，而是他说的那一部分。

5. 注意积累资源，通过各种方式认识他们，尤其是新闻发布会。尽量渗透到官场里去。可以通过短信、报纸、礼品维持联系。

6. 进入一个办公室，迅速弄清楚谁是领导，谁是下属，谁和谁有矛盾。利用观察的结果获取信息。

7. 酒和饭桌是拉近距离的好办法，尤其是接触基层官员的时候。适当拍拍马屁也不是不可以——但心里要想着，没有我纳税养着，你们都得喝西北风！

以“菊与刀”为器

□ 张　立（南方周末新闻板块）

美国二战时困惑于日本的民族性，乃委托人类学学者鲁思·本尼迪克特专题研究，后有著作《菊与刀》，将日本人极端矛盾的性格一一剖析。

在我看来，官员中相当一部分人是这样的：在傲慢中有卑微，顽梗不化而又柔弱善变；驯服而又不愿受人摆布，厚黑中又有良心，心怀天下之忧，却又不避腐败，既想时刻提醒别人自己是“主人翁”，但同时也流露出“唯上”之性。

在目前中国的各个社会群体中，没有哪个群体的性格构成如此复杂，将各种矛盾性格交织在一起，甚至在一个人身上都可集中体现。

跟这样一个群体打交道，虽然难度大，但破解之道，也恰恰应该从此点入手，在“矛盾”二字上下功夫，用好“菊与刀”才能真正跟这些人周旋，才能让我们的“用心”一一得逞。

其实任何一次采访都是一场心理战，那么如何取得一个初见官员的信任，并且撬开他的嘴？

如果你是女性，而且是美女，那你比男记者肯定更占优势，先发挥你的天然魅力吧；如果不是，又舍不得挥刀自宫，请参详以下办法——

方法一：站在他的立场上，帮他想问题，分析具体新闻事件在官员中的影响及利益关系，让他看到你的见识。

如果你是女性，而且是美女，那你比男记者肯定更占优势，先发挥你的天然魅力吧；如果不是，又舍不得挥刀自宫，请参详以下办法……

在这一层次的交往时，其实往往是借东来打西，在甲处采访得到的信息，往往可以成为在乙处交谈时的砝码。当然，这种透露要把握好分寸，一是不能伤害自己的采访，二是不能伤害给你提供信息的来源者，三是不能让对方摸清你的底，他感觉你知道的比他预想的要多，高深莫测，自然会造成心理压力，下意识地把自己掌握的情况的“机密度”降级。

方法二：寻找他可以相信的人或事，再把这种信任转移支付到你身上。

在一个采访对象准备开口时，他最担心的问题，已经从说不说，转移到“说了是不是安全”的考虑上，这时候要给他制造安全感，通常有几个关要过。

A. 他凭什么相信你？在这种情况下，例如你可以说：“咱们初次见面，您确实对我不了解，也不可能相信我，但南方周末是可以相信的，您对南方周末应该有一定的了解……”

B. 不经意中，一定要提到，某个官职比他高的人，或者是此人的上级机关，也跟我们“谈了谈”，并展开一两句内容，这时候，“官比他大的人都说了”，会在他心里马上起“化学反应”。

C. 对如何保护采访对象，要大义凛然地讲明态度，并设身处地，作必要的一定兑现的承诺。此举既为采访攻关，也是新闻职业道德所在。一般我的原则是，态度要表明，但从不轻易承诺太多具体的事项，但一经承诺，则必须兑现。

方法三：上面这几关逐一通过后，你们应该已经交谈起来了，但过程中千万别松懈，而且千万不要让气氛变成了“他揭秘你在窃听”的感觉，往往有些采访对象会谈着谈着就反悔了，让你气得吐血。这时候，一定要注意细节，例如一般都顺着他的话说，在遇到关键环节时，不要轻易用追问语气，而是多“探讨”；还有，就是在谈话过程中，一定要注意力所能及地帮助对方。小到例如给他点根烟，或者倒杯水，用细节来维持和进一步拉近心理距离。

…………

在与官员的交往中，对他“既自尊又卑微”的心理，有如下方面需要注意：

1. 自尊，主要的应对方法是以马屁拍之，例如一定要称他爱听的官职，如果此人是所在部门的头，那么称他的官衔肯定没错，如果此人是什么处级调研员，可别叫他调研员，一定要叫处长，他听了肯定爽。

2. 在交谈过程中，只要谈到了他处理问题的一些比较好的做法，一定别忘接几句腔，对他的“英明神武”进行一下表扬，他太需要你的肯定了，呵呵。当然表扬得越在点子上越好，官衔越高的人，对马屁听得越多，层级太低的表扬，他听了感觉不大。如果你能让他一听之下心花怒放，得了，什么他都说了。抑制不住啊，知音啊，这些事我不跟你讲跟谁讲。

3. 卑微，分不同场合，你得作一些所谓的“力量展示”。官员们整天跟权力打交道，上下级森严，他们对于“POWER”从来都有不自觉的崇拜，你在与他闲谈时，可以跟他讲些故事。大抵有几种故事是必讲的：一类是讲述你与比他官衔高很多的人的交往或者采访故事，二类是讲述某一个国内重大新闻的内幕，三类是讲一两个本报或本人的重大舆论监督报道所引发的巨大影响，最好是那种撤了一批官员的故事。

总结来说，跟官员们打交道，4个小方法可以用得上：以诚待之，以马屁拍之，以利（报道对他可能产生的正面效果）诱之，以威吓之。

匿名是一种"原罪"

——关于匿名消息源的讨论

□风　端（南方周末文化板块）
郭楚淳（南方周末资讯研究室）

我个人极为钦佩这种态度，这是给匿名来源加上类似原罪的判断——只要用了就是不好的事情，我干的其他事情都是为了减轻这种罪责，因此我要竭力发掘出关系国计民生、关系公众利益的事实，来减轻罪责。

从"有人说"开始

郭楚淳：匿名消息源是怎么产生的？在中国又是怎样一种情况？

风　端：匿名消息源基本上是伴随"新闻"同时出现的。"有人说"、"据说"、"大家都认为"这些都算是匿名消息源。

更需要关注的是，新闻界是什么时候开始正视这个问题的？在媒体竞争早期，比如美国的花边新闻时期，比如中国从1949年直到20世纪90年代初期，这个问题很少受到应有的关注。就算到20世纪90年代有了市场化媒体之后，在相当长时间里大家也还不是很注意这个问题。什么"有人说"、"当地的群众说"、"知情人说"等等比比皆是，大家都习以为常了。我认为，没有严格意义上的"新闻"，就没有对"匿名消息源"的重视。

在我个人的视野里，国内对它比较严肃的探讨都是20世纪90年代后期乃至2000年之后，才逐渐成为一个问题。

郭楚淳：你刚才提到美国，我们知道你对这个问题一直都有持续关注的，那么国外的情况大致是怎样的？

风　端：我们面前的资料包括美联社对匿名消息源的规定，《新闻周刊》对匿名消息源的规定，《纽约时报》1974、1978、1999、2004 年不同版本的关于匿名消息源的资料。

郭楚淳：美联社的规定好像比《纽约时报》来得宽。

风　端：是没有那么严格。这跟通讯社性质有关。通讯社可以不断地更新自己的新闻，一条新闻可能有十几个版本。它有更多改错的机会，有更强的时效的要求，而这个恰恰是报纸所不具备的。报纸没有那么多的改错的机会，所以说报纸需要来得更严谨。比如前段时间的“博客门”，路透当日首先抢发的消息是没有采访当事人，仅凭传闻做出的报道，是不符合新闻规范的报道。但第二天他们推出的第三、第四个版本的报道，就已经补充接触了当事人，并修正了原先的提法。倒霉的是采用他们头一个版本的那些报纸，白纸黑字印出来了。

因此，我觉得作为一份周报来说，应该更严格。我们的时效比人家更松，改错的机会比人家更少，而且我们基本上只有一个版本，不像《纽约时报》那样一天有 3—4 个版本。

“态度问题”

郭楚淳：在第四期内刊里，你曾提过相关的问题，你说匿名来源是无法避免的，但会伤害到新闻的可信度，应该尽量小心使用。那么这个“小心”用什么尺度去把握？退的话又可以退到哪种程度？

风　端：这是一个态度问题。我们以《纽约时报》为例来看。

2004 年最新的职业守则中写道：“在不管任何情况下，我们采用了匿名消息来源，总会有一些读者怀疑报纸被利用来传播谣言或者攻击对手。”

这份守则的源头是罗森塔尔在 1974 年写的一份备忘录：“如果我们不采用匿名来源的话，必然会使读者失去很多重大的新闻，但是匿名也非最好的方法，必然会使读者怀疑新闻的可信性。”

这话是什么意思？这就是“态度问题”，这就是他们对于匿名来源的判断。这个我觉得恰恰跟我们前段时间内部网那个讨论中出现的一些判断不太一样。

郭楚淳：是关于《平时是教师，周末是魔鬼》那篇报道的讨论？

风　端：是。

注意他们的措辞——“必然会”、“不管任何情况下”、“总会有一些”。

他们的态度是，对于匿名消息源首先有一个基本的判断——只要我们采用匿名消息来源，就总会有读者对我们产生怀疑，就总会对我们的报纸产生伤害！

他们是站在“有”和“无”这角度去看的——只要“有”，就是一件不好的事情，哪怕是很少。

我个人极为钦佩这种态度，这是给匿名来源加上类似原罪的判断——只要用了就是不好的事情，我干的其他事情都是为了减轻这种罪责，因此我要竭力发掘出关系国计民生、关系公众利益的事实，来减轻罪责。

因此，紧接着上面那句话就是“必须在接下来的报道中，必须向读者呈现报纸已经尽最大努力获取事件的全貌”。

而我们上次的讨论，有不少“会有人怀疑，但是绝大部分读者还是相信的”这样的判断。我们采取的是一个较为宽容的态度。

国情严重不同，人家报社和消息来源可能遭受的打击报复程度可能比我们低，他们可以把注意力更多地集中在对自己的严苛上。我们的宽容态度未必不好，我们以匿名为代价换得的对公众利益所做的贡献可能更大，社会或者大部分读者会相信、理解、宽容甚至敬佩我们。

但进行技术探讨时，我们不妨先抛开国情问题，看是否能从他们对自身的苛刻中汲取些什么。

我收集到的《纽约时报》关于匿名来源最早的资料是1974年罗森塔尔写的一份备忘录，他们应该更早就正视这个问题了，但高度重视并反复讨论应该是从这份备忘录开始的。

罗森塔尔关于匿名来源有大概不下10份备忘，他当时的助手也有不下10份具体的指引，一直到2004年的这一份，有不下100份的备忘录来谈匿名来源。为什么这么多？就是基于他们有这么一个认识，就是“只要我们用了匿名，就总会有人怀疑”，潜台词就是就一定因此对我们新闻的完整性、可信性有所伤害。有了这么一个认识之后它才会有其他的规范、追求。

大报的自豪

郭楚淳：罗森塔尔的这些备忘录里边具体谈了哪些内容？关于匿名消息源的又有哪些？

风　端：我想先岔开话题讲讲八卦。

《纽约时报》以备忘录治报，在罗森塔尔——不久前刚刚逝世——当政时期最盛。他是《纽约时报》任职最长的总编，是《纽约时报》历史上公认成就最大的一位总编，也是最强势、最善于玩弄“办公室政治”的总编。大约在1966年到1967年，他当上了managing editor，相当于中国的主编或者编辑部主任，但离着总编还有两级。当时的总编已经被他整得主动退出新闻业务，实际新闻操作由罗森塔尔负责。

那时候以他的身份是不适宜去写什么规章制度的，他就开始写备忘录，写了很多，多得吓死人。他用这种方式来实际指引新闻操作，通过“备忘录”这种方式把他关于采编理念方面的东西给贯彻下去，实际上也就行使了总编的权力，掌管了整个采编业务。

说回罗森塔尔1974年的备忘录。那里面有一个表述。对“据消息来源”、“据可靠消息来源”等说法，罗森塔尔就定了一个基调——这些词是毫无意义的。

“所有的新闻显然是有来源的，也应该是可靠的来源，否则我们怎么会用呢?”他阐述其他问题时，措辞通常比较严谨，但提到这一点的时候，语气中露出的自豪是很不一样的——“如果你去加上‘据可靠消息来源说’，一点帮助都没有。”为什么呢?“《纽约时报》难道会去引用那些不可靠的消息吗?”

“我相信如果过分使用匿名消息来源，容易导致滥用的倾向。它有什么恶果呢?就是编辑记者不做最大的努力去寻找其他可以引用的消息来源，养成轻易接受匿名报道的恶习。从而新闻中便会常见‘消息来源’或是‘据可靠消息来源’这样的字眼儿。”

从1974年到2004年，30年，纽约时报职业手册更新了多少遍，这个提法一个字都没改过。我个人将这理解为“大报风范”或者“大报的自豪”。

“美国外交官”要比“西方外交官”好

郭楚淳：“消息来源”前加上“可靠”二字无非想减少读者对报道真实性的怀疑，罗森塔尔的意思是作为负责任的大报我们应该有这样的自信不加。那么怎样去做才能在读者的意识里产生“加”与“不加”同等“真实”的效果呢?

风　端：在1974年的备忘录里，罗森塔尔就说：“我希望做到的有两件事：其一是一定要尽最大的努力避免消息来源隐名，或尽量要说明这个消息来源是属于什么机构和什么阶层。”

简而言之就是要对匿名对象进行描述。如果消息源不愿意署名的话，我就要尽量把他描述清楚。对此他还举了例子，这例子也一直沿用到往后30年的所有版本里。他说：“‘美国外交官’要比‘西方外交官’好，而‘西方外交官’又比只用‘外交官’为好。”我们延伸一下，“外交官”要比“有人说”或者据“可靠消息来源”好，“美国负责中东事务的外交官”比“美国外交官”好……描述的信息越多越好。

他们累积下很多版本不断地滚动。我个人比较在意他们用的那些字眼，从这些措辞中，能看到几代牛逼新闻人不断贡献的智慧含量，决不是拍脑袋拍出的一些规条。

匿名消息源不能用直接引语

郭楚淳：确实是不断地填充进去。开头你提到的我们早就习以为常的“有人说”、“当地的群众说”这种表述，在他们那里有没有什么规定？

风　端：大概是1978年左右，罗森塔尔又写了一份备忘，这个一直到现在还在用。规定“匿名来源不能成为直接引语”你可以试着找一下1978年以前的《纽约时报》，看是不是有“消息来源说”引出直接引语的例子。1978年以后，这样做就不行了。为什么？因为读者不知道这个人是谁，别人或其他媒体无法向他求证核实，他不处于公众的监督下，他的话不具有“可信性”，这是一个原因。另一个原因是，报社或记者给予他匿名权，让他说话可以不负责任，所以应当由报社或记者来承担这个责任，负责核实他说的话。

用间接引语，是否属实的责任就由报纸来承担，你不能用“这是他说的，与我无关”来推脱，为维护自己的公信力，你只能通过竭力调查来负起责任。这么简单的一个规条，其中隐含了多少新闻实践心得，隐含了多少智慧含量。

2004年版本做了更为严格的要求：“在被采访对象会很容易同意出现名字的情况下，我们不允许使用匿名信息来源。”——不要滥用匿名权。

而且还有一点很关键，就是“匿名消息源必须拥有所提供信息的第一手材料，或者必须是我们所知道掌握第一手材料的机构的权威代表”。

这两条都在讨论匿名权不能滥用。比如说你要去采访一个官员腐败事件，你不能随便在街边逮到一个群众，问几句就采信。这一条规定真的是很要命，拿这一点来衡量包括我们报纸在内的大量国内媒体，很多“据当地的群众反映”这种做法实际上是很成问题的。你可以表现民意，但有潜在的弊端——当地的群众是否掌握第一手材料，而且你没说明这是“在当地居住了20年的张三”或“税务局的科员李四”说的，这就有可能是谣言或者不负责任的攻击，虽然这样的引语很解气。

我觉得这种情况我们是可以适用人家那种严苛的条件的。

新闻是受限制的文本

郭楚淳：上次关于《平时是教师，周末是魔鬼》的内部讨论围绕着5W要素具备与否展开的，你个人是怎么认为的？国外媒体又是怎么做的？

风　端：我认同讨论里的共识。

新闻和文学最简单的区别就是：新闻是受限制的文本，而文学是不那么受限制的文本。新闻要被一些东西规范，不像文学一样爱怎么写就怎么写，不能放任作者的主观意愿。

具体用什么东西去规范它，这是可以讨论的，而且是在不断变化中。现在受限的东西，以后又可能不受这个限制了。但只要目前这个标准还没有变，我们就要照着这个标准在这个限制范围里边来做东西。

至少，我们有一个判断，5W俱全是好的而不是坏的，如果能做到肯定比做不到要好。对这个判断的延伸，我觉得即便在中国国情下，经过慎重权衡，选择5W不能俱全，我们也应该在报纸上显示我们竭力去靠近5W的努力。

刚才说的关于匿名来源的操作细节，有些是可以用来参考的。如果选择5W不全，我们可以把其中一个或几个W当作匿名消息源来对待，不能说他是哪个市的话也尽量加以描述，沿海呀、山区呀、东部啊、当地平均收入多少啊、县级市还是地级市等等，去提供更多的描述。

这里还有一个问题，就是匿名消息在报社内部的披露范围。

《纽约时报》关于这个问题也是逐步完善的，基本上是从松到严的过程。一开始是这样的，编辑应该知道记者匿名的那个对象是谁，并且报给他所有的上级——主任、主编、总编，一条线下来都要知情。但后来出现过一些案例，记者觉得事关重大，不愿向编辑披露，因此又添加了特例，他可以去找编辑的头儿。这样一步步发展下来，在2004年的规定里，增添了这样的特例——记者可以跟总编申请特例，连总编都不告诉，由总编自己决定是否放弃知情的权利。这样的特例当然附带着很严苛的限制，记者必须提供足够的理由，并且证明自己在事件中是绝对清白的。因为一旦采取了这种方式，除了消息源和记者本人，谁都无法证实消息的真实性，报社在这个问题上要冒极大的风险。这个规定出来以后，两年多了，一直没有出现申请不告诉总编的案例。

郭楚淳：总编放弃知情权，怎么去确认记者提供的就是正确的消息呢？

风　端：这里边当然有很大的风险，需要进行反复慎重的权衡，不是所有的案例都适合。有一个大致的规定：“在特别敏感的报道当中，跟法律和国家安全相关，而且会有一系列后果，这个记者可以去向总编要求完全保密。”

举例来说，《平时是教师，周末是魔鬼》中当事人化名为“徐萍”的案例可能就属于常规操作，编辑应该知情；《财经》做的SARS报道，可能属于到主任或者总编知情的情况；假如有谁拿到赖昌星案的核心信息，没准就需要申请让总编放弃知情权——当然了，我们都知道，如果知道了赖昌星案的核心消息，我们就很可能必须放弃这条新闻，这就是中国的国情，不得不加以考虑的，鬼子们的规条放到我们这里不一定适用。

“来源坚持匿名”不能成为理由

郭楚淳：像徐萍那次我们是自己主动要求匿名的。

风　端：我个人对“徐萍”报道中使用匿名来源的技术方式持保留意见。我觉得“徐萍”这个化名化得太像真名了。你看像“深喉”，人家不认为它是一个真实的名字，它只是一个代号。“徐萍”像一个真实的人，这样做可能对文本有帮助，讲下来可能就是一个完整的故事。这个问题我没想得太清楚，但感觉这会不会对新闻本身有伤害或者对某一些人造成伤害？比如说在一些类似中学里叫“许苹”、“徐小萍”之类名字的老师。

我觉得化名的使用应该有最苛刻的限制。我翻了一下手头的资料，好像没发现国外的媒体对“化名”问题有什么规条，是不是人家不存在要用化名这个问题？这个可以再做些研究。但对我们来说既然经常出现使用化名的问题，就应该对它予以规范。

话说回来，即便他们有这样的规则，好像也不是铁板一块。

比如我在内部网转贴的google那篇文章，我留意到两个匿名消息来源的用法，恰恰跟我们谈的那些规条有出入。不知道是不是《纽约时报杂志》的规条比《纽约时报》来得宽松一些。

第一个他们有规定，如果一个人在文章中作为公开信息来源出现了，就不能在文章的其他部分匿名。在那篇文章里，有一个人前面匿了名，说“一位不愿意透露姓名的社科院教授说”，文章的其他部分，有“社科院教授谁谁说”。刚巧，我知道这两处实际上是同一个人在说。我不知道他们具体操作的流程，是否经过特殊的审批或是特殊处理，按照《纽约时报》的标准来看，是不符合规则的。

还有一个，关于表述，他们的规定是不能用“来源坚持匿名”作为匿名的理由。而在百度告发google那一篇里，就用了这么一个匿名来源，“消息来源坚持使用匿名来源，因为担心受到打击报复。”按我的理解，这是一个灵活处理规条的范例。

不使用“来源坚持匿名”，是因为这种做法没有表现出记者竭力展现全貌的努力。但那句话的后面半截，充分说明了理由，而且这个理由是大家可以接受的。换而言之就是，他们不会铁板一块地禁止“来源坚持使用匿名”这种措辞，只要你不仅仅只停留在这里，而是竭力对全貌和事件整体进行努力。这一个小例子能看出国内媒体与国际牛逼媒体的差距。

这也说明国外的东西来到中国需要更多的变通，国情不一样。放到中国来情况会更为复杂，拿到中国来不一定合用。

但归根到底，我觉得，我们首先要有一个东西可以拿来讨论，一步步完善，不是每次讨论都从最基本的开始。

我写作是为了光阴流逝使我心安

□李海鹏（南方周末新闻板块，北京）

> 在这个报社，记者们常常在预料到某些报道无法发表之际，仍然听命于编辑部，按时赴事发地去做明知徒劳的采访。我并不认为这是“纪律”所致，除非这一纪律恰如康德所谓之“心中的道德律令”，出于自由，而非他由。我相信中国文化中的最好的精神传统：“士”要做他应该做的事，而不只是喜欢的事。

1. 职业化程度

阿根廷作家博尔赫斯曾说：“我写作，不是为了名声，也不是为了特定的读者，我写作是为了光阴流逝使我心安。”如果把其中的“写作”换作“采访写稿”，这就是我对待新闻工作的态度。我想自从进入南方周末以来，我已经加入到了一个促使中国进步的事业之中，作为中国千万记者中的一员，我一直为此深感幸运，因此无论周遭气氛如何，上述信念始终如一。

不过，既然应把这份报告当作是一次有意义的回顾，我就应该诚实地说，我首先是在为自己工作，而非为某种理念。我从事新闻工作，在谋生的目的之外，首要的梦想恰如博尔赫斯所说，只是希望对得起自己人生中这一点吉光片羽般的时光，葆有应有的单纯，以便多年之后追忆往事，可以无愧于心。在此之后，我的目标才是承担起自己对于社会的责任。

在这个报社，记者们常常在预料到某些报道无法发表之际，仍然听命于编辑部，按时赴事发地去做明知徒劳的采访。当我也如此行事时，我并不认为这是“纪律”所致，除非这一纪律恰如康德所谓之“心中的道德律令”，出于自由，而非他由。我相信中国文化中的最好的精神传统："士"要做他应该做的事，而不只是喜欢的事。

我不知道自己会为南方周末服务多久，这取决于我做得怎么样，也取决于它做得如何。我知道的只是，无论为时多久，这段时光都会是相当特别的经历。对我来说这份工作就像是在军中服役，我未必有着职业军人的理想，但是花上几年时间为他人尽责，却是自己心灵的幸福。

正是因为有此念头，我才得到了更为真切的现实感。历史和文化让我获知了自己对这个国家的明确的感情，我有多爱它，又有多恨它，而新闻工作却让我了解到现实世界有多么复杂和幽深。我想这种了解的必要，也正是优秀的新闻报道的价值所在，在历史和地理的向度之外，我们的工作亦可以帮助读者理解何为中国。我相信在这民智已经开启的年代，好的新闻具备了前所未有的价值，而记者对自身职业的尊重正是这一切的前提。

在大学毕业后的全部新闻工作经历中，包括做实习生的时代，我都认为自己可以不必堕落，就能生存。我不曾利用职业之便为自己牟得任何微小的利益，不曾写阿谀权势之作，更不曾曲解事实以使报道更引人关注，这是我喜欢过的生活。对于编辑部派出的题目，只要报社确实需要，无论有无兴趣我都已去尽力完成，这是我应该过的生活。

在我为南方周末工作数年后，我仍然为它感到自豪，它对优质新闻的追求仍然体现着职业的尊严，对精神苏醒的渴望也从未消逝。或许可以这样说，这份中国最值得尊敬的报纸正徘徊在命运的十字路口。

我能做什么，就做什么。我之所求，仍然是问心无愧。我觉得这就是职业化的态度。

2. 观念

在报道《董建华七年》时，我曾对一起合作的经济部记者余力说，在我的设想中，这篇报道的主人公实际上有两个，一个是董建华，另一个是香港这个城市。我想这种思维方式在我的新闻操作中一直起着很大的作用：

（1）没有任何一个新闻人物和新闻事件是孤立存在的；

（2）揭示题材背后的秘密，是深度报道的责任，也是周报的核心价值所在；

（3）丰富而不冗余的信息总是会受到欢迎；

（4）多层次的结构是优质新闻的基本特征。

最终，受到对题材的熟悉程度的限制，这篇报道并没有达到我预期中的效果。不过在拥有了相对丰富的经验之后，我意识到这种"挫折"完全可以接受。对于操作深度报道的客观规律，我的认识带有一种数学概率的性质：

(1) 自我要求越高，达不到目标的可能性就越大；

(2) 高标准的要求提出的越多，完成目标的绝对次数就越多。

关于深度报道、调查性报道、解释性报道、新新闻等新闻形式的观念，从亨利·卢斯到埃德温·埃莫里，早有数不清的人发表过数不清的论述。不过在我看来，所有这些观念的由来都与其他事物一样，仅仅是基于需求和提供的双重可能。在我读到的大多数相关论述中，论者都强调，在信息发达的时代，如果新闻仅仅强调客观、及时和独家，就必然要走向穷途末路。在国内的报纸行业中，人们对于深度报道的重视，也大多基于对电视和网络作为信息主渠道的地位的认同，试图避其锋芒，打造自己的核心产品。这些看法，都是以行业分工和读者需求为认识核心。

在我看来，相比被动选择，主动提供的意愿更为重要。我相信，只有以主动而非被动的态度去操作深度报道，它才会真正地焕发光彩。

在对小说领域的观察中，我认识到，从各个方面讲，报纸的深度报道都还有很大的拓展空间。

正如摄影从绘画中汲取养分，电视新闻向电影学习技巧，报纸新闻也一直在受到小说的影响。在目的上，新闻与小说别无二致，都是讲述故事，勾起并保持读者的好奇心，试图传达文字背后的意义。小说的不同之处在于，历史更久，经验更丰富，对从业者的素养的要求更高，因此在技术能力上远远领先于新闻写作。

在我读过的优秀的新闻特稿作品中，有极少的篇目，在捕捉事实本质的方面，已经不逊色于最出色的小说。不过总体看来，即便是最好的新闻作品，在对事实的表现和理解两个层次上仍有上升空间。

基于其自身属性，深度报道不仅可以向小说学习，还可以借鉴历史、哲学、社会学等等人文学科的方法。这些学科与新闻一样，一直在追问“何为真实”，而且比新闻行业更有经验。

在一般新闻中，好的记者会采用场景与画面组合的结构来描写事件，用较小的篇幅叙述发生了什么，用较大的篇幅叙述它是怎么发生的。

文字失分于图像的，是它的不够直观，而它胜于图像的，则是信息的丰富和明晰。如果一个记者富于观察力，写人状物又能绘声绘色，那么他就可以用文字报道同时集纳到电视和报纸的长处。对于一般新闻来说，这已是优胜的秘诀。

除此之外，在我看来这一类型的新闻在技巧上已经缺少拓展空间，而且也不需要再做什么拓展。

对于《南方周末》深度报道的未来，我则充满期许。在我看来，最有价值的深度报道并不是“普利策获奖特稿”中那些描述疾病的感人篇目，也不是香港报章上那些描述权力交替的“内幕”报道，而是这样一种理想中的作品：

（1）题材重要，揭示时代的本质；

（2）不断指向事件背后的终极推动力；

（3）关怀公共利益；

（4）信息的收集、择取和推演过程与事实本质相符；

（5）具备吸引眼球的亮度；

（6）具备艺术的真与美。

事实上，这几点的核心只是一个词：“正确”。正如海明威所说，在绝对意义上，描述一只猫如何拐过街角，与描述一个国家如何历经沧桑一样难。对于新闻来说，“正确”是最低标准，也是最高标准。

拙劣的新闻之所以拙劣，往往是因为它不够正确。如果一个记者缺乏好奇心、理解力贫乏、对他人的境遇冷漠、习惯于人云亦云，那么即便他“忠实”地记录自己看到、听到的一切事物，也只能做出肤浅的报道，不能呈现出事件的真实一面。类似的现象，我们在大多数电视新闻中都可以看到。

问题是，人们很难改变一个不懂得理解某一特定事件的记者，因为症结往往在于他这个人本身。我相信，在模糊的世界观背后，必定存在着一个得过且过的人生。正如天文学可以击败宗教，对人类文明遗产的学习也可以提高记者的能力。

一个好的记者的特征是：

（1）愿意为题材付出比别人更长的劳动时间；

（2）掌握好的方法。

因此，我的新闻观念最终会回归到最朴素的层面：对于新闻价值起到决定性作用的不是学术思潮，而是记者本人。

南方周末以及中国新闻业的未来发展，都取决于对类似的常识的尊重程度如何。

3. 目标

毫无疑问，我从来没有过进入一家媒体的中层或者管理层的念头。相当多的中国普通记者一旦年近中年，就会为未得晋升而感到焦虑，其中既有对自己前途的担忧，也受到周围人群对其能力的评价的压力。在我看来，记者的话语权受限，以及难以在工作中获得利益和成就感，是这一状况的根源之一。另一根源就在于，媒体的市场化程度仍然相当低，其内部生态仍旧维持着官本位的传统。

对我来说，做一辈子记者则远非不能接受的选择，如果这个职业我能做得好的话。

7岁时，我的姥爷问我：有三个人，一个坐着，一个站着，一个跪着，你要做哪一个？当时我回答说，我要坐着。我觉得坐着比较舒服，听上去地位也比较高。他说，坐着就不对啦，人应该站着，不欺负别人，也不受别人欺负。我花费了很多年才明白他说的什么意思。凑巧的是，当我明白时，我已经成了那个站着的人。

如今我提起这段往事，并无挑战“管理也创造效益”的格言的企图，我只是想说，在地位之外我还可以有其他追求。

我相信，双手劳动可以慰藉心灵，这是人生的要义。若想享受到生活中的欢乐，那么辛苦与逍遥缺一不可。

另外，很重要的一点是，我相信只有记者才是新闻业的核心力量。我相信在未来一些年里，国内的新闻行业会有更高层次的繁荣和提升，在业务层面上，能够为从业者创造丰富多彩的机会。对于记者来说，这种前景本身就是一种诱惑。

因此我的个人职业目标，仅仅是做一个好记者而已。如果可能的话，我希望自己做到两件事：

(1) 推动公共利益；

(2) 写出优质新闻。

对于南方周末，我一直期望着它有更多的活力、激情和创造力。没有任何一份报纸值得人们尊重，除非它用行动证明了它的价值；也没有任何一份报纸能够长盛不衰，除非它不断汲取新鲜的养料，在时间中不停歇地生长。我想，我们每个人用自己的方式去推动这份报纸前进，哪怕只起到一点点作用，都可以说得上是可贵的成就。

因此我在南方周末的目标，就是与它一起做到最好。如果新闻行业的竞争是一场比赛的话，我希望我们能够拿到更多的冠军锦标。我最不愿意听到的话就是这份报纸已经不复光彩，我相信它仍有进取之心。

另外的目标是，当我离开这家报社时，我能告诉自己：可以去干别的去了，在此你已经尽力。

南方周末

后台

我的纸里包着我的火

『天使·魔鬼』之争

关于乡村女教师卖身供弟上学的采访经历

模糊的伤口

什么叫『失实』

我所说的『失实』

坚持，首先是对新闻原则的坚持

法拉奇还描述过鸽子的内心呢

先做新闻，再谈伦理

安全性与真实性的较量问题

……

“天使·魔鬼”之争

一次激烈的内部辩论，一次关于若干新闻原则的深入探讨，一次南方周末内部传统与新闻后台操作的生动展现。这是关于2006年2月23日头版报道《平时是天使 周末是魔鬼》内部讨论的精要辑选。

一、傅剑锋：关于乡村女教师卖身供弟上学的采访经历

乡村女教师徐萍（化名）卖身供弟上学以及被拖欠工资的线索，南方周末是在去年11月底接到的。这位女教师正是因为被拖欠了3个月工资，并且经常被克扣，在忍无可忍之下向我们反映了她的整个身世际遇。头版编辑杨瑞春曾先后想安排记者南香红和李海鹏去作调查，但因为他们有其他事脱不开身，这一线索就交给了我。

在这一过程中，实习生马小六与这位女教师保持了良好的电邮、电话沟通，为此后采访这位女教师打下了良好的心理基础。我与杨瑞春商量的结果，认为这个稿子能不能最终刊出把握不大，其一是事件的尖锐性，其二是卖身经历的难以求证性。但经过一番权衡，我说我还是愿意去。如果调查属实能刊出是最好，如果不能刊出，哪怕作一个对中国农村的个人记录也是值得的，这其实是一种历史责任。并且，都要过春节了，这样一位老师被欠着工资，实让人于心不忍，我们之行即使最失败也总可以讨回她应得的工资。

2006年1月16日，经过大约五六小时的长途车

颠簸，先到了这一地方的一个地级市。我们在当地的车站口见到了徐萍。这是一个瘦小的女孩，尽管我们知道她才24虚岁（23周岁），但脸相显老得像二十七八岁，只有她的清澈的眼睛与脑后两根马尾辫还能让人感到她其实还没那么老。我猜测这和她的经历，特别是长期的心理压力是有关的。

她带我们到了她男朋友的家。她的男友是一个普通蓝领，有着一间靠按揭贷款的近百平方米的房子。男友是徐萍在去年相识的，对她很好，每月给她一些生活费，她则把工资省下来全部供弟弟们上学。这位二十多岁的男子看到我们到来，笑得很和善，他的脸看起来敦厚有些福相。他和徐萍一样，都是虔诚的佛教信徒。他告诉我们此前他早已知道女友的卖身供学经历，他说他能看淡这些，能理解并宽容她的过往，然后就上夜班去了。（这里的详细情况因涉及保护个人隐私，稿子里没有涉及。）

在那一天，我和实习生马小六与徐萍有了深入的交谈（全部作了录音）。她也把一些重要的证据——她的日记，教师证，她的工资卡，她曾经生过病的部分病历，部分学生写给她的信与纸条（在她的学校宿舍还保存了许多）——给我们看，我都一一拍了照片。另外，也从她那里获得了知道她卖身经历的她的几个朋友的电话，这有当地一个公务员（他要求不公开他的个人简况）、中山大学的学生李俊，以及另一大学的一名研究生（他要求不能公开他的个人情况），与他们作了旁证，初步确认了她的经历的真实性。

在整个叙述过程中，徐萍保持了极度的克制，她说信了佛教后，已经没有像过去那样苦痛了。她讲得很平静，就像在讲别人的故事一样。她也非常单纯，对我们高度的信任，一些极度隐私的事情，她也不隐瞒。当时我想，如果是女记者来采访可能更好些，因为涉及到卖身经历的身体伤害可以更直接地印证。

实习生马小六已和她在前期交流中建立了良好的友情，她告诉马小六，其实她心里一直很苦，她觉得做姐姐要帮三个弟弟交学费好辛苦，她希望来世只做别人的妹妹。她希望马小六像哥哥一样摸一下她的头，她说："我在下课时摸摸孩子们的头时，他们总是会很开心，感到老师是那么爱护他们。"马小六真的就像哥哥一样摸了一下她的头，徐萍很开心地笑了，我站在一旁不由得眼睛有些湿了。一个才这么点年龄的女孩，不但没有享受到她这个年龄应该有的快乐与爱情，还为家庭承担着如此沉重的生活负担，到底是什么造成了这样的命运？

第二天，我们再坐车近两小时来到徐萍所在的乡村学校。学校已放寒假，在她的教师宿舍里，我们看到了学生送给她的许多图画与小纸条。去年9月份，学生们知道她因为生活困难想去做尼姑，就写了许多纸条与信安慰她，说不想老师走。在宿舍一个角落，还堆着些米、鸡蛋和红薯。这是2005年11月份时学生们送的。当时有另一老师告诉学生们，徐萍老师虽然被拖欠3个月工资了还在为你们上课，你们一定要听话啊。懂事的学生就拿这些东西想帮老师渡过难关。我们也采访了该校的另一位老师。这位老师也知道徐萍以前卖身供学的事，但他认为这么一位爱学生的老师是不错的，他不愿在徐萍过去的事上作交谈。他和学校的其他老师更多地向记者反映了教师工资被克扣与拖欠、学校经费紧张等事，以及一些相关证据。

当天下午，我们和徐萍坐了一辆过路车去她的家。刚到家门口，一群当地镇政府的官员就迎了出来。

原来，徐萍在请求我们过来前隐瞒了一些事。因为她想急着讨回工资，已在我们到达的前两天给人民网写了投诉信。投诉信被人民网公开了，人民网记者也打电话向当地官员查询此事。所以，当地官员不但知道了徐萍卖身供学的事，而且这些官员早已对记者将来调查此事作好了准备，他们一开始还以为我们是人民网的。并且，徐萍在给我们报料前，已给凤凰卫视冷暖人生的编导王卓慧写过信，王卓慧一度想让陈晓楠采访她，后来徐萍又考虑到可能会给家庭带来过大压力而反悔。最后是一直想帮助她的朋友——中山大学的李俊建议她来找本报的。（注，在报道后的几天，徐萍委托记者拒绝了大部分媒体的采访，她说只想过平静的生活，但最近接受了凤凰卫视的不出镜采访。）

此后，官员们无时无刻不盯着我们，对他们家正常的采访已经无法进行。于是，在此后的两天里，我们就暂停了对徐萍一家的采访，我们转而采访当地官员，主要集中于拖欠和克扣教师工资，乡镇的义务教育和教师待遇，基层政府的公共财政收支，农民的收入和供学情况。因为这些庞杂的调查有利于观察徐萍这样一个家庭的命运变迁的各种要素和背景。

在这两天多的过程中，拖欠工资的情况也基本清楚了，当地政府也表示将很快把拖欠部分打入40多位老师的账户中。我们就向他们作了告别，他们也以为我们已经走了。其实，我们又到了徐萍家，对她的父母和弟弟作了详细的采访。但需要说明的一点是，虽然徐萍的大弟弟和母亲知道她以前卖身供学的事，但徐萍希望我们不要问这件事，她怕爸爸知道后会想不开。所以，对这件事我们虽然旁敲侧击，但出于基本的人伦常理，确实无法开口直接求证。然后我对这个村的一些村民作了些简单的日常情况访谈。（在我们的报道出来后，徐萍读高中的二弟弟不相信姐姐作出过这样的牺牲，徐萍的母亲拿着报纸告诉他：“报纸上写的是真的，你只有读好了书才能报答姐姐。”)

在我们告别他们一家的时候，当地官员称拖欠的工资已打入账户。我和编辑杨瑞春、实习生马小六给了徐萍一家600元的治病钱，希望不要误了她妈妈的病。徐萍当时就哭了，在裸露着砖板的家门口，她的双肩微微耸动。

尽管徐萍反映的情况属实，但因为涉及到部分被调查者的隐私，或者是他们不愿公开他们的真实姓名，或者是涉及到人伦常情不宜直接求证，所以一旦形诸文本就不得不隐去一些重要的证据，容易使读者产生孤证的嫌疑，甚至使读者怀疑报道的可靠性。另外，尽管徐萍同意报道她的事，但如果报道给徐萍一家的现实生活带来伤害，我也会于心不安。所以我一度和编辑杨瑞春说，这样一个题，我们帮她讨回工资，写一个内部报告就行了。杨瑞春也一度认为，如果真会对她家造成伤害，那我们宁愿选择不发。

此后差不多有一个月，我没有决定要写此稿。在这些日子里，我和编辑杨瑞春讨论最多的是这个稿子可能涉及到的各种新闻伦理问题。我们达成的一致想法是，尽管这个女教师家人的遭际是反映农村问题的既极端又充满多种共性的样本，但如果这个稿子对她的家庭产生了什么后果，也应该是我们能控制与帮助的范围内的，如果这种后果超出了我们的控制范围，那还是不发为宜。

2月初的这些天，主要就是关于新闻伦理的考虑天天使我在焦虑中度过而无法动笔。在这些天，我也依然与这位女教师保持着联系，时时刻刻地关注着这个家庭这个村庄的一些变化。她也知道了我没有写这篇文章的原因。于是，她给我写了一封信，大意是说为了让社会了解像她那样的家庭与农村教师，我们应该写下来。她还说她不怕，如果真因此丢了教师工作，她也还是想当老师，哪怕去西部支教。正是她的这些话，使我有了写下去的决心。

这篇稿子最后被通过了，我的述评却因种种客观原因无法发表。这篇述评主要是从这个家庭的命运变迁，来观察乡村伦理资源被透支的情况，以及大学高收费与乡村贫困的紧张关系、农民抗风险能力弱和致富途径缺乏的关系、后税时代乡村基层公共财政薄弱与教师待遇的关系。这其实是能够表明主稿的价值取向与观察视角的评论，编辑杨瑞春对此也很满意。此文后来发在了《南方都市报》评论版的记者手记专栏上。

在写那篇述评前，我本是想请“三农”问题专家温铁军先生来发表看法的，但他说对此事他没有足够调查所以不发表看法，但他告诉我们，看了我的文章心里在滴血。我当然知道，如果是一个像温先生那样的读者，他是会明白我在主稿里真正要表达与传递什么样的信息的。他们也会从这样的信息里思考更完善的建设性意见。但普通读者在一个充满着如此多冲突与矛盾的事件面前，如果没有一个合适的评论是很容易误读的。

所以，我给关心此稿的一位好朋友发了短信，说："没有这篇评论，我预感到稿子发出来后一定会有一场不小的风波，一场被误读的风波，甚至可能是诋毁南周的风波。"他说我过虑了，我说我有这种直觉。

这篇报道发表后，果然有了一轮如我所料的社会关注与风波。

对于那些善意的比较，例如所谓的"南周知音化"，是可以一笑置之的，因为南周在这样的文本里所要传递的信息与《知音》的价值取向是完全不同的。

对于各种恶意的攻击，我觉得是没有必要作出回应的。

我只想在太阳下埋头工作，让汗顺着眉尖流下，让眼睛看到阳光与阴影，让心稳稳地贴于大地……

但对于正常的业务批评，我是乐于参与讨论的。

我想，这篇稿子遇到的最大的困扰是，因为涉及当事人太多的隐私以及若干敏感的地方利益，不少方面无法用真实具体的名字。在中国的政治语境和新闻语境下，如何在保证新闻要素和保护当事人隐私间达到两全呢？如何在遵守新闻伦理与满足读者对真实感的追求上达致完满呢？如何在坚守新闻理念与保障政治安全间找到平衡呢？这个问题目前我还没有想明白，也想请教诸位同仁。

另外，正如邓科老师所指出的，这个报道在描述这个女教师的性格冲突上还存在不足。这种心理冲突主要表现在"平时是天使（乡村教师），周末是魔鬼（卖身供学）"，我还没有细致地描述出来。我想，从记录这个时代的受苦者的心灵史的角度看，这种调查是必要的。其实，当许多宏大叙事碰到这样的心灵史时，一下子就会变得苍白与空洞。但我还没有很好地记录下来。

在调查时间上，我也觉得不够，在五天多采访中，有两天多被耗在与官员的周旋中，所以实际采访女教师卖身供学的时间太少。如果有更多的采访时间，就可以寻找更丰富的材料，也可能因此找到更令人信服的表述方式。但不能不说的是，这篇稿子正如前面已谈到过的，因为种种因素，当时并没有一定要做的决心。如果在动笔前再作一番补充调查，也许可以使稿子做得更扎实更有力量。

二、杨瑞春：模糊的伤口

在记者傅剑锋贴出文章，公开回应对于《平时是天使　周末是魔鬼》这篇报道（下称徐萍报道）真实性的指责之后，类似声音从此销声匿迹。但对于这篇报道的一些遗憾，作为操作者，无论是从记者到编辑，我们从未讳言，尽管它取得了如此巨大的社会影响。

在徐萍报道的采编过程中，我们面临了一些困境，稿件最终的呈现，是这些困境下的一个妥协方案。但我们今天以这种方式探讨它，就是因为这篇报道所面临的困境绝不只是某一篇报道的困境，这些困扰可能所有同道中人都会面对：在类似敏感题材的新闻操作和处理上，保护当事人和寻求真实性如何统一；如何解决坚持新闻原则和新闻把关制度的冲突：写作上记者如何取得表述的创新与突破；等等。

因此，徐萍报道可以说是这个时代新闻艰难操作的一个样本。正如徐萍报道本身，假如你们只是看到一个女教师周末卖淫以供弟弟上学的悲惨故事，那么，我们很遗憾，我们本来是想给你更多，我们本来想让你看到的，是一个时代的伤口。

我们选择，我们承担

2月22日，做版，我盯着屏幕出神。电脑技术的方便，可以让我按下一个“替换”的命令，就把6000多字的文章中，女教师本来很有特点的名字全部覆盖，而换为那个后来众人皆知的名字“徐萍”。仅有几个人看过这篇稿子以真实人名和地点出现的原貌，我是其中之一，那感觉完全不同。

“徐萍”，一个我临时起的，故意毫无个性的名字，这个名字可以让有过屈辱经历的女教师隐藏在茫茫的人海中无迹可循，不受打扰，这让人安慰。

但在隐去了所有的，从核心人物到次要人物的真实姓名，甚至隐去了故事发生所在省份之后，这还是一篇新闻吗？在我的新闻从业经历中，这是绝无仅有的一次。

报道只剩下了一个影子。正如报道的配图：头版，主人公有个靠窗的侧剪影，数码照片本来有更多的面部细节，我们调大了照片的反差，让那些细节隐于黑暗之中。2版，背影，女教师在她自己的宿舍里坐在床上。选择这张照片是因为画面里有块写满了英语单词的小黑板，这对她的英语教师的身份是一种说明，或者说，我希望用一种小心翼翼的方式，用照片的直观可信弥补文章真实性的遗憾。但后来傅剑锋在看到报纸后，专门向我抱怨这张照片选得不妥，因为那块小黑板和墙上贴的观音像等细节透漏了太多的东西，对徐萍的隐私保护不利。

对徐萍的报道，一开始关键点是确认其真实性的问题，因为是徐萍主动和南方周末联系，我们对这件太过惊人的事情是否可信充满怀疑。从她和我们联系到记者真正出发去调查中间为时几周，徐萍几次和实习生马小六说到因为被拖欠工资，她的贫困已经让她不能承受。马小六询问我是不是应该先给她寄点钱的时候，我的态度却还是要谨慎——说起来真是有些“冷血”。一直到傅剑锋和马小六出发，我给了200块钱给马小六，还叮嘱他确认情况属实再给徐萍，要是假的就给我拿回来。

但当记者见到徐萍，并且发现这个事情是真实的之后，报道的主要矛盾就转变为如何既报道徐萍又保护其隐私的问题。傅剑锋对这个问题疑虑重重，特别是在《南方都市报》关于女大学生卖淫的报道出了麻烦之后，他多次打电话和我讨论这个问题，希望我们不要重蹈覆辙。我的建议是让他充分和徐萍本人沟通，在这个问题上尊重她的意见。

因为当时我们的介入，徐萍等教师被拖欠的工资问题已经得到解决。我们的想法是，不能报道出来固然是损失，但至少这次采访会解决一些弱势人群的生活问题，也算没有白去。

徐萍是个本性单纯的女孩，她开始一点都不为会被认出来担心，因为她所在的这个小地方平常根本看不到《南方周末》。但傅剑锋当时甚至忧虑，即使和她讲了公开报道有可能带来的损害，有可能对她依然是不公平的，因为她对于一篇《南方周末》头版报道所带来的影响还是没有准确概念。但后来给傅剑锋触动的是，她的决心很大，希望媒体能够关注像她这样的人的命运，即使付出被人认出的代价。她已经做好了最坏的打算。徐萍的这个做法，倒是让我觉得作为佛教徒的她确实有大乘佛教的精神，因为之前碰到的许多爆料者，大多更为关心自己的利害（当然也无可厚非）。

所以在其后，我们一直希望寻找到一个合适的点，在这个点上，真实性和隐蔽性的结合能够达到最好。但正如在照片问题上显示的，事实上这个尺度很难把握。我不认为现在连省份都隐去的方式是最好的，但什么是最好的，我其实也不知道。

做记者做编辑做到一定程度总会面临一些新闻伦理方面的困惑，并且逼迫你必须作出一个选择，也许你伤害到一个人，但报道会推动实现更大程度的社会正义。此时如何选择？一些新闻学教材里提出很多类似的案例，并且给出一个是非的评判。但我觉得有些是非是很难按斤两计算的，我只能说这次非常幸运，我们没有被逼迫做出最坏的选择。

回想起来，不论是从记者到编辑还是最高层，我们一直把徐萍安稳生活的权利置于报社利益之前，我对此深感自豪。即使我们因此遭遇过某种程度的质疑，但与因伤害了一个人而怀有的负疚感相比，我们宁愿承担质疑。

当然，这是对新闻标准的一个挑战，一篇报道的基本要素可以退到何处才是边界？我想我们是做了一次尝试，在别无出路的情况下。

《南方周末》的加法和减法

在讨论徐萍报道的这期评报会上，我问新闻部的同事，你们认为这个题材适合上头条吗？没有人反对，而且有人非常鲜明地支持说当然应该上——但事实上，在我们北京站的评报中，有人曾经提出这一题材是否应该拿到头条来的问题。顺便说一下，南方周末的业务讨论气氛非常自由，我认为这是我们最为珍贵的传统之一。

所谓头条问题，内涵应该是《南方周末》的方向问题，也就是《南方周末》的选择标准的问题。以徐萍上头条，反对者主要的想法可能是认为“卖淫女”题材严肃性不足而猎奇色彩有余。

在徐萍这样一个色彩复杂的题材上面，每个人都能看到他们自己所需要的东西。但我在内部评报会上说到一个观点，“没有猎奇的题材，只有猎奇的操作”。讨论类似的问题就好比在讨论是否应该将《茶花女》或者《羊脂球》称为严肃文学。

我们是否在徐萍这个事情上，真的可以了解什么叫“生活比文学更为荒诞”，正因为事实本身的不可思议，我们比其他题材更强调其庄重性和严肃性。在第一个层面上，我们希望这是一条充满了人道主义关怀的报道，我们希望呈现在这个女教师身上的一种朴素的人性的光辉。

但是还不止于此，我们不能只告诉读者一个故事就结束。梅尔文·门彻在他的著名的新闻学教材《新闻报道与写作》中文版中说：“一个负责任的记者应懂得把事件放在特定的社会背景中来思考，来发现其原因和结果的重要性。这意味着，记者不仅要不断发展采访报道的技巧，还要扩展对人的理解，对所处的文化和社会的理解。”徐萍之所以吸引我们，是因为，从一开始，我们看到的就是个置身于一个国家、一个时代、一种制度甚至是一种文化中的女教师。我们希望通过徐萍，来探讨关于中国农村的一些非常重要的问题。

我相信，在很多时候，评判新闻的高下，其实是在评判一种价值判断的能力。优秀的报道应该能够透过表象，看到问题的实质，优秀的报道应该赋予事件以意义。我们在操作徐萍稿件的时候，一直清醒地在意识到这一点。

在我们的框架中，解决这一问题的纵深稿非常重要。这就是那篇未能刊发的纵深稿《不让姐姐再流泪》，具体观点不在此赘述。承载这些功能的部分，我曾经考虑由专家对徐萍的事情发表评论，但后来还是决定让傅剑锋以记者手记的方式来呈现。因为傅剑锋对于这类问题一直有所积累，而我们都希望这是一个有所集中、有所发散的评论，希望重要的是点出问题，启发读者思考。

傅剑锋拿出这篇稿子之后，我甚至比对他写的主稿还要满意。这两篇稿件的搭配使整组报道的分量都大大加重。很可惜，我们在这方面的意图最后没有出来，而这一重要的缺失确实对于读者理解我们的意图产生了困扰。因此，只是报纸呈现的部分，让读者产生对于南周在追求猎奇效果的印象，其实并不奇怪。

事实上，在使用材料方面，因为徐萍对于记者的彻底敞开心扉，关于徐萍和她的家庭，如果追求猎奇，记者拿到太多的材料可以去吸引眼球。如果是一家小报，那么这些内容将会是填充版面的最精彩内容。但是，我们最终舍弃了很多东西，因为这与我们要表达的主旨无关。

我想说，在做这些加法和减法的时候，我们的选择是南方周末式的。“正义、理性、良知、爱心”，是这份报纸的精神核心。

记者的宿命

美国有个普利策新闻奖被取消的案例，华盛顿邮报记者珍妮·库克一篇关于8岁吸毒男孩的报道，被证明纯属伪造，当时那位记者提出因为保护被采访人的缘故，不能使用真实姓名。

我一定比那篇报道的编辑要轻松得多，因为通过对记者采访过程的密切跟踪，我知道真实性不是我们报道的问题。但在采访和呈现方面，我觉得我们确实还有很多东西需要提高。

同样是没有名字的报道，我相信反而是普利策奖那篇伪造的报道看起来更加天衣无缝，它要赢得那么多苛刻评委的心，要有很多的故事，很多打动人的细节。

需要说明的是，徐萍文章中有些让人生疑的地方，事实上是后期的一些不当的处理导致，但我们讲故事的技巧确实还带有一定遗憾。

特别是报道对徐萍的行为逻辑的探讨和性格塑造方面，感觉不够充实。傅剑锋非常诚恳地指出了这一点，他后来跟我说，他有些后悔，应该再回去一次，进行更为扎实的采访。但同时他表示苦恼，因为这个题材的特殊性，一些问题他感觉到很难问出口。比如说，到徐萍家里做采访时，徐萍提出来她不希望记者过多和弟弟们谈这个问题，因为除了大弟弟，别的弟弟根本不知道徐萍的经历。大弟弟也知道得不多，他们平常很忌讳谈及这个话题。这个要求说起来无可厚非，但对傅剑锋来说，无疑意味着放弃能够拿到更多细节从而增加文章可信度的机会。

有一个说法，一个优秀的记者应该对事件“冷静而又充满关切”。但事实上，需要冷静到什么程度？关切到什么程度呢？南方周末上海站的记者朱红军曾经写过一个故事，在他去调查一家民营慈善医院的时候，对院长本身的动机产生怀疑，在第一次采访之后，他“赶着准备了十余个自以为极其犀利的问题”，“我的设想是，把他问得拍起桌子来，就是最大的成功”。

结果，第二天，他在办公室里会见客人，他们只好在隔壁房间等。十分钟后，隔壁传来“院长昏倒了”的叫喊。他们出得门去，看到老院长已经被众人围着，躺在了沙发上。老院长在一帮人的手忙脚乱下，接上氧气，被推进了重症病房。这期间，朱红军还试图等待片刻，以便继续到病房里采访。但被他家属挡了驾。

回来的路上，朱红军为采访未遂，焦虑不安。但同去的南方周末摄影记者王轶庶说了一句话，让他陡生尴尬：“你丫当时要是还想着采访人家，我就要鄙视你了。”

但朱红军一直怀疑老院长在作秀，直到半个月后，院长的儿子打来电话说，院长去世了。这个消息对他震动很大，他问自己的问题是，为什么“一个生命就倒在面前，我因为职业的要求，因为自以为正确的怀疑，连一丝对生命的敬畏都没有”。

而傅剑锋的烦恼则来自另一方面。也许这是记者的宿命，只要身为记者，就无往而不在困境之中。

但在徐萍的报道中，确实还有未能充分利用的空间。比如说，我们是不是还是可以找到更多的消息来源？在不能过多用言语去探求真相的时候，我们是否可以用细致的观察来弥补不足？也许一些关键意义的细节呈现会让文章更为可信而生动。

我们应该可以做得更好，甚至好很多。我和傅剑锋多次像祥林嫂一样自责：“假如我们早知道能够发出来的话……”

三、苏永通：没有这个基础，又有何意义可言？

很不厚道，再说点：

之所以让读者产生误解或误读，我觉得最大的原因不应该是缺少述评稿。

1. 读者最大的误解是事情的真实性，因此误解首先是因主稿的缺陷造成，见报稿几乎可以算是失实报道；

2. 没有述评，才是导致读者的另一层误解——猎奇的最大因素。

编辑和记者正是从外界的各种因素（大学高收费等）对一个人和一个家庭甚至一个群体的影响，发现了新闻价值所在。但真实性是新闻价值的基础，如果没有这个基础，又有何意义可言？文章讲到了外界各种因素对徐萍的逼迫，但她自身抉择的因素体现得不够充分。

述评写得不错，但有贪多求全之嫌……能看到那么多问题，说明记者的视野非常开阔；个案折射出那么多问题，感觉放大得太厉害了；有些论述我认为不严密，比如这个村庄考上大学数量减少，是因为读不起，还是其他因素（也可能是学生素质因素，教育质量因素……）？

另外，把徐萍个人的安稳生活和报社利益相比，我们当然要保护她和她的家人；但报纸也得对公众对读者负责。读者反响很大，正面的和负面的，都应该重视。如果真实性都成问题的话，那么发出“南周堕落了”这样的声音奇怪吗？

稿子在新闻流程中出现一些问题，我们可以理解。大家内心都有一样的坚持，你并不孤单。

四、傅剑锋：什么叫“失实”

谢谢苏永通的批评。

苏永通后面的批评，我认为是比较中肯的，尽管我不能完全认同。但对前面“见报稿几乎可以算是失实报道”这句话，我表示严重抗议。

这个报道的事实性是没问题的，我不可能拿我的职业生涯开玩笑，你这样说对我是一种污蔑，我决不认同！

我已经一再说了，在表述上因为隐私等原因对一些要素作了模糊处理，包括对地名作出处理，由此引起的质疑是正常且有可理解处。但一个内部人作出“失实”这样的判断，我就开始怀疑你知不知道目前南周是在一个什么样的政治生态中生存？

另外我想说的，什么叫“失实”？且不去说事实，就是从逻辑上说，你要判断我的报道“失实”，你也得知道有一个不同于此报道的“真相”。如果你连这个“真相”都不知道，你怎么判断这是失实的？那么，你对这个“真相”进行过调查吗？如果你调查过的话，那么请把证明这一真相的证据呈现给我。告诉你，我有许多没法拿到报纸上，但可以证明这一报道为事实的“证据”给你看，你有吗？

五、苏永通：我所说的“失实”

傅老师有所误解。我怎么可能诬蔑自己的同事。在这一点上，我相信自己的个人道德，如同傅老师相信自己的职业操守。

我所说的“失实”，指的是见报稿中缺少必要的真实性元素，这是很明显的硬伤；不是说事实“失实”。这仅仅是我个人教科书式的理解。不知道大家是否信奉“只有调查，才有发言权”？我认为，如果什么事情都需要去调查才有发言权，那也得看调查情况而定。傅老师的调查功力大家有目共睹，我也非常佩服，非常羡慕。

内部人当然能理解南方周末的处境，但读者不一定理解；内部人知道傅老师操作过程中的无奈和新闻流程中发生的那些变故，但读者看到报纸的时候他们都能知道吗？

我确实没去调查，我也不可能去调查。我只是表达一种担忧，没有别的。我们还是要尽可能让完美的作品展现在读者面前。当然了，总有缺憾。

我刚刚踏入这个行业，不懂的地方还很多，有道理的说，没道理的也说，请包涵和指正。如果对傅老师造成伤害，真挚地向您道歉。

六、李梁：坚持，首先是对新闻原则的坚持

我完全同意苏永通的说法。傅剑锋老师事后的解释其实是说不通的。理由有二：

1. 傅老师在事后的解释中说明了自己详细的调查线路，意在消除读者对报道不真实的误解。做稿子的辛苦可敬可佩，但是我要问，为什么这些工作不能同时在主稿中展现出来？难道我们今后写每篇稿件出来后都要附上一篇

情况说明吗？本身稿件中就要展示自己的调查线路和事实证据，并且能够相互印证。傅老师是学法律的，这应该不难理解。所以我认为，主稿是不完整的。评论没发出来很遗憾，但我觉得即使发出来也无法弥补主稿的硬伤。

2. 稿件中几新闻要素缺失，傅老师的解释是新闻伦理的考虑。我觉得这样的解释，逻辑起点都错误了，因为还没有到考虑新闻伦理的时候。首先要把稿件做成新闻，然后才可以考虑伦理的问题。如果无法处理，像傅老师说的政治安全问题，OK，那只有放弃公开发表。坚决放弃——新闻的原则开不得半点玩笑。因为考虑“伦理”的问题，把文章的几个新闻要素隐去，调查过程缺失，无法形成证据链条，不成其为完整的新闻，最后让读者怀疑是假新闻。放弃新闻原则的“伦理考虑”无疑是可笑的。一句话，首先要是新闻，然后才能考虑伦理问题。逻辑顺序倒过来了就完全错了。再退一步说，这样的保护也毫无作用，配图已经说明了徐萍的一切。

傅老师说自己有很多真相没有拿到纸面上来，这只能说，傅老师本人可能掌握了真相。但苏永通说的实际上是，读者从报道本身是无法看出来的。那我要问，难道每个怀疑的读者在看到这篇文章后都要向傅老师打电话求证吗？苏永通说的失实报道是从报道本身说的。我的理解是，新闻有六要素，要素缺失，便是失实，就这么简单。哪里需要知道整个事实。怀疑的读者也是这样的逻辑：我是不知道事实真相，但我从文章中看不到事实真相。你有再多的真相，没拿到纸上，对读者都是没用的。事实上，真正的真相又有谁完全知道呢，傅老师即使经过这么详细的调查，难道能说对这一事情完完全全、彻彻底底了解吗？我不这么认为。

坚持，首先是对新闻原则的坚持。傅老师不必感到寒冷，大家在这么热烈地争论，本身已经表明大家都没有放弃。

七、李海鹏：举个极端的例子，法拉奇还描述过鸽子的内心呢

偏离一点儿主题，说一点儿自己的看法。上面有同事反对新闻“表达内心”，我觉得其实表达内心也可以是新闻。新闻教材也没说不能表达内心。新闻是实学，有必须遵循的公理，但是不多。如果想做新闻学的原教旨主义者的话，你会发现这是一件非常令人迷惑的事情，因为新闻学有很多种，每一种又在不断变化之中。我觉得真正核心的新闻公理只有一个：真实。这一点必须遵守，别的诸多条例都只是通向真实、约束虚假的手段。当我们要求自

己在采写新闻时符合“程序正确”时，别忘了“本质正确”是什么，别忘了“程序”是有很多种类的，也别忘了我们是想做一篇真实而精彩的报道，而不是符合某一个新闻学派的规范的报道。

举个极端的例子，法拉奇还描述过鸽子的内心呢。这事儿怎么说呢？毫无疑问，我坚定不移地认为她违反了新闻的规则。可是她这么写了，她还是法拉奇。别忘了，正是执行着严格的新闻伦理的西方新闻界使她成为法拉奇的。举个更有合理性的例子，综合类的周刊不说了，连《华尔街日报》这个经济类的报纸，都会关心被采访人怎么想，而不只是怎么做。大家可以去华尔街日报的网站去看。再举个最直接的例子，如果我采访女教师卖淫这个事情，我也一定会关心她的内心，我大概会问很多遍：你用了多久决定这么做？为什么呢？

普利策特稿的例子我就不举了。奇怪的是，有些同事很不喜欢普利策的评价标准。人家只是说，好的新闻应该有精彩的故事，并没有说只要写得精彩就可以了，采访没所谓；只是说，深入人物的内心是对的，并没有说只写内心完全不必搞清楚事情的脉络——所以我觉得谁都没必要对它有逆反心理。

就女教师卖淫的稿子来说，写出被采访者的内心焦灼、她的自我道德审查、她的罪错感、她宁愿牺牲自己的名声也要对生活提出控诉的决心的话，新闻不是更精彩吗，读者不是更喜欢读吗？有谁会讨厌更具备质感和冲突的故事，喜欢干瘪的叙述呢？

我唯一不同意傅剑锋的是，问问题时没必要怕伤害被采访人。有些问题必须问，比如说嫖客对她怎么样，极端的细节是什么，她是否因此而苦恼，初次卖淫是否经历了精神上的冲击，投入佛教拥抱的心理过程，第一个月怎么想，第二个月怎么想，等等。这样做有两个好处：1. 报道更好看，呈现更深入。新闻是什么？是故事啊。故事由什么组成？冲突啊。2. 提供足够多的细节之后，会提高这篇报道在读者心目中的真实度，道理很简单——谁都知道编造栩栩如生的细节是件很难的事，画鬼容易画人难，在读者眼中细节往往可以成为真实性的证据。5 个 W，在本质上是什么？就是 5 个最重要的细节。假设 5 个 W 不能周全的话，应该用其他细节补充上来，冲淡一下读者的模糊感。

理论上说，我们应该让读者具体明确地感受到新闻事件，人物栩栩如生如在眼前，情节清晰流畅如刚刚发生。所以我们需要问那些问题。

这些问题我会问得很坦然。如果这会伤害被采访者的话，也只是微不足道的伤害，而且我们完全可以用自己的坦率的态度，让她认识到自己正在被关心而不是被伤害。

当然这并不是在表示我有什么高超之处。这是在一个普通层面上的探讨。傅剑锋在南方周末的业绩大家有目共睹，以前在南都也建树多多，很多方面值得我去效仿讨教。

回到这个稿子。大家都在就此谈新闻伦理，可是在我看来，傅剑锋恰恰是受困于新闻伦理观点过强。

我们的左手上放着对受访者的同情，右手上放着揭示事实会带来的社会进步。同情之心固然值得赞赏，勇于取舍才是记者的职责所在。什么是新闻伦理？我想，一篇令读者深思“出了这样的事，我应该采取何种态度呢”的新闻，代表着新闻伦理的最美好的一面。

我的态度是这样：反对简单的本本主义。

新闻学并不存在《圣经》，如果我们说“请看新闻教科书”，那么等于说了一句语焉不详的话。新闻教科书太多了，学派也太多了，彼此矛盾处层出不穷，你认为这本这派好，我认为那本那派好，怎么办呢？我想看一本是不够的，从新闻系毕业也是不够的，还是得多看几本，兼听则明。还是那句话，像建筑和水利一样，新闻是实学。世界上不存在一套不可违反的建筑规范，也不存在完美得不可修改的治水方案，也不存在一种至高无上的新闻学。

只有一点是永远不变的：真实、好看、令人深思的报道就是好报道。

八、李海鹏：这样一个逻辑链条

补充一点，上文说可以呈现被采访者的内心，并不是说内心最重要。新闻当中最重要的当然永远永远是核心事实。对每一事件来说，核心事实又完全不同。

我觉得女教师卖淫这事的核心事实是这样一个逻辑链条的衔接：

1. 不公正；2. 不公正导致了：A. 贫穷；B. 若想摆脱贫穷就除了卖淫没有其他选择的境况；3. 女教师非摆脱贫穷不可；4.“2+3”导致了卖淫。

如果这个逻辑链条成立，并有充分证据支撑，那么这篇报道就不会有任何问题。问题是，在当前的新闻环境下，我们很难沿着这个逻辑链条回溯到“1”。“1”才是重点啊。

在这种情况下，编辑和记者能做到什么样，并不完全在自己掌握之中。另外编辑部也是有压力的，如果我们总是说，做不到最好的话，题目就放弃呀，编辑就得愁死了——当然了，我觉得编辑承受压力也是应该的，赚钱多必须责任大。我也一样。共勉吧——我觉得这是事情的根本。所以我觉得大家应该多些理解。其实不只这一篇，近来很多报道都有一点两点的问题，甚至有问题很明显的，可是在提意见的同时，大家也该宽容些。我甚至连意见都没提，如果我自己没有做到很好的话，我觉得苛求别人是没有意义的。

九、李梁：先做新闻，再谈伦理

海鹏把几个概念混淆了，我来一一分辨。

先说“新闻表达内心”。

新闻当然无法表达内心，新闻是指向外部世界的，不像文学指向内心，它哪有什么内心可表达？新闻当然也可以表达“内心”：它表达的是事实，当然包括关于新闻中出现的人物内心的真实事实。新闻人物的心理感受同样是客观存在的事实。你挖到了，客观地把他的内心思绪表达出来了，这同样符合新闻的真实性原则，也是做新闻的要求。

所以，海鹏举的两个例子，几乎就不需要再说什么了。海鹏如果去采访这个题目，把徐萍的内心思绪真实地表达出来，那同样是真实的新闻报道，但如果你要在文章中表达自己的内心，那就不叫新闻。

换个角度说说，“法拉奇描述鸽子的内心”，能证明新闻原则的虚妄？这一例子没有任何意义。西方很多记者也是作家，我不知道这一描述是出现在新闻里还是在她的其他作品里。这是其一。其二，名记者法拉奇，是靠她描述鸽子的内心来成名的吗？如果这出现在她的新闻作品里，OK，我认为这是绝对的败笔。有人要在这一点上学习她，成为中国的法拉奇，那就尽管学去吧。

“5个W本质上是五个最重要的细节”，不够准确，“最重要”应该改为“基本”。“要素不够的话，补充其他的细节，冲淡读者的模糊感。”我完全不同意。我坚持认为，假如你连这5个要素都没法搬到版面上来，那还有什么搞头，赶快撤掉吧。读者看这样的稿子，大概感觉会是这样的：从前有座山，山里有座庙，庙里有个老和尚……

再说说“本质正确”与“程序正确”。

首先，即使海鹏所说的所谓“本质正确”存在，那也和程序正确完全不矛盾。凭什么要为了前者而放弃后者呢？再说，哪有什么本质正确，就像哪有什么本质事实一样。宣布某人发现了本质事实，宣布某篇报道做到了本质正确，就像某人宣布掌握了真理，就像哪个人宣布自己掌握了历史规律一样荒谬。再进一步说，对新闻要素的要求并非什么“程序正确”，如果要按海鹏说的归纳，恰恰要归纳进“本质正确”！因为，这并非某一个“新闻学派”的观点，老天，这是所有的新闻学派对新闻是否成为新闻的一个最基本的评价啊，因为新闻是讲述事实的，这几个要素不讲清楚，事实就是残缺的，那就不是完整的新闻。

新闻教科书是很多，但如果你看过几本，大概会知道，基本的东西是一致的。比如新闻要素，比如客观报道，大概也就一两页，确实很简单。新闻是实学，非常对，实践很重要，新闻学在中国也因为历史积淀不深，学术含量有限，但是最起码一点，新闻如何成其为新闻，这个大多数还是讲清楚了的。我们做新闻的，最起码要了解这一点吧。

我要稍稍冒犯一下海鹏，请别见怪。仅仅说了一下新闻要素缺失，就成为新闻原教旨主义者，就要警惕本本主义？呵呵，最基本的要求成为最高的追求，新闻原教旨主义就这么轻而易举地达到了，我是万万不能同意的，这样上纲上线，这叫我怎么说？

我坚持认为，我说的是新闻的常识。傅剑锋做稿子那么辛苦，稿子还受到这么多争议，我感同身受。在今天的南方周末做记者，每一个人都不容易。大家在一起相互取暖，相互支撑。但南方周末也应该是一个有新闻原则和新闻追求的地方。大家在匆忙的奔走中停一停，收拾一下散乱的行囊，看看自己有没有丢下什么东西，也许可以更好地前行。

我还是这样的观点，新闻伦理，先做新闻，再谈伦理。坚守伦理决不能以放弃新闻原则为代价，道理很简单，就像不能因为穷而去抢劫偷东西一样。否则，稿子做得再煽情，再好看，再引人深思，那我说，它可以什么都是，但就不是新闻，至少不是完整的新闻。

十、李海鹏：“布什死了”，4个字的电讯就构成一篇好新闻

李梁客气了。谈不上冒犯，同事之间的讨论，一切都没所谓。对我上面的说法，我解释一下。

我说的“可以表达内心”，正是表达被采访人的内心，不是表达记者的内心。我在第一贴里开头儿就说过了，“偏离主题一下”，那一贴并不是针对女教师卖淫的报道的讨论，而是对“表达内心”本身发表一点儿看法。

法拉奇描述鸽子的内心确实不能证明新闻原则的虚妄，我只是说，即便在西方新闻界，“不可虚拟猜测”等等至高无上的原则也有遇到挑战之

时——这是实学的一个特征，它的原则会被尊重，但决不会达到一个数学定理被数学家尊重的程度。

因此我还是强调“本质正确”。强调“本质正确”并不意味着我不讲方法，不尊重程序，甚至自认为掌握真理。我强调的是，程序并不是教条的，“程序是有很多种类的”。新闻采访如破案，你有你的办法，我有我的办法，1940年有1940年的办法，1980年有1980年的办法，能破案的就是好警察，如果某个记者不按照某一种“警察章程”做又会怎么样呢？那种“警察章程”是神圣的吗？是唯一正确的解决方案吗？

比方说，5个W必须都齐全的要求是神圣的吗？5个W的缺失并不少见吧。

我们的报纸上经常有稿子在被采访人姓名后面加个括号，里面写上“化名”二字。如果这是可以的话，女教师卖淫的稿子隐藏了姓名和地名有什么不可以呢？隐藏一个W可以，两个就不可以，其中的原因是什么？

我们是在中国做新闻，要面对现实。有时我们的报道信息不够充分，也不是因为我们没有尽力，而是因为我们没有信息自由法案。

这是我们常常必须面对的选择：在确信报道无误的前提下，是符合规范舍弃报道，还是放松规范保全报道？

我想不同的记者会做出不同的选择，各有各的道理。

李梁说：“我坚持认为，假如你连这5个要素都没法搬到版面上来，那还有什么搞头，赶快撤掉吧。”

他显然选择符合规范舍弃报道。不过我自己永远会选后者。

我最想说的是，不完整不等于失实，缺少两个W也不是必然会导致被怀疑失实的后果。

很多看似伦理的问题，看穿了其实只不过是技术问题。5个W的规范为什么一直存在？不是因为它代表着新闻的道德，而是读者对它感兴趣。那么在特定的时候，给他们看点儿更感兴趣的东西，让他们忘掉人名和地点，不就完了吗。这里哪有什么伦理可言。这是从理论上说，不意味着我在声称自己有那能耐。

同样，单从理论上说，好新闻就是好新闻，有缺陷（比如缺少某个W）的好新闻多了。布什死了，第一个获得消息的记者只需要发出“布什死了”4个字的电讯，就构成一篇好新闻了。

所以说，新闻是实学，总要基于现实。

再单从理论上说一句，一篇有缺陷的好新闻比一篇符合规范的平庸新闻强多了。

因此我不认为“不完整的报道”就一定是坏报道。还是那句话，真实、好看、令人深思的报道就是好报道。

再说就说多了。在“5个W”、“新闻要素缺失”、“常识”的层面，我想我已经解释清楚自己的想法了。

十一、杨瑞春：如果这么简单，就不会有“深喉”

多谢同事们的争论。尤其是海鹏的发言给我启发很多。一篇稿子能够引来这样高质量的业务争论，使它在传播价值之外有了新的价值，也算是一种意外收获。

我想再厘清几个问题：

1. 关于读者是否认为这是一篇假新闻

因为我看到前面有些同事发言立论的基础好像建立在这个假设上，事实上，在我们所看到的反馈信息里，这方面的质疑不多。能够代表层次广泛的读者信息，应该是看门户网站上的读者评论，但在门户网站上提出这种疑问的非常非常少。当然我没有更准确的统计数据，但印象里是一百条里可能有一两条，主要觉得这个事情太过惊人以至于让人怀疑在现实中不存在。

怀疑的声音主要来自同业论坛，数量不多，印象比较深的有两篇。直接说虚假报道那篇肇始于“新语丝”。这样说并非同行的评论我们不应重视，同行评论代表着一种更专业更苛刻的标准，但这和读者是否认为我们失实确实是两个问题。

在5个W并不完整的情况下，读者很少提出这种质疑，我想基于几点：

首先，这个事情虽然惊人，但是有基本完整的逻辑链条，尽管我们的评论部分没有刊出，损害了将其明确化的功能，但主文的链条还是清晰的。所以，读者会认为事情是“荒诞”的，但是却是“现实”。

再者，我们的照片，尤其是第二张照片确实弥补了主文隐去真实人物姓名和地点的缺失。正如李梁说的，“照片已经说明一切了”，这就是一个重要的证据。

当然，还有一点，就是读者对这张报纸的信任，这建立在我们多年努力造就的公信力上，这是一种巨大的支持。

2. 关于新闻要素缺失的问题

我想需要明晰的一点是，不要把后来“因为各种原因导致的新闻要素的缺失”和“没有采访到足够的新闻要素”混为一谈。这两个性质完全不同。更何况即使记者没有采访到足够多的新闻要素，也并不意味着就是失实报道，如海鹏举的“布什死了”的例子，好像肯尼迪遇刺的第一条消息就是这么报道出来的。

所以正是在这个问题上我一点都不同意苏永通和李梁用“失实报道”这个提法来形容这篇报道。特别需要提醒的是，这样一个对记者来说是最严重指控的字眼落到自己的同事身上时，我觉得需要慎重。

李梁说，新闻有六要素，要素缺失，便是失实，就这么简单。我觉得没有这么简单。如果这么简单，就不会有“深喉”。多年后走出前台的“深喉”当年也只是一个影子，按照最苛刻的标准，你也可以相信他是假的。

李梁提的一些意见我觉得很好，比如说在文章里面就能呈现调查过程，而不至于别人提出疑问，再事后补救。我觉得这是写作的问题，和“呈现真实性”具有直接的重要的关系，但是和真实与否却没有直接关系。

还有就是在这种特定情况下发不发稿的问题，按照李梁的说法，“如果无法处理，像傅老师说的政治安全问题，OK，那只有放弃公开发表。坚决放弃——新闻的原则开不得半点玩笑。”作为编辑可能就只能以头抢地了。

套用李海鹏的一句话，我们的左手上放着一篇有遗憾的报道有可能带来的争议，右手上放着揭示这一事实会带来的社会进步，怎么办？当然要针对缺憾的程度具体分析，而不是，缺失了，就咔嚓。就这一篇来说，我觉得还是应该发。

我想，在徐萍这篇稿子上，我们也只能苦笑着说我们只能是一个具有“中国特色”的操作吧。当然，即使“中国特色”，操作也有高下之分，这是我们今天在这里探讨的。

3. 关于写作的问题

我始终认为，“卖淫教师”稿对我们而言，不是真实性的问题，而是一个写作问题和新闻伦理问题。写作问题甚至更为突出，因为这篇稿子在写作和使用材料方面的一些缺陷，导致了现在一些疑问的发生。我提的那个例子，华盛顿邮报记者，在高超的写作技巧的帮助下，可以把一篇假新闻写得栩栩如生。要记住她也是没有写具体的人物名字和地点的。

说到李梁的问题，就是此类报道是否出现过的问题，按照我的推定，涉及敏感题材报道时，我相信这样的情况一定不是第一次，也不是最后一次在美国新闻界发生。也正是因为如此，纽约时报才会有自己的一个标准的讨论，严格限定如何使用不能暴露真实姓名的消息来源（具体没有去查书）。

同事们可能觉得我强调写作问题强调得过多。但我认为，写作的高标准包含了很多东西，而不只是文笔的优美，你要把一个故事讲好，当然首先要头脑清楚、逻辑明确才行。但我们现在更多强调的是，记者怎样有更好的办法让人们爱看自己的文章？因为在今天的南方周末包括整个中国新闻界，到了一定的层次，记者们最大的问题往往不是去领会一个选题背后的深意，而是如何能够将他见识的高度以同样高的标准体现在文章里面。

比如卖淫女教师的稿子。不管谁去采访，其实都面临突破女教师内心世界的问题，这一点好像没有疑义了。但我认为正是具体到这一环节，可能写作和采访技巧会使稿件呈现很大的不同。而现在见报的稿件其实在这方面还需要大的提高。

就好比李海鹏采访中年神童，谢彦波一再向记者重复，他要“破案”，因为“别人知道他是怎么想的，他自己的思维可以被别人察觉，无论是日常生活中的一个小的想法，还是科研领域里的一个灵感”。我认为这个细节非常有力，比叫喊一千遍“他太荒谬了，他已经不正常了”都要有力得多。这个细节不需要旁证，也不需要激进的问题刺激才能获得。但读者了解一个核心事实的欲望，已经得到了充分满足。

前两天参加密苏里新闻学院教授们的培训，我问普利策特稿获奖者一个问题，如何使用细节，她说，这个问题是她一个学期的课程。我觉得尽管我们经常强调并讨论细节的使用问题，但这个问题依然是严重困扰大家写作的问题。跟傅剑锋也多次探讨过这个问题，这都需要我们在实践中学习如何解决。

十二、李梁：安全性与真实性的较量问题

感谢海鹏的宽容。先作个简单的回应。

海鹏说一个要素可以，两个要素为什么就不能。在我看来就是不能。一个人名因为种种原因不能写出来，已经是向现实所做的妥协，在我的新闻观里只能做到这一点。这是我头脑中新闻能称之为新闻的底线，地名也虚拟，不行。

从逻辑上对海鹏的说法做一个推演。如果海鹏的说法成立，那么照此逻

辑推论，在外部环境的要求下，人名、地名、时间，三个、四个要素都可以不出现，那是不是仍然可以由其他的细节补充呢？两个可以，三个为什么不可以呢？三个可以，四个为什么不可以呢？最后，新闻演进为小说。二者的分界线完全消除，只留下，好看，也发人深思，中间也有些细节是真的……

海鹏说，新闻逼近现实的手段很多，不是僵化和呆板的，但我觉得人名、地名、时间这些肯定是绕不过的。

我非常理解海鹏说的实际环境问题，我也认同尽可能地发出记者的文章，但还是要确保一个界线，否则跨出一步，未知的危险太多了，这次卖淫老师的文章碰上了一些质疑（业内人士同样是读者），下次哪篇文章碰上了一些致命的危险，编辑和记者谁又能真正负责呢？回答杨瑞春的问题，杨老师说我的关于要素的说法简单了，我认同"简单"二字。因为再复杂的东西，基本的道理，就是这么简单。大家都听说过"深喉"，对，深喉是指未透露姓名的消息提供者对不对？有没有代表地名的"深喉"呢？而且是两个"深喉"同时在一个报道中出现？以我的经验是没有的。

杨老师谈到稿件的实际操作，那么让我们回到具体操作的逻辑，看看最初的"新闻伦理考虑"问题。我非常理解杨瑞春说的编辑"以头抢地"，更理解文中所说的"中国特色"。的确是无奈，海鹏也这样说过，我也这样认为，所以我决不是讨论此稿本身在实际操作过程中的问题以及谁应该负责的问题，而是从大的方面讨论新闻报道如何坚守新闻原则。在这篇报道中，最后可能是一方面地名无法出现，编辑手头又没有备稿，那还不是要上吗？

在我看来，如果事实如上所述，那么地名隐掉已经与新闻伦理考虑无关了，而是转到报纸面临的安全问题。这也许反映了面临报社环境安全和记者报道努力不白付的艰难权衡，编辑工作的辛苦和对记者的体贴与负责令人感动，但这肯定与新闻伦理无涉。从这个角度来说，新闻伦理的考虑，不用走到这一步的，因为新闻原则在那里"重兵把守"着呢。

所以我现在发现，如果回到这篇文章的实际操作逻辑，争论问题实质上就不是新闻伦理与真实性的权衡问题，而是安全性与真实性的较量问题。

这一回算是把问题弄清楚了。

但我们仍然可以回到新闻操作和新闻写作两个层面，由此篇文章入手，继续进行探讨，比如文章的逻辑是否完整（我不认同杨瑞春老师的意见），等等。这样收获会更多。

同事间能够就新闻原则进行真诚的讨论，在今天是一件值得珍惜的事。我也就在这里继续这一话题。如果言辞上有什么不妥的地方，请各位尤其是海鹏老兄和瑞春老师及老大多多谅解。欢迎大家继续争论。

十三、苏永通：咱们竟然在反复讨论基本问题

我们要感谢读者。《南方周末》的读者都是很相信《南方周末》的职业操守的，不可能到达捏造事实的地步。

对专业性强的读者群我们也应该重视。他们有一大批是以《南方周末》作为新闻理想的标竿。搞这个专业的，就爱挑毛病。提出怀疑的，可能多是这个群体。就如这么多同事进行如此激烈的讨论。今天回人大，新闻学院教写作的一位老师在课堂上也质疑文章的真实性，之前也有同学给我短信提出怀疑。我们也无法忽视这方面的声音。

写作方面，是没必要点出调查过程，但需要给出真实的根据，比如消息来源等等。

很奇怪，咱们竟然在反复讨论基本问题。

新闻学本身发展就不成熟，可能大家受教育背景不一样，所以能接受的观点也不一样。

十四、柴会群：是什么使它具有那么强大的力量

基本赞同李梁的意见，新闻的真实性是第一位的，可读性是第二位的。完全不同意海鹏“新闻5个W”是因为读者感兴趣，如果有更感兴趣的东西就可以忽略的观点，如果这一说法成立，那么新闻也就变成了小说。

女教师卖淫那期报纸，我是上海站评报人。我当时即指出，女教师卖淫的基本逻辑并不成立。请注意，我说的是基本逻辑，而不是基本事实。（当然，基本逻辑也是基本事实的一部分，在这里我强调的是逻辑。）

我并不怀疑存在以徐萍为化名的这个人，也不否认她是个卖过淫的女教师。但问题的关键并不在这里。关键在于，我们文章的立足点，是女教师为了供弟弟上学而卖淫这个基本逻辑，而不是徐萍卖淫的基本事实。

换句话说，女人卖淫不是新闻，女教师卖淫，勉强算，但绝对上不了《南方周末》头版。唯有女教师为了供弟弟上学卖淫，这才是有足够深度的大新闻，这个题目可以充分展开来做，既可以涉及“三农”，又可触及教育。我想，每一个同行，如果遇到这样的题材，都会为之一震。

但是，即使到现在，看了傅老师的解释之后，我仍然认为，这个基本的

逻辑恰恰难以成立。

难以成立的原因，李梁指出的基本新闻要素缺失固然有，但只是旁证。主要问题从常识和逻辑层面即可看出。

首先，从线索来源来看，这个题材是徐萍主动提供的，而且还发到了网上。这显然是一个有违常理的举动。卖淫这样一个见不得阳光的事，她为什么要采取这种方式公布？是想警醒世人？是想引起大家对农村贫困问题和教育问题的关注？显然，这些都不是理由。因此她的真实动机就值得推敲。但是，恰恰在这个至关重要的问题上，我们没有看到傅老师的追问。如果考虑徐萍曾在网上公布其银行账号的因素，那么她的一系列行为动机也就更加可疑，我想这不需要过多解释。

其次，卖淫与贫困的关系。卖淫女中的确有许多是出于贫困原因，但是贫困是否就是卖淫的唯一原因，抑或主要原因？我看并不一定，据我所知，卖淫女中也有不少并不贫困的，正如嫖娼者中也有许多并不富有的人一样。

再次，即使徐萍卖淫是贫困因素导致，那么具体说来，其卖淫动机是否又是因为供弟弟上学的缘故？这同样很难经得住推敲。上海站评报时也有同事说，文中曾提到徐萍家做生意赔了，欠了很多债。因此，退一步讲，即使是徐萍卖淫有经济上的原因，也很难说她的动机是还债还是供弟上学。

其实我特别想说的并不是女教师卖淫稿件本身，而是《南方周末》一些值得警惕的倾向，哪怕这些倾向还仅仅是个苗头。说白了，就是担心《南方周末》也滑入以造假为能事的小报行列。对于《南方周末》这样的报纸而言，一篇失实报道带来的损害，远远大于一篇优秀报道带来的收益。

今年的新闻造假典型，恐怕非“感动中国”里的陈健守墓事件莫属，这个为因抢救电线杆而死的英模金训华守墓35年的年度人物，最终被认定为是一个假新闻。我是在想，为什么堂堂中央级媒体会犯下这么一个低级而致命的错误？难道记者和领导层就那么没警惕性，以致对一桩通过常识就可以否定的人事，竟然拔高到“年度人物”的地步？到底是一股什么样的力量在背后推动？这背后有没有带有普遍性的原因？这种原因是不是在其他媒体包括《南方周末》也同样存在？一句话，在今天这个异常浮躁的年代，我们对于新闻的片面追求，是否正在悄然越过事实的底线？

再说一个例子。去年，多家媒体报道了一个地方的物价局长因查教育乱收费被迫辞职一事。从网上看到此事后，我马上报题并获通过。当时的考虑是想从人物角度切入，以为物价局长可能是一个英雄人物。然而去了之后才发现不然，无论是查教育收费还是最终辞职，物价局长各种做法的动机相当可疑。

比如，事实上他先是从物价局调到供销社，是从供销社主任这个闲职位置上辞职的。再比如，物价局长本人曾特别希望见媒体，还曾托人联系南方周末，但在我去了之后，却表示接到市领导电话不能接受采访。为何辞职之后还那么听“市领导”的话？而且这位市领导还是常务副市长，而不是主管宣传的市委副书记？随着采访的深入，出现了更多疑点。比如，教育局与物价局关系非常不好，物价局长曾打算将物价局的一座楼卖给教育局，但教育局没同意。此外，物价局长与教育局局长二人均为省里的副市级干部考查对象。还有，其他媒体稿件中的一个细节也被物价局职工否认，这篇稿中提到，因为市里卡物价局的经费，物价局被停电停水。物价局一位职工一句话就把这个不存在的细节顶了回去：物价局是干吗吃的？就算欠一年水电费，他自来水公司和电力公司敢停？

显然，这背后有更为复杂的因素。事实上，正如我当时的判断，这背后实际上是一场政治斗争。物价局长当初的辞职只是一种要挟，但最终失算。但是，待我逐渐理清这背后脉络（这经历了一个非常痛苦的自我否定过程，要推翻自己的预设立场是很难的，而且物价局长本人对我的确相当客气，还非常巧妙地送了我一件礼物，当然，回来后我便上交记者站，特此声明，呵呵），发稿时间已经剩下不多。最后，我只好弱弱地告诉编辑，这篇稿子水深，希望推迟一周。我很庆幸编辑当时能够理解，因为按照新闻操作常规，我那段时间是完全应该交出一个稿子来的。

在推了一周之后，我那篇稿子才得以完成。它并没有引起太大关注，却至今让我引以为豪。引以为豪的原因，在于它是全国所有报刊中质疑张洪钧辞职真实动机的唯一一篇——现在，我弱弱地认为：它也是唯一接近真相的一篇。

关于事实，我很认可傅剑锋的“层次论”，把事实分为表面事实、基本事实、本质事实几种，不过我认为，所谓的本质事实并不是“事件里暴露的某种必然性、原动力”，这些是导致事实产生的原因，却并不是事实本身；本质的事实，必须建立在基本事实基础之上。因为人们认知的普遍规律是，先有“是什么”，后有“为什么”。如果“是什么”不能成立，“为什么”也就成为空中楼阁。

有时我在想，《南方周末》作为一家省级党报的子报，就那么薄薄一叠，是什么使它具有那么强大的力量，影响了那么多人，让那么多有权有势的人为之胆寒？我想，因素可能很多，但根本性的一条，无疑还是因为它报道了真相。而这个做新闻的基本要求，恰恰是国内媒体普遍缺失的。

十五、李海鹏：我并没有站在对立面上

除了第一段，对会群的基本观点我举两手两脚赞成，非常非常赞成，每一点都赞成。问题恰恰在于，我并没有站在这种观点的对立面上。

我说过新闻不要真实性吗？说过。

我说的是：1. 在现实环境下，5个W不能写全不是不可接受的事情——注意，我只是指在当下的新闻现实环境下；2. 表现被采访人的内心、动机是必要的，这也是核查事实的技巧的一部分；3. 新闻定规是很少的，新闻是基于现实的，逼近真实的手段很多，不是僵化和呆板的。

会群的第一段说："完全不同意海鹏"新闻5个W"是因为读者感兴趣，如果有更感兴趣的东西就可以忽略的观点，如果这一说法成立，那么新闻也就变成了小说。"

我觉得这个话不能这么说。

我没有说可以主动地去忽略5个W，只是说外部环境不允许的情况下可以不写全。

我认可这一点，那么我在《南方周末》的新闻版面上写过小说吗，写过《知音》类型的稿子吗？

各位同学，若非怀疑某位同事做了假新闻，若非面临大是大非，用词别这么刺激啊，呵呵。

如今南方周末刺激的地方多了，到该刺激的地方去刺激吧。

如果过两天有机会见面的话，我们当面再讨论。

十六、柴会群：不能做看客

我想海鹏可能误会了。我引用你那个说法，只是想就你跟李梁之间的这场论争更鲜明地表明我的立场，并没有别的意思，更没有说你的稿子写成小说或者《知音》类的文章——一点这个意思也没有。事实上，我觉得新闻完全可以借鉴一些小说的手法；《知音》的一些长处，《南方周末》也可以学习。但这有一个底线和根本的问题。新闻的5个W就是底线和根本，它是新闻"真实性"的保证，而不仅仅是为了使新闻更好看。5个W在特定状况下可以缺失，这一点我也认可，但这种特定状况必须是具体而不是抽象的，对5个W任何一个的舍弃必须是极为慎重的，否则就可以成为失实报道的挡箭牌。

现实情况是，有太多的媒体，太多的记者，正在滥用这种所谓的“特定情况”，这样的结果就是使新闻的生命——真实——面临危机。

谈到《知音》，我想多说几句，最近业内有一种声音，认为南周正在知音化，这一说法固然不正确，但也并非毫无来由，因此应该引起我们的足够重视。

首先声明，我本人并没有贬低《知音》的意思，其实，就各自定位的读者群而言，《知音》的成功并不逊于《南方周末》。但问题在于，《知音》不可能成为《南方周末》，《南方周末》也不可能成为《知音》，因为两者的血型是完全不同的。事实上，《知音》模仿《南方周末》办《新周报》已经失败，我同样可以断言，《南方周末》走《知音》的道路肯定也不会成功。在当前严酷的生存环境下，《南方周末》的转型是必然的，单靠以前揭黑式的传统报道已经行不通。但问题是究竟怎么转，向哪个方向转，我认为，在考虑《南方周末》转型的时候，必须考虑《南方周末》的根，一句话，枝干可以嫁接，但根本不能动。需要指明的是，目前的一些论点和实践很可能伤及《南方周末》的根本，比如“知音化”。

上个贴是我在内部网上第一次发言。事实上，对于这次争论，我本想和许多同事一样，乐得做一个看客。因为我很清楚，发言稍有不慎，就可能对某位同事造成伤害，而这位同事很可能又是我尊敬甚至和我利害攸关的。但最终还是耐不住发了言，我也的确意识到，这次围绕女教师卖淫一稿的争论——事实上它来得晚了些——不仅涉及到新闻操作的基础，也可能关乎《南方周末》的发展方向。坦白地说，如果女教师卖淫的稿子出现在都市报上，我根本不予理会，如果发在《南方周末》其他版面上，我顶多提一下，但不会大加质疑，可事实上，它不仅上了头版，还被评为月度好稿。这让我深感这次论争的必要。它涉及到《南方周末》一些带有根本性和方向性的问题，作为南周的一分子，我没有理由失声。我相信，多一点善意的、建设性的意见，对于南周以及每一位同事而言，都至少是利大于弊。

但我特别担心这场原本健康的争论因为掺杂了“个人目的”而走形。这是完全可能的，我发现，以前的某些争论，包括业务层面或非业务层面的，正是因为有各自不同利益诉求的缘故，使得这些争论或草草了之，或背离了原来方向。

不过我也认为，至少在业务探讨层面，带有“个人目的”的发言毕竟是少数。因此我同样认为，对于“个人目的”的臆测，与“个人目的”一样值得警惕。

其实，无论是海鹏还是傅剑锋，都是我非常欣赏的同事。海鹏当然不必多提，他的“举重冠军才力之死”的文章，我不知读了多少遍，而就在我上次去江苏做救护车撞车事件的时候，下笔之前曾反复读《悲情航班 MU5210》，我无比佩服海鹏采访的细致和视角的独特。至于傅剑锋，我同样非常尊重。那篇上海拆迁纵火案的文章至今仍让我记忆犹新。事实上，我在去年和海鹏做上海楼市题目的时候，曾经试图再碰一下这个事，结果并没有取得更多的突破，却发现麦其里（拆迁纵火案发生地）的拆迁户们几乎都记住了“傅剑锋”这个名字。

事实上，对于“失实报道”，一直缺少一个严格的界定，我敢肯定，没有一篇失实报道不具备一两个真实元素。但这并不能否定它是一篇失实报道。正如陈健守墓一事，确实有陈健这个人，他确实守过幕，他也的确 35 年没能调回上海，但是，千真万确，这是一个严重失实的报道。

至于失实的原因，究竟是客观原因造成，还是主观造假产生，这两种情况固然有本质不同。但毕竟是另一个层面的问题。我所担心的是，那种导致制造陈健守墓闹剧的力量，可能正在南周悄然滋生。为了避免悲剧出现，我想南周理应有更加苛刻的失实标准，并进行可以避免失实的制度性设计。对此，作为记者，采访固然要努力努力再努力，深入深入再深入。而作为编辑，我想最好少一点先入为主，多一点跟记者的沟通。

十七、傅剑锋：事件的最新发展

因为在赶稿，所以这一两天一直没有细看内部网，早上打开浏览了一下，觉得争论质量颇高，挺过瘾的。

由于还要去写稿，来不及时间细细回复，我这里只想复柴会群兄的一个问题，即你提出的公布徐萍账号的问题。我就说一下这个公布的由来。

这个账号并不是徐萍要求公布的。而是报道出来后，想给她捐钱的读者与网友实在太多，我和负责热线的李月群都处理得有点烦了。这时，搜狐的编辑打电话给我，有一些网友也想对她作适当帮助，可否公布账号。这样我就征求了徐萍的意见，徐萍同意了，实际上公布的是她母亲与男友的账号。后我考虑到公布其男友的不好，又要求搜狐编辑删去。其后，这个账号在网上流传开来了。

前段时间，徐萍告诉我，捐款大约有六七千吧。有一广州神秘的地产商愿资助她的几个弟弟读完大学，他们通过我联系到了徐萍，不知近日有否谈妥。徐萍说，如果弟弟的学费问题缓解的话，她更想这些捐款用于治疗她的父亲与母亲久拖未治的疾病。

（相关报道：《“平时是天使　周末是魔鬼”》，《南方周末》2006 年 2 月 23 日）

附
“平时是天使 周末是魔鬼”

只愿侧面面对镜头的徐萍为了家庭承担了几乎难以想象的痛苦　麦圈/图

2006年初的大年除夕夜，23岁的乡村女教师徐萍红了眼圈看着满桌一家人。

父亲徐恩怀看着女儿显老的脸容，对三个儿子说了一句意味深长的话：“将来你们日子好过了，一定不能忘记你们的姐姐。”

这句话勾起了徐萍4年来的酸楚回忆。2002年春节期间，作为长女，她为了筹集弟弟们的学费和偿还家庭的债务而瞒着家人出去卖身。此后周一到周五在乡村教书，周六和周日到城市卖身，直至两年后道德的自责与身体的病疼行将压垮她时才停止了卖身生涯。

在2005年底，徐萍通过电子邮件将自己的经历告知本报记者，并且在天涯、网易、碧海银沙等论坛上发了帖子，讲述了4年来在亲情与忏悔间挣扎的艰难心路。

这些帖子引起社会广泛关注。是天使，还是堕落的魔鬼？人性是如何在矛盾中呈现？本报记者对此进行了调查。

作为长女，她所面对的

几经周折，记者找到了徐萍家。这是中国南方某省一条乡村公路旁的单层红瓦砖板房，白色泡沫塑料箱四处垫放在屋梁下，她的父亲徐恩怀说这是雨天时用来接屋顶漏雨的，家里没有财力修缮日渐老化的屋顶。

徐恩怀的大儿子正在北方一大城市上大学，两个儿子读高中，三个儿子学费一年至少2万元。第二个儿子在去年其实已考上大学，但考虑到家里供不起两个人上大学，所以他选择了再在高三复读一年，等他的哥哥大学毕业找到工作后再考。学费重负已使他家在2005年欠上了4000余元新债，家中尚有1994年欠的旧债。

妻子陈蓉讲起了那20万元巨债的由来。1994年，丈夫徐恩怀满怀希望地从本地“农村基金会”里借了14万高利贷买了卡车，夫妻俩跑起了贩运香蕉的生意，但三四年间，高额的管理费和三次车祸，彻底击垮了这个缺乏抗风险能力的农民。他本息合计欠了“基金会”共约20万元。积劳成疾的他还在1997年被切除了胆囊，后来肝功能也出了问题，不但欠了上万元医药费，而且身体再也不能承受这种高强度工作。

巨额的债务让不善言说的徐恩怀变得更沉默了。他拖着病体承包了农场种荔枝和香蕉。

尽管日子艰难，但不识一字的母亲仍然认为，不能让孩子们失学，“你们只有读好了书，才能不再过像我们这样的生活。”到了2000年，徐萍快读完中专时，她的三个弟弟也陆续上了初中与高中。一贫如洗的徐恩怀咬牙以1万元的低价卖掉了那辆14万买进来的货车，交了四个孩子的学费。

斜靠在母亲身旁的徐萍流泪了，她对记者说，爸妈如果不要他们读书，他们本可以过得好许多，也许像不少同村人一样靠勤劳盖起楼房。“在我们这个村里，只要有普通人家的孩子考上大学，几乎没有不会变得更穷的。”徐萍说。记者对这个村庄的调查也发现，尽管近年大学不断扩招，但这个村考上大学的孩子并没有多起来，近三四年来考上大学本科的只有三四个。受调查的农民们反映，他们不想因为孩子的大学费用而承受超出常理的负担。

所以父母的叹息日益成了徐萍“心中永远承受不起的重”。2001年，中专毕业的徐萍当上了一个乡村小学的代课老师。这一年她买了300包榨菜，吃了一个学期，全力省下工资作为三个弟弟的学费。

在这一年，父亲徐恩怀又一次病倒，却舍不得花钱动手术，只想把钱留作孩子们的学费。但徐萍决心为父亲的手术筹钱。村里一个贪觎上少女徐萍的人传话给她，只要把第一次给他就可以借2000元。“为了爸爸我差点想豁出去了，是姑姑劝住了我并借给我们家治病钱。”徐萍在给记者的来信中回忆。

2002年春节前，基金会又一次来催债，要让法院来查封他们家的房子。

徐萍陷入痛苦中，“那时我特别害怕以后过年时没有房子，大弟弟又读高三了，成绩很好，一定能考上大学。但学费至少要1万，怎么办？我压力很大，得不到解脱”。

一个“阿姨”借机怂恿徐萍去做小姐，她说当时“听不得父母的叹息”，“就瞒着家里人豁出去了”，“我想可能是我前世欠了他们的，所以今世要还债。而且身体是父母给的，我用身体去偿还欠他们的债”。

在亲情与忏悔间挣扎

徐萍回忆往事的时候语调冷静，好像在讲述别人的故事。

她卖身的第一次是和一个不到40岁的男人。在徐萍的记忆中，那天她是在深深地吸了一口气后，带着赴死的决心走入房间的，“当时，我只是紧闭着双眼，脑子里一片空白，就像个木偶，任人摆布。木偶是不会痛的，但我的心跟着我的身体一起痛。”事后她得到了300元。以后每一次“生意”，她都会深深吸口气，安慰自己：“死就死吧，反正就半个小时。”

这样的日子被她形容为“周六到周日是魔鬼，周一到周五是天使”。她把攒起来的每一分钱都交给弟弟们交学费。她经常一天就是五角钱的豆腐加五角钱的豆芽，米是家里带来的，一天就消费一元钱。她那时“心很苦，被人鄙视轻蔑，但坚信‘冷的是苦难，暖的是人性’”。

“当和学生们在一起，我就找回了真实的自己。”徐萍说，她在家访时发现一对十来岁的姐弟，每餐晚饭吃的都是酱油炒饭，因为父母都打工去了，“我很心酸，就给了他们10块钱，叫他们买些榨菜鸡蛋的”。另有一个学生整天光着脚来上课，她在到城市接客的一个周末，为这个孩子买了双鞋。

到了暑假，她还会陷入深度焦虑中，因为暑假后常常就是三个弟弟将近2万元的学费，而她那时一年的教师工资不吃不喝也不足4000元，所以她在暑假时只得以更频密的卖身给弟弟们筹集学资。

就在2003年的一次接客中，她遇到了父亲一样年龄的工程师“文”。文同情她的经历，并且爱上了她，每月给她800元，并让她脱离这一行业。文还为她过了21岁的生日，她在蛋糕、红酒、玫瑰和铂金戒指间感动得不知所措：“原来做小姐的人也会拥有爱情，被他爱着宠着疼着感觉好幸福。”

但在和文相处半年后，她忽然发现自己得了性病，家里的财政依然紧张，这段时间她瞒着文出去接过客。性病是尖锐湿疣，她到医院里做激光治疗，“我也不知道自己是怎么熬过来的，下面都被烧焦了，全身都是汗水”。不久文知道了真相，他哭着走了：“徐萍，这次我真的不理你了。”她哭得死去活来，走到充满冬日阳光的街上，却再也“感觉不到温暖，心里冰了”。

几天后文出乎意料地回来了，给她带来了几支能根治尖锐湿疣的干扰素。治疗过程的痛苦超出了徐萍的想象，“晚上睡也不是，站也不是，躺也不是，全身好痛，不断地用头撞墙，不断地哭，不断地叫妈，把自己折磨到累了，能够睡着为止。”性病不再复发了，徐萍却悄然离开了一度想娶她的文，“因为我不想伤害他的家庭”，“曾经拥有过值得这辈子去感念的男人就够了”。

拯　救

她的心被撕裂了，“为不使自己疯掉”，她就到宗教里找慰藉。最初她信了基督教，在牧师的布道声中，常常泪流满面。但她又觉得像她的行为可能会下地狱，所以信了教后反而更害怕。于是她又上“戒淫网”里找解脱痛苦的道理，她希望过内心平静的生活。后来她遇到了一名信佛的网友，被这位佛友“度”了。但当信佛教后，她发现经文里有“六道轮回”一说，她觉得自己的行为是不是会万劫不复，结果陷入更深的苦痛中。后来一位佛友解开了她的心结，他说如果动机是为了家人，就是善的。她终于下定决心“脱离苦难”，“答应菩萨不会再给陌生人看见我的身体”。

她只想全心地成为一名正常人，爱她所爱的教师职业，她在日记中表达了这种爱：“能够成为一名老师是我小时候的理想，当时的动机就是为了得到学生所送的卡片和图画……即使每月只有300块钱，住宿条件差，教学条件也差，但看到像天使一样纯真无邪的小学生时，一切的抱怨也就消失得无影无踪了。”2003年底，她参加了公办教师招考，以在全市名列前茅的成绩从一名代课教师转成了公办老师。

而她读大学的弟弟这时候才知道过去姐姐给他筹学费的真相，他在电话里失声痛哭：“姐姐，你别这样了。你再这样，我就不读书了。”但此后姐弟俩很少直接谈这件事情，到了2005年，在徐萍早已不做小姐之后，有一次弟弟还是用电子邮件有意无意地给姐姐发了一封武汉大学生朱力亚感染艾滋病的新闻。“我知道他在提醒我什么。”徐萍说。

爱的超度

2004年5月，徐萍以公办教师的身份被分配到了另一间乡村小学教英语。

当2006年记者走进她的宿舍，一眼望见的是靠门的书桌，书桌旁的墙上一侧贴着佛像，另一侧贴满了孩子们童稚的图画，图画中有沉思的小女孩，也有花草与太阳……“我喜欢改作业时看着这些图画，孩子们总是可爱得让人发笑。”徐萍说。

英语教师徐萍过着简朴的生活　麦圈/图

她还珍藏了许多学生写来的信与贺卡，一些小纸条则被她仔细地贴在了一张A4纸上。这和她与学生间发生的一个小故事有关。

2005年9月份，她发现700元/月的工资不再被下发，上级部门答复的原因是她刚好属于要被重新调整教师编制的范围，要等调整后再说工资事宜。她的生活因此陷入困境，“弟弟们的学费怎么办”，“觉得压力太大了”，她想出家去做尼姑。她的想法也被学生们知道了。于是就有了这张A4纸上的学生给老师的千奇百怪的小纸条，“老师，你不要去做尼姑，我们喜欢你”，“我觉得你上我们的英语课好爽，我看见你的笑容，笑得很甜，你平时对我们说话很温柔……”徐萍被学生们打动了：“做尼姑只能解脱自己，而做老师可以造福一大批孩子。”

此后几个月仍没发工资，她一边向学校借钱一边坚持教课。回家时发现母亲已患上妇科病血崩，血流了一个月，却舍不得花几百元去挂吊针。没有了工资的她“眼睁睁地看着妈妈的血不断向外流，身体不断地干瘪下去”，在一次给五年级学生上课时，她终于无法自控地趴在讲台上抽泣起来。

11月15日下午，六年级的班主任无意中告诉学生们徐老师已经有两个月没有工资了。学生们就自发决定帮老师渡过难关。傍晚的时候，有两个女同学踩着自行车，拿着一大袋东西交给一脸愕然的徐萍。里面有二十多斤大米，两个橙子一个柑子，两把青菜，一包话梅。放下东西，这两个孩子就踩着车跑了。

第二天早上，陆陆续续地不断有学生提着东西往徐萍的宿舍里送，有米、青菜、豆角、番薯、鸡蛋……她宿舍的一角堆满了学生们送来的东西。

徐萍流着泪对班上同学说：“老师家里也是种田的，你们不需要拿米给我，至于菜，老师一个人也吃不了多少。真的不需要你们这样做。”说完她深深地鞠了两躬。

下午的时候，六年级学生又来到徐萍门口，拿出一叠由一元两元纸币叠起来的42块钱，要求她收下，说这是他们班学生的心意。徐萍不肯收："你们是不是又想把老师弄哭啊，老师真的不需要。"她还告诉孩子们"老师也对不起你们"。因为她在开学时向学生们承诺，平时英语测验成绩90分以上的，老师会掏钱出来买些学习用品奖励他们。第一、二单元测验时，她都兑现了承诺，但后来几个单元，因为她实在是拿不出几十块钱买练习本奖励他们了，而且考取90分的同学也越来越多，"反而却要让你们破费拿米捐钱，真的让老师既开心又痛苦。但老师答应你们，等到时候拿到工资了，我一定会买练习本回来补发给你们的"。学生们哭了。

事后，徐萍自己贴了4元，拿着共46元给学生们买了几份英语试卷和一盒听力磁带。磁带和学生们送的东西，直到2006年1月份记者前去调查拖欠工资问题时，还放在徐萍的宿舍中。学校的一位主任告诉记者："我为有这样优秀的老师而感到荣幸，为有这样助人的学生而感动。"

谁来帮助她？

12月份她的工资依然没有发下来。相反，镇政府要求每位老师去村民家说服每人交5元农村医疗合作保险，每个老师说服50个，完不成的自己拿250元填上。大约有一个星期，在每天放学后，徐萍和其他老师到村里去做"思想工作"。不少贫困的村民不愿交这笔钱，完不成任务，2006年1月15日老师们为此填交了2100元。

徐萍在给本报的来信中说："23岁，对于同龄人来说，是一个什么样精彩的世界呢？我不曾经历过。23岁的我，不断在天堂和地狱之间轮回……现在对我来说，最重要的是能够把那前三个月的工资要回来，过一些属于正常人的生活。那点钱，是留着给我弟弟读书用的，如果讨不回来，我只能够靠自己的方式去赚钱给我弟弟读书了。但我真的很害怕……那种滋味，比自己用刀来割破身体还要难受……我只想要平静的生活，我只想靠自己的工资去支撑这个家。"

记者介入调查后发现，不只有欠工资的问题，徐萍在2004年5月份转为公办教师后，拿的仍是300元/月的工资。那时当地政策规定，中专毕业的新进公办老师300元/月，大专400元/月，干满三年才能转正拿700元/月。该市有关官员向记者解释，本市是一个贫困的农业县级市，尤其是近年取消农业税后财政更显困难，财政支出主要靠上级财政的转移支付。为了节省财政，该市目前拿300元/月的代课教师数量仍有1391人。2004年9月份，这项关于公办教师工资的土政策才被取消。徐萍也终于在这一年的9月领到了700元/月。

但这700元/月的工资也常常不能足额领到。除了每年被摊派上百元的书报费外，仅去年每位教师被要求对建造当地博物馆、生态公园等的捐助就达数百元，镇政府甚至要求教师们在今年捐出一个月的工资填上紧缺的修路款。

闻知记者到访的市宣传干部称，自从农业税取消后，市里办公共事业难上加难，他作为公务员也经常被要求给公共建设捐钱。另一方面，他也承诺，因调整编制被拖欠的教师工资将以最快速度发下去。果然，这起三个月没有解决的“调整编制问题”在三天内就解决了，徐萍等46位被拖欠工资的老师得到了工资。

徐萍得知这一消息的时候正在家里，当时她就哭了。她的大弟弟拉着她的手，眼圈也有些红。但他无法想象两个读高三的弟弟如果今年也考上大学，学费怎么办。“我是幸福的，因为有最好的姐姐和妈妈，有最好的爸爸和两个很争气的弟弟。”这个年轻人很认真地告诉记者，“生活在这样的家庭真的很幸运。”

（编者注：为了保护本报道主人公，此稿隐去了事件发生的地点和主人公及其家人的真实姓名。）

（傅剑锋　马小六）

读者热评《后台》

这是一本有故事的书。如果说《南方周末》记录了二十多年来的时代进程，那么这本《后台》就是对记录的记录。记者以第一人称讲述的采写过程使得一个个新闻故事更为立体和丰满，而从策划到采写再到发表的过程本身就是一段别有趣味的故事。在这些故事中，我们能和记者一起体验惊喜，感受苦涩，经历迷茫，品味得失。

——北京大学 方可成

《后台》将新闻采写过程前后“追寻真相”的真相与“没有表达”的表达公开出版，是一件值得提倡和坚持的事。于读者，这是一件更易保存的记忆和更易获得的贴近；于新闻人，是一份可予学习、借鉴、探讨的案例教材；于时代，是对新闻史和社会史的一种记录和呈现。

——绍兴市中级人民法院 高明

我的心和身体就在阅读的过程中一次次地被纠起来，沉下去。我甚至下意识地用自己的左手去握住右手，希望能让双手相互取暖。我想，如果《后台》想要传递给读者的是警醒，是反思，是责任，是力量，那么我想它在我身上是起作用的。

——龙岩 林姗

每天都期待着《后台》第二辑的出版。新闻这个专业对于我来说是极具挑战性和吸引力的，可是我涉世未深，各方面还很不成熟，《后台》给了我很大的帮助。我很感谢《南方周末》和《后台》，它让我的生活丰富而有意义。《后台》成了我最喜欢和收获最多的教科书了。

——湖南 杜娟

期待《后台》第二辑能增添“阅读”、“写作”、“众议”、“百姓记事”等版面的后台操作解密，这些部分同样体现着从业者的水准、价值观和操守；同时希望《后台》呈现一些决策操作、报道的各方反应、编读互动，力争使后台解密成为一个完整的逻辑和实践链条。

——陕西 刘进

欢迎读者的品评建议，您有机会获赠《后台》（第二辑）。我们的改进源自您的创意。反馈邮箱：nfzmhoutai@126.com